新时代以人民为中心发展思想的实践机制

The Practical Mechanism of the People-centered Development Concept in the New Era

罗会德 著

复旦大学出版社

国家社会科学基金资助项目"新时代以人民为中心发展思想的实践机制研究"（18BKS135）阶段性成果

前　言

以人民为中心的发展思想,是以习近平同志为核心的党中央在中国特色社会主义进入新时代提出的一项重大命题,鲜明回答了新时代"为了谁""依靠谁"的马克思主义基本问题,彰显了我们党一以贯之、始终坚守的为民情怀,体现了我们党不忘初心、砥砺奋进的时代要求,为党在新时代坚持和发展中国特色社会主义进一步明确了目标指向和行动遵循。习近平总书记指出:"以人民为中心的发展思想,不是一个抽象的、玄奥的概念,不能只停留在口头上、止步于思想环节,而要体现在经济社会发展各个环节。"[①]坚持以人民为中心的发展思想,不仅是一个重大理论问题,更是一个重大实践问题。深入探讨以人民为中心发展思想的实践机制,成为新时代党的一项极其重要的课题和任务。

本书以习近平新时代中国特色社会主义思想为指导,坚持理论与实践相结合的原则,从深化理论研究入手,注重社会调查研究。在深入探讨以人民为中心的发展思想的基本理论的基础上,全面分析以人民为中心发展思想的实践机制的概念范畴、建构依据和理论架构,并结合对当前以人民为中心发展思想的落实情况的基本把握,试图从构建科学的决策机制、实施机制、监督机制、评估机制和纠偏机制五个层面,创造性提出以人民为中心发展思想的实践机制建设的基本思路和构想。

全书共分导论和正文两个部分。导论主要介绍研究背景及其意义、国内外研究现状、研究思路、内容和方法等。正文包括七章。第一章新时代以人民为中心发展思想的基本理论主要探讨以人民为中心的发展思想的生成逻辑、

[①]《习近平谈治国理政》(第二卷),外文出版社2017年版,第213—214页。

科学内涵、重大意义和实践要求。第二章以人民为中心发展思想实践机制的基本问题主要分析以人民为中心发展思想实践机制的内涵、构成、功能、特点和运行机理等概念范畴，以及构建以人民为中心发展思想实践机制的科学依据和理论架构。第三章至第七章，具体探讨构建以人民为中心发展思想的实践机制，包括健全以人民为中心发展思想的决策机制、优化以人民为中心发展思想的实施机制、强化以人民为中心发展思想的监督机制、创新以人民为中心发展思想的评估机制、完善以人民为中心发展思想的纠偏机制。

治国有常，利民为本。人民是我们党执政的最大底气，是我们共和国的坚实根基，是我们强党兴国的根本所在。习近平总书记在党的二十大报告中明确了前进道路上必须牢牢把握的"五个重大原则"，其中一个原则就是"坚持以人民为中心的发展思想"。新征程上，我们必须维护人民利益，增进民生福祉，不断实现发展为了人民、发展依靠人民、发展成果由人民共享，让现代化建设成果更多更公平惠及全体人民。从这个意义上，深入以人民为中心的实践过程和制度机制的运行过程，探讨以人民为中心发展思想的实现之道，正是本书的价值所在。

目 录

导论 ··· 1
 一、研究背景及意义 ·· 1
 二、国内外研究现状 ·· 3
 三、研究思路与内容 ·· 5
 四、研究方法 ·· 8

第一章　以人民为中心发展思想的基本理论 ································ 9
 一、以人民为中心发展思想的形成逻辑 ································ 9
  （一）以人民为中心发展思想的理论逻辑 ······················ 10
  （二）以人民为中心发展思想的历史逻辑 ······················ 13
  （三）以人民为中心发展思想的现实逻辑 ······················ 16
 二、以人民为中心发展思想的内涵和意义 ···························· 20
  （一）以人民为中心发展思想的理论蕴含 ······················ 21
  （二）以人民为中心发展思想的基本特征 ······················ 25
  （三）以人民为中心发展思想的重要意义 ······················ 27
 三、以人民为中心发展思想的实践要求 ······························· 30
  （一）从实践论的角度看，既要增强思想上的自觉自信，也要将其付
    诸实际行动 ··· 30
  （二）从认识论的角度看，既要培养深厚的人民情怀，也要不断提升
    引导、服务人民的能力和水平 ······························· 35
  （三）从方法论的角度看，既要坚持正确的发展路径，又要讲究科学的
    方式方法 ·· 39

第二章　以人民为中心发展思想的实践机制概述 …… 43
一、以人民为中心发展思想实践机制的概念阐释 …… 43
（一）以人民为中心发展思想实践机制的内涵 …… 43
（二）以人民为中心发展思想实践机制的结构 …… 45
（三）以人民为中心发展思想实践机制的功能 …… 48
（四）以人民为中心发展思想实践机制的特点 …… 50
二、构建以人民为中心发展思想实践机制的科学依据 …… 52
（一）构建以人民为中心发展思想实践机制的时代呼求 …… 52
（二）构建以人民为中心发展思想实践机制的理论依据 …… 56
（三）构建以人民为中心发展思想实践机制的实践经验 …… 64
三、以人民为中心发展思想实践机制的基本架构 …… 74
（一）以人民为中心发展思想实践机制的构建原则 …… 74
（二）以人民为中心发展思想实践机制的建构任务 …… 80
（三）构建以人民为中心发展思想的实践机制应处理好的若干关系 …… 83

第三章　健全以人民为中心发展思想的决策机制 …… 87
一、优化决策系统的内部结构 …… 87
（一）落实以人民为中心的发展思想对决策系统的内部结构提出新要求 …… 87
（二）当前决策系统内部结构存在的主要问题 …… 90
（三）优化决策系统内部结构的措施 …… 94
二、完善公众参与决策机制 …… 100
（一）公众参与决策对落实以人民为中心发展思想的意义 …… 101
（二）当前公众参与政府决策面临的困境 …… 105
（三）健全公众参与政府决策的运行机制 …… 109
三、规范公共决策程序 …… 115
（一）规范决策程序是落实以人民为中心发展思想的可靠保证 …… 115
（二）决策程序不规范的表现 …… 118
（三）完善科学决策程序制度 …… 124

第四章　优化以人民为中心发展思想的实施机制 …… 132
一、明确实施主体责任 …… 132
（一）压实主体责任 …… 132
（二）制定时间表和路线图 …… 136
（三）完善目标责任制 …… 140
二、提高决策执行效率 …… 144
（一）把以人民为中心的发展思想融入"五位一体"总体布局 …… 145
（二）努力提高领导能力 …… 154
（三）健全完善工作机制 …… 157
三、完善信息反馈机制 …… 163
（一）建立决策执行跟踪的反馈机制 …… 163
（二）完善领导干部联系基层和倾听群众诉求的反映机制 …… 167

第五章　强化以人民为中心发展思想的监督机制 …… 173
一、加强对行政决策的监督 …… 173
（一）我国行政决策监督存在的主要问题 …… 174
（二）完善行政决策监督机制的思路 …… 178
二、加强对执行活动的监督 …… 184
（一）政策执行监督的困境 …… 184
（二）政策执行监督的优化路径 …… 186
三、健全监督检查长效机制 …… 192
（一）完善党内监督机制 …… 193
（二）增强专门监督机关的权威性 …… 195
（三）强化权力机关的监督职能 …… 196
（四）发挥民主监督的作用 …… 198
（五）加强社会监督 …… 200

第六章　创新以人民为中心发展思想的评估机制 …… 203
一、树立以人民为中心的评估导向 …… 203
（一）经济发展与改善民生的关系 …… 203

（二）对上负责与对下负责的关系 …………………… 208
　　（三）施政为多数人与为少数人的关系 ………………… 212
二、建立科学的评估指标体系 ……………………………… 215
　　（一）构建以人民为中心发展评价指标体系的探索 …… 215
　　（二）指标体系的要素与结构 …………………………… 217
　　（三）指标体系设计的模本选择 ………………………… 219
三、创新以人民为中心发展的评估方式 …………………… 223
　　（一）坚持公开透明，强化群众和社会参与 …………… 224
　　（二）创新评估方式，确保真实公正 …………………… 226
　　（三）设计评估程序，达到简便实用 …………………… 227
四、注重评估结果的有效运用 ……………………………… 229

第七章　完善以人民为中心发展思想的纠偏机制 ………… 232
一、树立纠偏理念 …………………………………………… 232
　　（一）纠偏意识淡薄 ……………………………………… 232
　　（二）提高纠错意识 ……………………………………… 234
　　（三）正确处理容错与纠错的关系 ……………………… 238
二、健全纠偏制度 …………………………………………… 240
　　（一）完善政绩观纠偏制度 ……………………………… 240
　　（二）建立决策执行纠偏制度 …………………………… 242
　　（三）完善问责制度 ……………………………………… 248
三、改进纠偏方法 …………………………………………… 253
　　（一）专项整治纠偏 ……………………………………… 253
　　（二）政策落实跟踪纠偏 ………………………………… 255
　　（三）把握纠偏尺度 ……………………………………… 257

主要参考文献 ………………………………………………… 261

后记 …………………………………………………………… 272

导　论

一、研究背景及意义

以人民为中心的发展思想是党的十八大以来以习近平同志为核心的党中央提出的治国理政的根本理念,是对马克思主义唯物史观的继承和发展,反映了人民主体地位的内在要求,彰显了人民至上的价值取向,凸显了实现人民美好生活的目的和归宿。坚持以人民为中心的发展思想,就要维护人民根本利益,增进民生福祉,不断实现发展为了人民、发展依靠人民、发展成果由人民共享,让现代化建设成果更多更公平惠及全体人民。习近平总书记指出:"以人民为中心的发展思想,不是一个抽象的、玄奥的概念,不能只停留在口头上、止步于思想环节,而要体现在经济社会发展各个环节。"[①]这就说明,坚持以人民为中心的发展思想,不仅是一个重大理论问题,更是一个重大实践问题。因此,深入探讨以人民为中心发展思想的实践机制,成为新时代党的一项极其重要的课题和任务。

实践机制要解决的是促进、保障以人民为中心的发展的制度化的问题,以形成科学化、系统化的制度规范和有效机制。以人民为中心的发展思想提出后,各地积极践行新发展理念,逐步完善贯彻落实以人民为中心发展思想的体制机制,取得了一定的成效,但现实中仍存在不适应、不适合以人民为中心发展要求的思想观念和体制机制,以人民为中心发展思想实践机制的建设仍面临不少挑战,如决策机制不健全、执行机制不协调、监督机制不配套、评估机制

[①]《习近平谈治国理政》(第二卷),外文出版社2017年版,第213—214页。

不完善、纠偏机制不"给力"等，这些都在一定程度上影响和制约着以人民为中心发展思想的实现，迫切需要创新思路和手段，通过改革推动贯彻落实以人民为中心的发展思想。习近平总书记指出："贯彻落实新发展理念，涉及一系列思维方式、行为方式、工作方式的变革，涉及一系列工作关系、社会关系、利益关系的调整，必须发挥改革的推动作用、法治的保障作用。中央关于全面深化改革的各项部署同贯彻落实新发展理念是贯通的，对中央改革方案中的原则性要求，可以结合实际，进一步具体化；遇到改革方案的空白点，可以积极探索、大胆试验；遇到思想阻力和工作阻力，要努力排除，不能退让和妥协。"①这就为构建以人民为中心发展思想的实践机制指明了方向，在实践机制的目标构想、基本思路、实施策略以及目标考核、评价和反馈等方面，提供了理论指导。

本书坚持以习近平新时代中国特色社会主义思想为指导，在前人已有研究的基础上，从学术界相关研究的薄弱点和实践热点出发，集中探讨以人民为中心发展思想的实践机制，具有重要的学术价值和应用价值。

第一，学术价值。本书通过对新时代以人民为中心发展思想的实践机制进行较为明确的界定，对如何构建以人民为中心发展思想的实践机制，用马克思主义方法论进行宏观和微观架构，特别是对以人民为中心发展思想的实践机制的建构路径和基本框架进行系统的阐述，可从理论上丰富以人民为中心发展思想的内涵，拓展以人民为中心发展思想学理研究的外延，深化和提升以人民为中心发展思想的应用研究。

第二，应用价值。坚持以人民为中心的发展思想，是马克思主义的一个基本问题，也是新时代党中央治国理政始终如一的思想。以人民为中心的发展思想，在各项事业、各项工作中必须切实地贯彻执行，但如果没有与之相适应的机制保障，以人民为中心的发展思想就不可能得到贯彻落实，也就不可能真正做到"以人民为中心"。本书的研究可为破除制约以人民为中心发展思想的体制机制障碍，理顺和构建以人民为中心发展思想的科学的、有序的、充满活

---

① 中共中央宣传部：《习近平总书记系列重要讲话读本》，学习出版社、人民出版社 2016 年版，第 138 页。

力的实践机制,提供有益的借鉴和启示。

二、国内外研究现状

党的十八届五中全会提出"以人民为中心的发展思想"后,立刻引起了学术界的广泛关注。目前,国内学者主要从理论和实践两个层面对"以人民为中心的发展思想"进行研究。

从理论层面来看,一是以人民为中心的发展思想的形成背景研究。学术界普遍认为,以人民为中心的发展思想的提出有着特定的背景。从理论渊源看,以人民为中心的发展思想渊源于马克思主义唯物史观和共同富裕的社会主义本质特征[①],同时也汲取了中国传统"民本"思想的合理内核。[②] 从实践基础看,以人民为中心的发展思想集中解决的是当今中国整体转型升级时期出现的根本矛盾关系和问题。[③] 韩喜平认为,社会主义制度是以人民为中心的发展思想形成的根本制度保障。[④] 二是以人民为中心的发展思想的基本内涵解读。孙存良、姜淑萍从群众观与发展观相统一的视角,将其定义为"发展为了人民、发展依靠人民、发展成果由人民共享"。[⑤] 李慎明从党性与人民性相统一的角度,突出"以人民为中心的发展思想"的本色作用和对党的根本宗旨的继承。[⑥] 蔡昉、杨明、巫文强等学者从中国特色社会主义政治经济学的角度进行了具体解读。韩庆祥基于治国理政的哲学思想高度,将之概括为"共创共享共治共赢的人民中心论"。[⑦] 三是以人民为中心的发展思想的现实意义研究。严书翰、李景源、韩喜平、韩振峰、汪信砚等学者对这一发展思想的价值意义进行

[①] 蔡昉:《坚持以人民为中心的发展思想》,《人民日报》2016年8月3日。
[②] 肖贵清、田桥:《人民主体地位:习近平治国理政思想的核心理念》,《思想理论教育》2016年第12期。
[③] 韩庆祥:《党中央治国理政的实践基础》,《光明日报》2016年5月11日。
[④] 韩喜平:《坚持以人民为中心的发展思想》,《思想理论教育导刊》2016年第9期。
[⑤] 孙存良、祁一平、贺霞:《深刻理解坚持以人民为中心的发展思想》,《光明日报》2015年12月27日;姜淑萍:《"以人民为中心的发展思想"的深刻内涵和重大意义》,《党的文献》2016年第6期。
[⑥] 李慎明:《牢牢抓住以人民为中心的发展思想这个主旨》,《求是》2017年第15期。
[⑦] 韩庆祥:《党中央治国理政的实践基础》,《光明日报》2016年5月11日。

了多维探讨。其中,王明生①、韩喜平②认为,以人民为中心的发展思想是对马克思主义发展理论的重大创新。戚义明主要探讨了以人民为中心的发展思想和共同富裕这一社会主义本质特征的关系,强调我国发展的共享性与包容性。③ 严书翰提出,以人民为中心的发展思想指明了全面建成小康社会和全面深化改革所要坚持的具体原则和相关路径。④

从实践层面来看,一为方法论探讨。蔡昉认为,贯彻落实以人民为中心的发展思想,必须坚持问题导向与目标导向相统一的方法论。⑤ 韩东从发展社会主义市场经济的视角提出必须坚持经济发展与人民发展相统一的原则。⑥ 二为践行路径分析。胡伯项认为要从推进全面建成小康社会和扎实做好"五位一体"总体布局方面入手。⑦ 颜晓峰、李志军等认为,需要贯彻落实新发展理念。王青、李先伦从党的建设着眼,提出要坚持党的群众路线。⑧ 三为制度保障研究。韩喜平强调,通过顶层设计和相关制度安排,使以人民为中心的发展思想从理论形态走向实践形态。李鹏、邱小维认为,要坚定制度现代化的方向,形成共享发展的制度体系,使人民有更多获得感。四为发展环境探讨。韩喜平认为践行这一思想需要营造公平的发展环境,只有实现发展环境的公平,人民才能从发展的起点、过程到结果的整个环节中公平地享有发展机会和权利。此外,一些地方还积极进行了以人民为中心发展思想的实践探索,为其实践机制建构提供了具有创新意义的样本。

由于"以人民为中心的发展思想"提出不久,国外的研究相对较少,围绕"人民"这个角度展开论述的主要有以下四种情况:一是对中国发展道路的客观报道;二是对网络群众路线的理性解读;三是对"四个全面"的积极评价;四是对中国反腐败的热切关注。这些研究成果,持正面肯定和评价的声音居于

---

① 王明生:《正确理解与认识坚持以人民为中心的发展思想》,《南京社会科学》2016年第6期。
② 韩喜平:《坚持以人民为中心的发展思想》,《思想理论教育导刊》2016年第9期。
③ 戚义明:《"五大发展理念"是马克思主义政治经济学新发展》,《当代江西》2016年第1期。
④ 严书翰:《全面深化改革带给人民群众更多获得感——深入学习贯彻习近平同志关于全面深化改革的重要论述》,《人民日报》2017年9月28日。
⑤ 蔡昉:《坚持以人民为中心的发展思想》,《人民日报》2016年8月3日。
⑥ 韩东:《坚持以人民为中心是社会主义市场经济发展的必然要求》,《改革与战略》2017年第1期。
⑦ 胡伯项、艾淑飞:《习近平以人民为中心的发展思想探析》,《思想教育研究》2017年第1期。
⑧ 王青、李先伦:《习近平以人民为中心的发展思想论析》,《理论学刊》2017年第1期。

主流,但普遍缺少对这一科学思想的专门性梳理和系统化阐释。

总体来看,学术界关于以人民为中心发展思想的研究已取得了不少成就,但是,关于其实践机制的探讨还相对薄弱,主要表现在:第一,在学理上缺少对以人民为中心发展思想实践机制的系统性阐述。学术界虽然认识到了制度机制建设对于贯彻落实以人民为中心发展思想的重要性,但对以人民为中心发展思想实践机制的概念范畴、运行机理、建构的科学依据和理论架构等基本问题尚缺少系统性阐述。第二,在实践应用上缺少对以人民为中心发展思想实践机制的深度把握。目前,学术界多是从方法论原则、共享发展制度、新制度体系等宏观层面对如何践行"以人民为中心的发展思想"作出探讨,很少有人从完善决策机制、健全保障机制、建立反馈机制等微观视角对如何落实该理论展开研究。因而,如何进一步增强实践机制的针对性和实效性,理应成为今后学术界所关注的重点。第三,在研究方法上缺少对人民为中心发展思想实践机制的整体性思考。学术界对以人民为中心发展思想实践机制的研究,多局限于相关的某个问题或者某个方面,研究成果比较分散,各部分之间缺乏统一性。而且,各地的实践探索也呈碎片化,难以向纵深拓展并从根本上解决问题,更难建立长效机制。因此,对落实以人民为中心的发展思想仍需要进一步加强系统性和整体化的研究工作。

三、研究思路与内容

本书坚持理论与实践相结合的原则,从深化理论研究入手,注重社会调查研究,充分发掘、利用现有资料和信息。深入探讨以人民为中心的发展思想的基本理论,全面分析以人民为中心发展思想的实践机制的概念范畴、建构依据和理论架构,在此基础上,结合对当前以人民为中心发展思想的落实情况的基本把握,试图从构建科学的决策机制、实施机制、监督机制、评估机制和纠偏机制五个层面,创造性提出以人民为中心发展思想的实践机制建设的基本思路和构想。

1. 新时代以人民为中心发展思想的基本理论

第一,从马克思主义唯物史观的理论逻辑、中国共产党执政为民的历史逻辑和新时代中国特色社会主义的实践逻辑的辩证统一中,探讨以人民为中心的发展思想的生成逻辑。第二,从中国共产党人的初心和使命、发展的目的、动力、价值和方法等方面,厘清以人民为中心的发展思想的科学内涵。第三,从实践论、认识论、方法论的不同视角,探讨以人民为中心发展思想的实践要求和实现理路。

2. 以人民为中心发展思想实践机制的基本问题

第一,探讨以人民为中心发展思想的实践机制的内涵、构成、功能、特点和运行机理等概念范畴。第二,从建构实践机制的时代诉求、理论依据和实践经验方面,探讨建构以人民为中心发展思想实践机制的科学依据。第三,从实践机制建构的价值取向、基本原则和基本任务等方面,探讨建构以人民为中心发展思想实践机制的理论架构。

3. 健全以人民为中心发展思想的决策机制

本部分拟从三个方面探讨建立健全以人民为中心发展思想的民主科学决策机制。一是优化决策系统的内部结构。通过完善中枢决策机制、理顺决策子系统中各种决策主体的关系、实行重大决策咨询、专家论证和听证制度,以及发挥协商民主的作用,保证政策能充分有效地反映和代表人民群众的利益。二是完善公众参与机制。建立一套可操作性的民众参与政府决策的运行机制、将民众参与"否决权"刚性纳入政府决策过程、细化民众参与政府决策的程序,有助于民众理性表达诉求,防止政府决策的随意性。三是规范决策程序。建立健全决策调研制度、在集思广益的基础上拟订方案、进行方案论证和优选方案,从程序上防止和杜绝"以GDP为中心""以政绩为中心",确保新发展理念贯彻落实。

4. 优化以人民为中心发展思想的实施机制

本部分将探讨采取有效的措施保障以人民为中心发展思想的决策顺利实施。一是明确实施责任主体。根据有关职责分工,明确责任主体、实施时间表和路线图,建立目标责任制,确保以人民为中心发展思想的各项目标任务落地。二是提高决策的执行效率。在"五位一体"总体布局中统筹考虑将以人民为中心的发展思想落实于行,抓好民生工程和精准扶贫等重点任务落实,努力提高服务群众的能力,并不断完善工作机制。三是完善信息反馈机制。通过建立畅通的民众利益表达机制、完善沟通与协调机制、完善决策跟踪反馈机制,及时掌握以人民为中心发展思想的决策的实施情况。

5. 强化以人民为中心发展思想的监督机制

本部分主要从加强对行政决策、执行活动的监督两方面展开探讨。一方面,加强对行政决策的监督,减少和防止决策失误。为此,要完善行政决策的监督制度和机制,明确监督主体、监督内容、监督对象、监督程序和监督方式,确保以人民为中心发展思想的决策的科学性。另一方面,加强对执行活动的监督,对落实以人民为中心发展思想的过程进行督查,加大督查力度,加强实施考核评价。完成上述监督,必须健全监督检查长效机制,既需要完善党内监督机制,强化权力机关的监督,也需要发挥民主党派的监督作用,加强社会监督,以形成约束违背以人民为中心发展思想的合力。

6. 创新以人民为中心发展思想的评估机制

一是树立以人民为中心的评估导向。明确发展的目的,正确处理好经济发展与改善民生的关系、对上负责与对下负责的关系、施政为多数人与为少数人的关系。二是建立科学的评估指标体系。按照以人民为中心发展思想的要求,科学合理设置各指标的权重。坚持以人民"获得感""幸福感"为评价标准,检验以人民为中心发展的成效。三是创新评估方式。构建多元立体的评估体系,让群众参与评估,培育民间独立的"第三方"评估机构,使评估不仅对上级负责、对领导负责,更重要的是对人民负责。四是注重评估结果的有效运用。充分发挥评估的激励约束作用,合理、有效地运用评估结果,实现奖优、治庸和罚劣的结合。

7. 完善以人民为中心发展思想的纠偏机制

本部分基于评价的反馈信息探讨建立以人民为中心发展思想的纠偏机制。一是提高纠错意识。通过提高领导干部执政为民的责任意识、广泛汲取群众意见的民主意识、直面工作失误的批评和自我批评意识,切实提高纠偏的积极性。二是完善问责机制。通过建立决策责任追究制度、完善民众对领导人的问责机制、建立决策失误赔偿制度,确保人民利益不受损害。三是掌握正确的纠偏方法。区分失误和偏差的不同情况,采取有针对性的方法将地方政府在经济社会发展过程中出现的与以人民为中心发展思想不相符的行为纠正过来,使之回归到以人民为中心发展的轨道上来。

四、研究方法

任何研究都有与之相应的方法,方法决定研究的深度与可靠程度,通过研究成果又体现方法的合理性程度。马克思指出:"不仅探讨的结果应当是合乎真理的,而且引向结果的途径也应当是合乎真理的。"[①]本书在坚持马克思主义基本理论的基础上,主要运用如下方法。

第一,文本研究法。主要用来解读党的文献资料和文件政策,研究新时代以人民为中心的发展思想的生成逻辑、基本内涵、基本关系和价值意义等内容。

第二,实证研究法。主要用来研究各地在落实以人民为中心的发展思想的探索中存在的突出问题及解决问题的途径方法等。

第三,比较研究法。在不同地区发展实践的比较中,积极借鉴各地促进发展的机制建设经验,为构建以人民为中心的发展思想的实践机制寻找科学依据。

第四,系统分析法。运用系统分析方法,考察以人民为中心发展思想实践机制的构成、功能与特征,探究各种机制之间的关系和运行机理。

第五,跨学科研究法。以人民为中心的发展思想统摄中国经济、政治、文化、社会和党的建设的各方面,因此,需要综合运用哲学、经济学、政治学、社会学、历史学等相关知识,拓展以人民为中心的发展思想的解释维度。

[①]《马克思恩格斯全集》(第一卷),人民出版社1956年版,第8页。

第一章
以人民为中心发展思想的基本理论

以人民为中心的发展思想,是以习近平同志为核心的党中央在中国特色社会主义进入新时代提出的一项重大命题,鲜明回答了新时代"为了谁""依靠谁"的马克思主义基本问题,彰显了我们党一以贯之、始终坚守的为民情怀,体现了我们党不忘初心、砥砺奋进的时代要求,为党在新时代坚持和发展中国特色社会主义进一步明确了目标指向和行动遵循。准确厘清这一重要思想的形成逻辑、基本内涵和实践要求,对于深刻理解和自觉坚持以人民为中心的发展思想具有重要意义。

一、以人民为中心发展思想的形成逻辑[①]

任何一种科学的思想理论都不是凭空产生的,而是其理论逻辑发展延续的结果,并同特定的历史传统和现实任务相联系。党的十八大以来,以习近平同志为核心的党中央,面对全面建成小康社会决胜阶段的艰巨任务,面对当前经济社会发展的新机遇新挑战,明确提出了"以人民为中心的发展思想"。这一重要思想,立足于人民是推动发展的根本力量的唯物史观,坚持了我们党全心全意为人民服务的根本宗旨,反映了新时代中国特色社会主义的实践要求,有着深刻的理论逻辑、历史逻辑和现实逻辑。认真探讨这一思想的立论基础

[①] 本部分相关内容以《新时代以人民为中心发展思想的形成逻辑》为题,发表于《东南学术》2019年第1期。

和形成逻辑,对于深刻理解和自觉坚持以人民为中心的发展思想具有重要意义。

(一) 以人民为中心发展思想的理论逻辑

能够认识到人民主体地位并提出"以人民为中心的发展思想",没有对马克思主义唯物史观的深刻理解和把握是无法形成的。马克思主义就其实质而言,是"在劳动发展史中找到了理解全部社会史的锁匙"。① 它从"现实中的个人"出发,揭示了人类历史发展的主体、动力和过程,表达了人类实现自身解放的旨趣,破解了长期困扰人们的发展动力之谜,为以人民为中心的发展思想的形成奠定了理论基石。

科学的实践观是马克思主义哲学的基础。马克思恩格斯在唯物主义发展史上第一次对人类社会实践活动特别是物质实践活动给予了充分的注意,揭示了它在人类社会生活和历史发展中的地位和作用,得出了"全部社会生活在本质上是实践的"②这一结论。人类的社会实践活动有多种形式,首要和基本的形式是物质生产活动。马克思恩格斯在《德意志意识形态》中指出:个人社会实践活动的"基本形式当然是物质活动,一切其他的活动,如精神活动、政治活动、宗教活动等取决于它"。③ 能够生活是人们创造历史的基础。"但是为了生活,首先就需要解决吃喝住穿以及其他一些东西。因此,第一个历史活动就是生产满足这些需要的资料,即生产物质生活本身。"④而且,这样的生产活动是一切历史的基本条件。在论述了物质生产在社会生活和历史发展中的地位和意义的基础上,马克思恩格斯进一步分析了物质生产的内在矛盾,阐明了一定社会的生产力与生产关系的辩证关系,强调了生产力在社会发展过程中的最终决定作用,指出"人们所达到的生产力的总和决定着社会状况"。⑤ 因此,必须把人类的历史同工业和交换的历史、同生产力的历史联系起来研究和探讨。

马克思恩格斯在揭示物质生产对于人类社会生活的决定性意义的基础

---

① 《马克思恩格斯文集》(第四卷),人民出版社2009年版,第313页。
② 《马克思恩格斯选集》(第一卷),人民出版社1995年版,第56页。
③ 同上书,第123页。
④ 同上书,第78—79页。
⑤ 同上书,第80页。

上，科学地阐明了人民群众在社会历史发展中的作用。这一思想集中体现在他们合撰的《神圣家族》一书中。在《神圣家族》一书中，马克思批判了青年黑格尔派主要代表人物鲍威尔(Bruno Bauer)的"自我意识哲学"，并借此清算了黑格尔的哲学唯心主义。马克思指出，鲍威尔站在黑格尔唯心主义立场上，把历史说成"精神"发展的历史，说成作为"消极的"物质因素的群众与作为"积极的"因素的"精神"及其少数代表人物相对立的历史，这种观点实际上颠倒了历史过程中的真实的主客体关系，即把"精神"变成了历史的主体，而把人类、群众变成了"精神"的有意识或无意识的承担者。另外，针对鲍威尔把历史活动的失败归咎于群众的支持这一荒谬主张，马克思还特别指出，这种观点实质上否定了以往人类的全部历史，因为"历史上的活动和思想都是'群众'的思想和活动"。[①] 通过对鲍威尔的唯心主义历史观的批判，马克思得出了结论："历史活动是群众的活动，随着历史活动的深入，必将是群众队伍的扩大。"[②] 因此，人民群众不仅是社会物质财富和社会精神财富的创造者，也是社会变革和发展的中坚力量。

2013年12月，中共中央政治局就历史唯物主义基本原理和方法论进行第十一次集体学习。习近平总书记强调："要学习和掌握人民群众是历史创造者的观点，紧紧依靠人民推进改革。"[③]2015年10月，十八届五中全会提出，必须坚持以人民为中心的发展思想，"把增进人民福祉、促进人的全面发展作为发展的出发点和落脚点"。[④] 党的十九大报告，200多次提到"人民"，4次强调"以人民为中心"，这是对唯物史观关于人民群众是历史创造者原理的现实运用和当代表达。

首先，以人民为中心的发展思想，坚持了唯物史观的基本立场。人民立场是唯物史观的逻辑延伸和实践要求。马克思恩格斯明确指出："无产阶级的运

---

① 《马克思恩格斯文集》(第一卷)，人民出版社2009年版，第286页。
② 同上书，第287页。
③ 习近平：《推动全党学习和掌握历史唯物主义　更好认识规律更加能动地推进工作》，《人民日报》2013年12月5日。
④ 《中共中央关于制定国民经济和社会发展第十三个五年规划的建议》，《人民日报》2015年11月4日。

动是绝大多数人的、为绝大多数人谋利益的独立的运动。"①为绝大多数人谋利益是无产阶级政党与其他政党的本质区别。作为马克思主义政党,中国共产党是中国工人阶级的先锋队,同时是中国人民和中华民族的先锋队,代表着中国最广大人民群众的根本利益。以人民为中心的发展思想,就是对唯物史观这一基本立场的再强调、真坚持、新诠释。党的十八大以来,以习近平同志为核心的党中央始终站在最广大人民群众的立场上,紧密围绕最广大人民群众的利益,不断开创治国理政新局面。从"人民对美好生活的向往就是我们的奋斗目标",到"始终把人民放在心中最高的位置",到"坚持以人民为中心的发展思想",这些重要论述都极其鲜明地表明中国共产党在继承和发扬以人民为中心的优良传统的基础上,不断深化对人民主体地位的认识,并将它转化为治国理政的新理念新思想新战略。

其次,以人民为中心的发展思想,贯穿唯物史观的观点方法。习近平总书记指出:"人民是创造历史的动力,我们共产党人任何时候都不要忘记这个历史唯物主义最基本的道理。"②历史雄辩地证明,人民群众是推动社会发展的决定性力量。没有人民支持和参与,任何改革都不可能取得成功;缺少群众拥护和推动,全面深化改革也难以实现既定目标。当前,我国正处于改革的攻坚阶段、发展的关键时期,改革需要进一步激发基层探索的活力,发展需要充分调动人民群众创新创业的积极性、主动性和创造性,只有把坚持实事求是的思想路线与坚持从群众中来、到群众中去的根本工作路线紧密结合起来,把人民群众的实践创造作为源头活水,才能汇聚起改革发展的磅礴力量。从唯物史观的角度看,就是中国共产党运用马克思主义立场、观点和方法,对依靠人民群众推动历史发展进步的重要演绎。

最后,以人民为中心的发展思想,体现了唯物史观的目标要求。共同富裕,是马克思主义的一个基本目标,也是世代中国人的美好期待和不懈追求。恩格斯在深刻批判少数人富裕、多数人穷困的资本主义私有制社会的基础上,对未来理想社会进行了预想。他认为,建立在公有制基础上的社会主义社会,

---

① 《马克思恩格斯选集》(第一卷),人民出版社1995年版,第283页。
② 中共中央宣传部:《习近平总书记系列重要讲话读本》,学习出版社、人民出版社2016年版,第128页。

"在人人都必须劳动的条件下,生产资料、享受资料、发展和表现一切体力和智力所需的资料,都将同等地、愈益充分地交归社会全体成员支配"①,以保证一切社会成员有富足的和一天比一天充裕的物质生活,保证他们的体力和智力获得充分的自由的发展和运用。由于历史的原因,社会主义在当代中国的发展远未达到恩格斯所说的"把生产发展到能够满足所有人的需要的规模"那样的水平②,全体社会成员共同富裕的基本特征还没有显现出来,但并不意味着在逐步实现共同富裕方面就无所作为。共享发展理念和战略的提出,表明我们党在社会生产力取得一定发展的基础上,愈加重视解决共同富裕的问题,不仅在政策上采取有力的举措,而且在制度上作出有效的安排,着力推动经济社会发展朝着科学社会主义基本原则指明的方向稳步前进。

(二) 以人民为中心发展思想的历史逻辑

正确处理与人民的关系,提出对人民的正确态度,标明为人民做什么、怎样做,是中国共产党的一种优良传统。党的十八大以来,以习近平同志为核心的党中央继承和延续了中国共产党人长期坚持的人民主体地位观,并不断注入新的元素,夯实了人民群众在推动改革发展进程中的主体地位。

第一,坚持中国共产党的初心和使命。世界上没有哪一个政党像中国共产党这样,从诞生伊始就把"人民"镌刻在自己的旗帜上,并且一以贯之、持之以恒。基于对人民主体地位的深刻体认,中国共产党的历代领导集体都始终坚持执政为民的政治理念,以契合时代要求的创新思维不断为马克思主义人民观注入新鲜血液。

虽然毛泽东认为"人民这个概念在不同的国家和各个国家的不同的历史时期,有着不同的内容"③,但是,他在坚持人民群众是历史推动力的观点上始终没有任何改变。正是基于这样的认识,毛泽东提出了"全心全意为人民服务"的重要思想。"全心全意为人民服务,一刻也不脱离群众;一切从人民的利益出发,而不是从个人或小集团的利益出发;向人民负责和向党的领导机关负

---

① 《马克思恩格斯全集》(第二十二卷),人民出版社1965年版,第243页。
② 《马克思恩格斯选集》(第一卷),人民出版社1995年版,第243页。
③ 《毛泽东文集》(第七卷),人民出版社1999年版,第205页。

责的一致性;这些就是我们的出发点。"①这一观点的提出不仅强调了人民群众在社会历史活动中的重要地位,而且明确了党的奋斗目标。作为坚定的马克思主义者,邓小平始终坚持人民主体地位的思想,提出在现代化建设进程中要相信群众、尊重群众,自觉贯彻落实群众路线。"我们搞四个现代化,因为经验不足,会面临多方面的困难……归根到底,只有相信群众,依靠群众,充分走群众路线,才能够得到解决。"②无论是相信尊重群众还是贯彻群众路线,实际上最终指向都是要把人民利益作为中国共产党人的最高准绳。随着改革开放的深入推进,人民群众的利益诉求日渐增强。江泽民明确提出,要把回应群众利益诉求与探索执政党执政规律结合起来,因为"人民是我们国家的主人,是决定我国前途命运的根本力量"。③进入21世纪后,面对人民群众日益增长的物质文化需求,胡锦涛强调,尊重人类社会的发展规律实际上就是尊重人民群众在历史发展中的主体地位,既要坚持"权为民所用、情为民所系、利为民所谋"的权力观,又要坚持以人为本的发展观。"科学发展观核心是以人为本。我们党的一切奋斗和工作都是为了造福人民。"④90多年来,尽管党面临的形势和任务有很大的不同,但坚守人民立场,坚持一切为了人民、一切依靠人民这一中国共产党人的"初心",则是一脉相承、始终不变的。

进入新时代,以习近平同志为核心的党中央充分认识人民群众的主体作用,从实现中华民族伟大复兴、坚持和发展中国特色社会主义的高度,不断强调和凸显人民群众的主体地位。党的十八大以来,习近平总书记在多个场合强调,要将"人民"作为党治国理政的核心逻辑。在十八届中央政治局常委与中外记者见面会上,习近平总书记就告诫全党:"人民是历史的创造者,群众是真正的英雄。人民群众是我们力量的源泉……我们一定要始终与人民心心相印、与人民共甘共苦、与人民团结奋斗,夙夜在公,勤勉工作,努力向历史、向人民交一份合格的答卷。"⑤也正是在这次见面会上,他郑重提出:"人民对美好生

---

① 《毛泽东选集》(第三卷),人民出版社1991年版,第1094—1095页。
② 《邓小平文选》(第一卷),人民出版社1994年版,第218页。
③ 《江泽民文选》(第二卷),人民出版社2006年版,第261—262页。
④ 《十七大以来重要文献选编》上册,中央文献出版社2009年版,第576页。
⑤ 《习近平在十八届中央政治局常委与中外记者见面会上的讲话》,《人民日报》2012年11月16日。

活的向往,就是我们的奋斗目标。"①在庆祝中国共产党成立95周年大会上的讲话中,习近平总书记深刻阐明了中国共产党坚持人民利益至上的价值旨归,"一切向前看,都不能忘记走过的路;走得再远,走到再光辉的未来,也不能忘记走过的过去,不能忘记为什么出发"。②党的十九大报告指出:"不忘初心,方得始终。中国共产党人的初心和使命,就是为中国人民谋幸福,为中华民族谋复兴。"③这是中国共产党的使命担当,更是中国共产党人的历史情怀。

第二,接续中国化马克思主义的发展理念。发展理念是发展行动的向导,它要解决的是为什么发展、怎样发展和为谁发展的问题。自中华人民共和国成立时起,中国共产党就以发展为己任,始终坚持马克思主义的根本原则,积极探索适合中国特点的社会主义建设道路,现实地书写了"人民中心论"的发展观。

中华人民共和国成立初期,以毛泽东为主要代表的中国共产党人,为改变国家"一穷二白"的落后面貌高度重视生产力的发展,确立了以优先发展工业从而带动经济增长的发展理念,并且强调指出,"社会生产的最终目的是为了满足人民生活的需要,为了能更好地改善民生"。④由于当时经济社会发展水平的限制,加上我们党对社会主义建设的规律知之不多、知之不深,"发展为了人民"的思想没有很好地显现出来。十一届三中全会实现了党的历史上第二次伟大转折。以邓小平为主要代表的中国共产党人,顺民意,挽狂澜,吹响改革开放号角,开辟中国特色社会主义道路。发展才是硬道理。"在社会主义国家,一个真正的马克思主义政党在执政以后,一定要致力于发展生产力,并在这个基础上逐步提高人民的生活水平。"⑤这不仅深刻揭示了社会主义本质,而且确立了社会主义初级阶段基本路线。十三届四中全会以后,以江泽民为主要代表的中国共产党人,不仅强调发展是党执政兴国的第一要务,而且指出社会主义社会是以经济建设为重点的全面发展、全面进步的社会,要促进社会主

---

① 《习近平谈治国理政》,外文出版社2014年版,第4页。
② 《习近平谈治国理政》(第二卷),外文出版社2017年版,第32—33页。
③ 习近平:《决胜全面建成小康社会 夺取新时代中国特色社会主义伟大胜利——在中国共产党第十九次全国代表大会上的报告》,人民出版社2017年版,第1页。
④ 《毛泽东文集》(第三卷),人民出版社1996年版,第6页。
⑤ 《邓小平文选》(第三卷),人民出版社1993年版,第28页。

义物质文明、政治文明、精神文明协调发展,要"在整个社会生产和建设发展的基础上,不断使全体人民得到并日益增加看得见的利益"。① 党的十六大以后,以胡锦涛为主要代表的中国共产党人,紧紧抓住我国发展的重要战略机遇期,形成了科学发展观,强调要坚持在经济社会发展的基础上促进人的全面发展,集中体现了我们党全心全意为人民服务的根本宗旨和推动经济社会发展的根本目的,实现了发展理念的重要提升。

十八大以来,以习近平同志为核心的党中央,正是在汲取中国化马克思主义发展理论的精华的基础上,着眼新的发展实践,坚持以人民为中心的发展思想,鲜明提出了"创新、协调、绿色、开放、共享"的发展理念。新发展理念,深刻揭示了实现更高质量发展、更有效率、更加公平、更可持续发展的必由之路,贯穿人民是发展根本推动力的基本逻辑,反映了党的工作中心时时处处以广大人民群众的根本利益为出发点和落脚点。新发展理念,实际上就是要着力解决为什么人、由谁享有这个根本问题,努力做到发展为了人民、发展依靠人民、发展成果由人民共享,让人民成为发展的根本推动力。习近平总书记在党的十九大报告中指出:"人民是历史的创造者,是决定党和国家前途命运的根本力量。"② 坚持以人民为中心的发展思想,必须尊重人民群众的主体地位,始终把人民放在心中最高的位置;必须密切党同人民群众的血肉联系,不断取得群众的拥护和支持;必须切实维护人民群众的根本利益,使改革发展成果更多更公平地惠及全体人民。这些真知灼见,不仅道出了中国共产党人应该坚守的政治灵魂,而且传承和升华了中国共产党的发展理念。

(三) 以人民为中心发展思想的现实逻辑

时代是思想之母,实践是理论之源。以人民为中心的发展思想是"时代精神的精华",是在凝聚中国力量、实现中国梦的过程中生成的,是在改善党与人民的关系、巩固党的执政基础上生成的,是在着眼社会主要矛盾变化、回应人民对美好生活的需要的历史性实践中生成的,具有典型的内生特质和鲜明的

---

① 《江泽民文选》(第三卷),人民出版社 2006 年版,第 122 页。
② 习近平:《决胜全面建成小康社会 夺取新时代中国特色社会主义伟大胜利——在中国共产党第十九次全国代表大会上的报告》,人民出版社 2017 年版,第 21 页。

时代色彩。

第一,凝聚中国力量、实现中国梦的必然选择。实现中华民族伟大复兴的中国梦,是习近平对我国发展起来且由大国迈向强国,即进入中国特色社会主义新时代提出的一个宏伟奋斗目标,凝结着13亿多中国人民的共同理想。习近平总书记指出:"实现中华民族伟大复兴就是中华民族近代以来最伟大的梦想。这个梦想,凝聚了几代中国人的夙愿,体现了中华民族和中国人民的整体利益,是每一个中华儿女的共同期盼。"①民族复兴作为百年来中华儿女走出耻辱、谋求盛世的"共同语言",深深扎根于中国人的心底,烙印在民族记忆的深处。可以说,中国梦唤醒了广大人民内心深处的集体意识,激发了中华民族"团结如一人"的归属感和进取心,但正如习近平总书记所指出的,中华民族伟大复兴,绝不是轻轻松松、敲锣打鼓就能实现的。"实现中华民族伟大复兴是十分伟大而又十分艰巨的事业,需要全体中华儿女众志成城、万众一心,把一切力量都汇聚起来,把一切积极因素都调动起来,为了共同的目标不懈奋斗。"②在实现中国梦的过程中,还会遇到各种困难和挑战,我们党只有始终做到与人民群众同呼吸、共命运,才能不断从群众中汲取智慧和力量。

中国梦之所以众望所归,引起广大人民群众的共鸣,还因为这个伟大梦想体现了人民共创与人民共享的有机统一,体现了社会主义的本质。中国梦的本质内涵是国家富强、民族振兴、人民幸福。中国梦融民族复兴梦与个人幸福梦于一体,既属于整个中华民族,又同时属于每一名中华儿女。中国梦的实现,不是成就哪一个人、哪一部分人,而是造福全体人民。中国梦的出发点在人民,根本归宿也在人民。只有坚持一切为了人民的最高价值追求,始终坚持发展为了人民,不断造福于人民,才能保持实现中国梦的正确方向。人民群众不仅是实现中国梦的价值主体,也是实现中国梦的实践主体。2013年6月,习近平总书记在党的群众路线教育实践活动工作会议上指出:"我们要实现党的十八大确定的奋斗目标和中国梦,必须紧紧依靠人民,充分调动最广大人民的

---

① 《习近平谈治国理政》,外文出版社2014年版,第36页。
② 中共中央纪律检查委员会、中共中央文献研究室:《习近平关于党风廉政建设和反腐败斗争论述摘编》,中央文献出版社、中国方正出版社2015年版,第7页。

积极性、主动性、创造性。"①这表明中国梦的实现必须尊重人民的主体地位,发挥广大人民群众的智慧和力量,同时也表明了党的群众路线与实现中国梦的内在联系。我们只有牢固树立群众观点,深入人民群众之中,紧紧地依靠群众,密切地联系群众,随时倾听群众的呼声,代表最广大人民群众的利益,才能形成强大的合力,顺利实现中国梦的宏伟目标。

第二,改善党与人民的关系、巩固党的执政基础的现实需要。我们党的最大政治优势是密切联系群众,党执政后的最大危险是脱离群众。新的历史条件下,中国共产党正面临着复杂情势。我们党不仅担负着带领广大人民群众实现中华民族伟大复兴中国梦的时代使命,而且面临着执政、改革开放、市场经济、外部环境四大考验,存在着精神懈怠、能力不足、脱离群众、消极腐败的四大危险。这些问题突出表现在:一些党员干部严重背离党的宗旨,作风虚化、能力退化、纪律松弛,甚至直接侵害群众利益。一些领域消极腐败现象易发多发,个别领导干部特别是高级领导干部严重违纪违法。十八大以来,中央纪委立案审查中管干部222人,给予纪律处分的中管干部212人;谈话896人,函询1 863人次,了结2 753人次。全国纪检监察机关共立案100余万件,给予党纪政纪处分100余万人。②尽管这在党内包括干部队伍内不是主流,但如果"蔓延开来又得不到有效遏制,就会像一座无形的墙把党和人民群众隔开,就会像一把无情的刀割断党同人民群众的血肉联系"。③这些突出问题,关系到党的生死存亡,必须予以彻底根治。

党的十八大以来,以习近平同志为核心的党中央,从作风建设入手,全面推进从严治党,构建党建新常态。这一切都是为了使全党能够更好地践行党的宗旨,更好地为人民服务、为人民谋福利。习近平总书记在党的十九大报告中指出:"一个政党、一个政权,其前途命运取决于人心向背。人民群众反对什么、痛恨什么,我们就要坚决防范和纠正什么。"④过去中国共产党依靠人民群

---

① 中共中央宣传部:《习近平总书记系列重要讲话读本》,学习出版社、人民出版社2016年版,第104页。
② 王岐山:《在全国政协十二届常委会第十八次会议上的讲话》,《求是》2016年第23期。
③ 习近平:《在知识分子、劳动模范、青年代表座谈会上的讲话》,《人民日报》2016年4月30日。
④ 习近平:《决胜全面建成小康社会 夺取新时代中国特色社会主义伟大胜利——在中国共产党第十九次全国代表大会上的报告》,人民出版社2017年版,第61页。

众的支持,夺取了政权,并且带领广大人民群众取得了巨大成就,但是,这种执政地位不是一劳永逸的,它需要持之以恒的努力。尤其是在各种问题盘根错节的现阶段,"如果管党不力、治党不严,人民群众反映强烈的党内突出问题得不到解决,那我们党迟早会失去执政资格,不可避免地会被历史淘汰。这绝不是危言耸听。这些年来,世界上一些老牌执政党衰败落伍、丢权垮台的教训极其深刻"。① 针对这些情况,习近平总书记谆谆告诫全党,"党面临的'赶考'远未结束,所有领导干部和全体党员要继续把人民对我们党的'考试'、把我们党正在经受和将要经受各种考验的'考试'考好,努力交出优异的答卷"。② 这既是对当前各种复杂情况的积极回应,也饱含着中国共产党人强烈的忧患意识、兴党责任,体现了中国共产党人牢固树立人民主体地位以确保党永远不变质、红色江山永远不变色的坚定决心。

第三,着眼社会主要矛盾变化、满足人民对美好生活的需要的迫切要求。党的十九大报告指出:"中国特色社会主义进入新时代,我国社会主要矛盾已经转化为人民日益增长的美好生活需要和不平衡不充分的发展之间的矛盾。"③社会主要矛盾的变化,是党的十九大赋予新时代的最深刻内涵。这一重大判断综合考量了人民主观向往和社会客观发展的对立统一,反映了新时代我国社会发展的时代特征和实践要求。一方面,经过改革开放 40 多年的发展,人民生活水平显著提高,对美好生活的向往更加强烈,不仅对物质文化生活提出了更高要求,而且在民主、法治、公平、正义、安全、环境等方面的要求日益增长;另一方面,在社会生产的发展达到新的高度的同时,发展不平衡不充分的问题更加凸显,成为满足人民日益增长的美好生活需要的主要制约因素。发展不平衡,主要指各区域各领域各方面发展不够平衡,制约了全国发展水平提升。发展不充分,主要指一些地区、一些领域、一些方面还存在发展不足的问题,发展的任务仍然很重。这些发展不平衡不充分问题相互掣肘,带来很多社会矛盾和问题,是当前和今后一个时期制约我国发展和满足人民日益增长

---

① 习近平:《在党的群众路线教育实践活动总结大会上的讲话》,《人民日报》2014 年 10 月 9 日。
② 中共中央宣传部:《习近平总书记系列重要讲话读本》,学习出版社、人民出版社 2016 年版,第 105 页。
③ 习近平:《决胜全面建成小康社会 夺取新时代中国特色社会主义伟大胜利——在中国共产党第十九次全国代表大会上的报告》,人民出版社 2017 年版,第 11 页。

的美好生活需要的主要问题,是现阶段各种社会矛盾交织的主要根源。

针对社会主要矛盾的变化,党的十九大报告指出,我们要在继续推动发展的基础上,着力解决好发展不平衡不充分问题,大力提升发展质量和效益,更好满足人民在经济、政治、文化、社会、生态等方面日益增长的需要,更好推动人的全面发展、社会的全面发展。习近平总书记指出,要"通过深化改革、创新驱动,提高经济发展质量和效益,生产出更多更好的物质精神产品,不断满足人民日益增长的物质文化需要"。① 要以保障和改善民生为重点,发展各项社会事业,加大收入分配调节力度,打赢脱贫攻坚战,保证人民平等参与、平等发展权利,使改革发展成果更多更公平惠及全体人民,朝着实现全体人民共同富裕的目标稳步迈进。为切实解决地区差异、发展不均衡的问题,习近平总书记反复强调,在走向共同富裕的道路上,"一个民族都不能少","不能丢了农村这一头","决不能让一个苏区老区掉队","决不能让贫困地区和困难群众掉队"。② 这是解决地区差异、发展不均衡问题的关键步骤,也是让人民共享改革发展成果、获得感和幸福感更加充实的重要举措。

综上观之,以人民为中心的发展思想,是马克思主义唯物史观的理论逻辑、中国共产党执政为民的历史逻辑和新时代中国特色社会主义的现实逻辑的辩证统一,是中国特色社会主义发展思想的最新成果,对党和国家今后发展具有重大的指导意义。

二、以人民为中心发展思想的内涵和意义③

以人民为中心的发展思想是党的十八大以来以习近平同志为核心的党中央提出的治国理政的根本理念,反映了坚持人民主体地位的内在要求,彰显了人民至上的价值取向,确立了新发展理念必须始终坚持的基本原则。这一重要思想,是马克思主义同当代中国实际和时代特征相结合产生的重大理论成

---

① 中共中央宣传部:《习近平总书记系列重要讲话读本》,学习出版社、人民出版社2016年版,第129—130页。
② 人民日报社评论部:《"四个全面"学习读本》,人民出版社2015年版,第43页。
③ 本部分相关内容以《以人民为中心发展思想的理论蕴含与历史贡献》为题,发表于《中共山西省委党校学报》2020年第4期。

果,是中国从发展中大国向现代化强国迈进关键时刻的又一次思想解放和理论升华,具有深刻的理论蕴含和伟大的历史性贡献。

(一)以人民为中心发展思想的理论蕴含

作为发展的首要原则和根本立场,"以人民为中心的发展思想"是在确立新发展理念的过程中提出来的。习近平指出:"要坚持人民主体地位,顺应人民群众对美好生活的向往,不断实现好、维护好、发展好最广大人民根本利益,做到发展为了人民、发展依靠人民、发展成果由人民共享。"[①]这就明确了"以人民为中心的发展思想"的基本内涵,回答了发展的根本问题,其基本内涵就是坚持人民至上,它至少包含三层意蕴:根本目的是坚持发展为了人民,核心思路是坚持发展依靠人民,价值取向是坚持发展成果由人民共享。

1. 根本目的:发展为了人民

任何发展观都有明确的目的。以人民为中心的发展思想鲜明地提出了"发展为了人民",既体现了中国共产党的初心和使命,又赋予为人民服务新的时代内涵。今天,我们应从两个层面深入领会发展为了人民的"目的论"。

第一,全民性。习近平指出:"我们追求的发展是造福人民的发展,我们追求的富裕是全体人民共同富裕。"[②]"发展必须是遵循社会规律的包容性发展"[③],要"让广大农民平等参与改革发展进程、共同享受改革发展成果","小康不小康,关键看老乡,关键在贫困的老乡能不能脱贫"。[④] 习近平多次强调,全面建成小康社会的根本目的是让全体人民共享,这是社会主义的本质要求和改革发展的最终判断标准。目前,我国还存在着大量贫困人口、城镇低保人员、城镇登记失业人员、残疾人等,他们是全面发展的重点人群。落实以人民

[①] 《习近平谈治国理政》(第二卷),外文出版社2017年版,第214页。
[②] 《征求对中共中央关于制定国民经济和社会发展第十三个五年规划的建议的意见》(2015年10月30日),新浪网,http://news.sina.com.cn/c/2015-10-30/doc-ifxkhchn5662988.shtml,最后浏览日期:2023年11月30日。
[③] 《决定召开十八届四中全会讨论研究当前经济形势和下半年经济工作》,《光明日报》2014年7月30日。
[④] 《习近平:健全城乡发展一体化体制机制 让广大农民共享改革发展成果》(2015年5月1日),新华网,http://www.xinhuanet.com//politics/2015-05/01/c_1115153736.htm,最后浏览日期:2023年11月30日。

为中心的发展思想,就要着力解决好特定人群的困难,坚决打赢脱贫攻坚战,不能让任何群体在发展过程中掉队。

第二,全面性。习近平强调:"面对人民过上更好生活的新期待,我们不能有丝毫自满和懈怠,必须再接再厉,使发展成果更多更公平惠及全体人民,朝着共同富裕方向稳步前进。"①随着中国改革开放的不断深入、经济社会的不断发展,全面共享,不仅仅停留在单一的物质层面,还必须注重政治、文化、社会、生态等各个层面,注重人民群众的获得感、幸福感和舒适度。这就要求我们要适应新变化,顺应人民群众对美好生活的向往,更准确地把握我国社会主义初级阶段不断变化的特点,在继续推动经济发展的同时,更好解决我国社会出现的各种问题,更好发展中国特色社会主义事业,更好推动人的全面发展、社会全面进步。正如习近平指出的:"如果只实现了增长目标,而解决好人民群众普遍关心的突出问题没有进展,即使到时候我们宣布全面建成了小康社会,人民群众也不会认同。"②

2. 核心思路:发展依靠人民

习近平指出:"人民是推动发展的根本力量。"③以人民为中心的发展思想蕴含着马克思主义历史观和群众观,闪耀着辩证法的智慧光芒。它是价值观与方法论的辩证统一,是发展过程与发展结果的辩证统一,是发展主体权利与义务的统一,也是发展目标与发展动力的统一。

一是尊重人民群众的首创精神。伴随着中国特色社会主义进入新时代,我国经济由高速增长阶段转向高质量发展阶段。这一阶段性特征决定了我们必须更加注重激发人民群众的积极性、主动性和创造性,为经济社会发展提供源源不断的"新动能"。习近平十分强调要向群众学习,深入发掘人民群众中蕴藏的丰富智慧和创造力。他指出:"好措施、好办法哪里来?答案是从群众中来。"④要坚持尊重劳动、尊重知识、尊重人才、尊重创造的方针,充分尊重"人

---

① 习近平:《在纪念毛泽东同志诞辰120周年座谈会上的讲话》,《人民日报》2013年12月27日。
② 中共中央文献研究室:《习近平关于社会主义经济建设论述摘编》,中央文献出版社2017年版,第47页。
③ 《中共中央关于制定国民经济和社会发展第十三个五年规划的建议》,《人民日报》2015年11月4日。
④ 习近平:《之江新语》,浙江人民出版社2007年版,第61页。

民群众所表达的意愿、所创造的经验、所拥有的权利、所发挥的作用"。① 要鼓励基层群众先行先试,大胆探索新路子,推动"大众创业、万众创新",形成新技术、新产业、新业态。实行更加积极、开放、有效的人才政策,培养和造就一大批具有国际水平的人才和高水平创新队伍。

二是汲取人民群众的智慧和力量。汲取人民的智慧和力量,就要"坚持人民主体地位,发挥人民首创精神,着力解决好人民群众最关心最直接最现实的利益问题,不断让人民得到实实在在的利益,充分调动人民群众的积极性、主动性、创造性"。② 要"尊重人民首创精神,自觉拜人民为师,向能者求教,向智者问策,从群众中汲取无穷的智慧和力量。紧紧依靠人民,广泛动员和组织人民投身到党领导的伟大事业中来"。③ 在改革发展的进程中,要认真想一想群众实际情况究竟怎样?群众到底期待什么?群众利益如何保障?唯有真诚倾听群众呼声、真实回应群众诉求、真情顺应群众期盼,及时总结群众创造的新鲜经验,才能把最广大人民智慧和力量凝聚到改革上来,同人民一道把改革推向前进,从而破解发展中面临的难题,化解来自各方面的风险挑战,推动经济社会持续健康发展。

三是发展成果接受人民群众的评判。人民是发展的主体,发展的成败得失必然要由人民群众来检验和评判。常言道:"人民心中有杆秤,是轻是重,一称便知;人民心中有把尺,是长是短,一量便晓"。坚持人民衡量标准,就要把人民满意作为衡量发展成效的根本标尺,把人民的情绪作为检验发展工作的"晴雨表",做到发展政策听取群众声音、考虑群众意见,发展举措向群众通报、让群众知晓,发展成效让群众有更多获得感、幸福感,使发展符合群众需求、经得起人民的检验。新时代中国共产党只有始终将人民对美好生活的向往作为奋斗目标,永远与人民同呼吸、共命运、心连心,才能保证我们的发展永远不会偏离正确方向,才能保证我们向人民交出一份满意答卷。

---

① 中共中央宣传部:《习近平总书记系列重要讲话读本》,学习出版社、人民出版社 2016 年版,第 128—129 页。
② 习近平:《对照检查中央八项规定落实情况讨论研究深化改进作风举措》,《人民日报》2013 年 6 月 26 日。
③ 中共中央宣传部:《习近平总书记系列重要讲话读本》,学习出版社、人民出版社 2016 年版,第 129 页。

3. 价值取向：发展成果由人民共享

习近平强调："国家建设是全体人民共同的事业，国家发展过程也是全体人民共享成果的过程。"①共享发展就是要使发展成果更多更公平地惠及全体人民，通过更为有效的制度安排和更可操作的治理手段，使经济社会发展更有"温度"，让人民的幸福更有"质感"。

一是大力推进共同富裕。以人民为中心的发展思想，就是把实现人民幸福作为发展的目的和归宿，这与"共同富裕"的内涵是高度一致的，二者都是中国特色社会主义的根本原则和本质要求。习近平指出，"改革发展搞得成功不成功，最终的判断标准是人民是不是共同享受到了改革发展成果"。②"区域发展不平衡有经济规律作用的因素，但区域差距过大也是个需要重视的政治问题"③，"我们到时候不能一边宣布全面建成了小康社会目标，另一边还有几千万人口的生活水平处在扶贫标准线以下，这既影响人民群众对全面建成小康社会的满意度，也影响国际社会对我国全面建成小康社会的认可度"。④ 这实际上明确表达了贫困落后地区及其贫困人口的发展事关全面建成小康社会这一第一个百年奋斗目标是否能够真正实现，体现了"空谈误国、实干兴邦"、全心全意为人民服务的一贯政治作风，是党的十八大以来新一代领导集体的一项政治动员。

二是维护社会公平正义。随着现代化、工业化、城市化的深入推进，随着广大人民群众权利意识的持续增强，随着劳资、干群等一些矛盾和问题的不断出现，公平正义的问题已经上升为中国道路探索的关键问题之一。坚持以人民为中心的发展思想，推进全面共享的过程，必然是社会公平正义不断扩大和提升的过程。因为没有公平正义，就没有社会主义，更谈不上社会主义的未

---

① 习近平：《在庆祝"五一"国际劳动节暨表彰全国劳动模范和先进工作者大会上的讲话》，《人民日报》2015年4月29日。
② 《征求对中共中央关于制定国民经济和社会发展第十三个五年规划的建议的意见》（2015年10月30日），新浪网，http://news.sina.com.cn/c/2015-10-30/doc-ifxkhchn5662988.shtml，最近浏览日期：2023年11月30日。
③ 《中共中央关于制定国民经济和社会发展第十三个五年规划的建议》，《人民日报》2015年11月4日。
④ 中共中央宣传部：《习近平总书记系列重要讲话读本》，学习出版社、人民出版社2016年版，第60页。

来。维护和实现公正的制度化安排必须成为共享的主要着力点。习近平指出,"进一步实现社会公平正义,通过制度安排更好保障人民群众各方面权益。要在全体人民共同奋斗、经济社会不断发展的基础上,通过制度安排,依法保障人民权益,让全体人民依法享有权利和履行义务"。① 逐步建立以权利公平、机会公平、规则公平为基点的社会公平保障体系,构筑共享发展的制度保障,是中国特色社会主义新阶段的实践标识。全面共享发展有利于做出关注贫困人口、社会弱势群体的安排,增加低收入劳动者收入,提高低收入群众生活水平和质量,不断缩小社会贫富差距,进一步巩固公平正义的社会秩序,最终全面建成小康社会,为实现第二个百年奋斗目标打好根基铺好路。

(二)以人民为中心发展思想的基本特征

以人民为中心的发展思想,立足我国发展新的历史方位,坚持中国特色社会主义发展的价值追求和中国共产党的根本宗旨,着眼于改革开放和社会主义现代化建设的新胜利,具有鲜明的时代性、崇高的人民性和伟大的实践性。

1. 鲜明的时代性

以人民为中心的发展思想,是时代催生的理论精华。十八大以来,党中央顺应时代和实践发展的新要求,坚持以人民为中心的发展思想,鲜明提出要坚定不移贯彻"创新、协调、绿色、开放、共享"的发展理念。这集中体现了我们党对新发展阶段基本特征的深刻洞察和科学把握,标志着我们党对经济社会发展规律的认识达到了新高度,有力回应了当前我国发展中的突出矛盾和问题,是引领我国发展全局深刻变革的科学指引。党的十九大针对我国社会主要矛盾的显著变化,进一步作出"中国特色社会主义进入了新时代"的重大政治判断。这一重大判断综合考量了人民主观向往和社会客观发展的对立统一,反映了我国社会发展的时代特征和实践要求。从需求状况和供给状况可以看出,这是我国"发展起来"的历史方位中从大国迈向强国所遇到的社会主要矛盾,与之前"欠发展"的历史方位中的社会主要矛盾相比有了很大不同。在这

---

① 《习近平在武汉主持召开部分省市负责人座谈会》,《人民日报》2013 年 7 月 25 日。

一矛盾中,人民的需要已经提升为较高层次,其外延也大大拓展了;不平衡不充分的发展,则是落后的社会生产问题解决以后,在实现强起来的历史进程中所遇到的根本问题。以人民为中心的发展思想就是为解决这一社会主要矛盾提出的,既适应了社会发展新的特点和要求,又顺应了人民群众新的需求和向往,具有鲜明的时代色彩。

2. 崇高的人民性

从人民性来看,以人民为中心的发展思想,是党的全心全意为人民服务的宗旨在新时代的具体体现。新时代不仅要国家富强,而且要人民幸福,在解决人民"从无到有"的需求之后,更加注重解决"从有到优"的需求。在发展的价值取向上,改革开放初期乃至后来一段时间,由于历史发展的必然性,也由于发展的紧迫性与现实条件的严重约束,使得我国在实践中相对注重积累物质财富,片面强调 GDP,见物不见人。十八大以后,我们党更加自觉地强调以人民为中心,提出人民对美好生活的向往就是我们的奋斗目标,提出"共享"发展理念,强调全面深化改革的出发点和落脚点是促进社会公平正义,增进人民福祉,等等。这体现了我国发展起来以后对更高价值取向的自觉认知。[①] 这一思想既与为人民服务一脉相承,又发展了为人民服务的时代内涵。这是对中国共产党治国理政核心理念的新提升。正如习近平指出的,"我的执政理念,概括起来说就是:为人民服务,担当起该担当的责任"。[②] 为民族担当、为人民担当、为党担当,强调要把人民放在我们心目中最高的位置。这种承诺彰显了以人民为中心发展思想的理论品格,展现了共产党人"一切为了人民,为了人民的一切"的伟大情怀。

3. 伟大的实践性

以人民为中心的发展思想来源于实践又指导实践,具有坚实的实践基础。作为发展的重要理念,"以人民为中心"不仅贯穿于习近平总书记系列重要讲话精神之中,而且贯穿于党中央治国理政的全部实践之中。党的十八大以来,习近平总书记从改善党与人民的关系(开展党的群众路线教育实践活动)开

---

① 韩庆祥:《强国时代》,红旗出版社 2018 年版,第 63—64 页。
② 《习近平谈治国理政》,外文出版社 2014 年版,第 101 页。

始,特别是从解决教育、就业、医疗、社保、扶贫脱贫等一系列人民群众最关心、最直接的问题入手,集中致力于满足人民对美好生活的需求,在多个场合,针对不同的领域和工作,多次强调以人民为中心的工作导向。党的十九大更是把"坚持以人民为中心"作为中国特色社会主义的一个基本方略,充分体现了实践经验的总结和党的基本理论的重大创新。① 以人民为中心的发展思想具有强大的现实指导性,是指引中国特色社会主义不断创造新辉煌的思想武器。正是在这一思想的指引下,新发展理念得以贯彻实施,社会建设顺利推进,脱贫攻坚取得新胜利,生态文明建设成效显著,人民生活逐步改善,社会主义中国各方面正发生着最深刻的巨变,各领域焕发出最蓬勃的生机和活力,亿万人民的获得感、幸福感、安全感更加充实,从而彰显以人民为中心的发展思想的实践威力。

(三) 以人民为中心发展思想的重要意义

以人民为中心的发展思想集中反映了我们党对经济社会发展规律认识的深化,是我国发展理论的又一次重大创新,其所坚守的"人民"理论向度与价值维度,成为新时代进行伟大斗争、建设伟大工程、推进伟大事业、实现伟大梦想的根本思想保证,具有重大历史性贡献。

1. 坚持系统布局,构建中国特色社会主义事业发展的战略思路

以人民为中心的发展思想,展现出中国共产党为人民谋幸福、对人民负责任的伟大情怀,贯穿"五位一体"总体布局和"四个全面"战略布局这一总体规划,从价值维度和宏观思路上为中国特色社会主义事业长远发展定下了基调、指明了方向。

首先,在统筹推进"五位一体"总体布局中贯穿以人民为中心的基本逻辑。不谋全局者,不足谋一城。中国特色社会主义是全面发展的社会主义。"五大"建设作为一个有机整体,就像纵横全国的经纬线,勾勒出富强民主文明和谐美丽的社会主义现代化强国的壮美景象。就当代中国实践发展的新要求而言,经济建设的目的主要是贯彻新发展理念、深化供给侧结构性改革、建设现

---

① 张太原:《"坚持以人民为中心"是怎样提出的》,《学习时报》2018年1月17日。

代化经济体系,其核心是实施创新驱动发展战略,蕴含着"共创";政治建设的主要目的是坚持中国特色社会主义政治发展道路,健全人民当家作主制度体系,推进国家治理现代化,蕴含着"共治";文化建设的主要目的是牢牢掌握意识形态工作领导权,积极培育和践行社会主义核心价值观,凝心聚力,使民众凝聚"共识";社会建设的主要目的是提高保障和改善民生水平、加强和创新社会治理、坚持总体国家安全观,实现基于公平正义的人民"共享";生态文明建设的主要目的是坚持人与自然和谐"共生",形成人与自然和谐发展新格局。"共创""共治""共识""共享""共生",正是以人民为中心的核心理念的生动表达和具体体现。[①] 由此可见,以人民为中心的发展思想,为我们理解新时代的宏伟蓝图、把握新时代的实现路径和发展思路提供了根本遵循。

其次,在协调推进"四个全面"战略布局中彰显以人民为中心的价值追求。纲举才能目张。蓝图已经绘就,目标更加明确。如何突出重点,抓住关键,牢牢扭住治国理政的"牛鼻子"?如何放眼长远,综合施策,协调推进?如何攻坚克难,走好新时代,实现强国梦想?这些答案体现在"四个全面"战略布局中。"四个全面"战略布局是以习近平同志为核心的党中央站在时代和全局的高度,坚持中国道路、坚定中国自信、总结中国经验、规划中国未来而作出的新探索。"四个全面"战略布局是一个内涵丰富、逻辑严密的有机体。在这个复杂的有机体中,贯穿着一条主线。这条主线就是坚持以人民为中心。每一个"全面"都彰显着以人民群众为出发点和落脚点的基本逻辑,每一个"全面"都指向着人民群众的利益实现与维护。全面建成小康社会是以人民为中心的集大成,顺应了时代要求和人民愿望,是党向人民作出的庄严承诺。全面深化改革是以人民为中心的必然要求,全面依法治国是以人民为中心的重要支撑,全面从严治党是以人民为中心的政治根基,这三大战略举措,为如期全面建成小康社会提供了重要保障。[②] 从这个意义上讲,"四个全面"战略布局是新时代中国共产党对"以人民为中心"思想的传承和升华,摹画了中国未来发展的战略布局。

---

① 韩庆祥:《强国时代》,红旗出版社2018年版,第125页。
② 王庆五:《共享发展》,江苏人民出版社2016年版,第96页。

2. 破解发展难题,贡献推动世界发展的智慧和方案

用什么样的思想来指导发展,决定着发展的前进方向,也决定着发展成果能否惠及全体人民。以人民为中心的发展思想,是为回应和破解中国经济社会发展问题开出的良方,体现了对中国现代化发展道路的深刻思考,同时也是在全球化时代对人类社会发展规律的有益探索,为推动世界发展提供了中国智慧和中国方案。

第二次世界大战以来,西方发展理论大体经历了三个阶段,并对世界产生了重要影响。第一阶段为20世纪50年代至60年代,初步形成了以经济增长为核心的传统发展理论。西方学人认为经济的增长即是发展,一切以经济的增长为核心与动力。西方社会在经历第一次片面强调经济发展的阵痛之后,又提出了全面发展理论(第二阶段)。60—70年代,一些国家提出了"社会发展指标运动",以求得更好的发展。80年代末至90年代初,"生存经济学""生态政治学"相继出现。《我们共同的未来》报告提出:"可持续发展是既满足当代人的需要,又不对后人满足其需要的能力构成危害的发展。"[①]可持续发展的理念逐步深入人心。西方国家关于发展理念的第三个阶段,肇始于20世纪90年代。这种发展观打破了以往单纯注重经济增长和牺牲环境为代价的传统发展模式,以提高人的生活质量为中心,更加关注人与自然之间的和谐发展。在西方发展理论的指导之下,不少国家发展走过弯路,也付出了代价。今天,伴随着资本主义的发展,特别是"后金融危机"时代所暴露的诸多问题越来越引起人们的关注。西方发展学家也认识到经济在"利己"的指导下,越发展越不利于人。

当今世界发展走到了一个新的十字路口,人类该往何处去?有人这样比喻:"这个世界生病了。"有的国家"病急乱投医",有的国家兜售所谓的"灵丹妙药"……结果"病情"非但没有好转,反而加重,全世界都在渴求济世药方。在这种大背景下,以人民为中心的发展思想准确把脉,把人作为发展的目的和归宿,追求人的全面发展,为解决世界发展问题开出了良方。它凸显人在发展中的主体地位和价值,实现发展理论的重要创新,引领发展理念的进步方向,不

---

① 世界环境与发展委员会:《我们共同的未来》,王之佳、柯金良等译,吉林人民出版社1997年版,第52页。

仅克服了西方发展理论的人的异化和制度短板,而且为其他发展中国家的发展提供了新的路径指引,给人类文明思想宝库增添了绚丽夺目的瑰宝。

三、以人民为中心发展思想的实践要求[①]

习近平总书记指出,"以人民为中心的发展思想,不是一个抽象的、玄奥的概念,不能只停留在口头上、止步于思想环节,而要体现在经济社会发展各个环节"。[②] 这就说明,坚持以人民为中心的发展思想,不仅是一个重大理论问题,更是一个重大实践问题。为了更好地落实以人民为中心的发展思想,需要从实践论、认识论、方法论的多维视角思考其实现理路。

(一) 从实践论的角度看,既要增强思想上的自觉自信,也要将其付诸实际行动

1. 实践对认识的决定意义

辩证唯物主义认为,在实践和认识之间,实践是认识的基础,实践在认识活动中起着决定性的作用。"实践的观点是辩证唯物论的认识论之第一的和基本的观点。"[③]坚持以人民为中心的发展思想是在确立新发展理念的过程中提出来的,党的十八大以来国内外形势深刻变化和我国各项事业快速发展催生了这一思想。在新的历史条件下,不忘初心,继续前进,就是要始终把人民利益摆在至高无上的地位,把老百姓的安危冷暖时刻放在心上,以造福人民为最大政绩,想群众之所想,急群众之所急,做到发展为了人民、发展依靠人民、发展成果由人民共享,让人民生活更加幸福美满。正如习近平所指出的:"我们党现阶段提出和实施的理论和路线方针政策,之所以正确,就是因为它们都是以我国现时代的社会存在为基础的。"[④]

从认识的本质与过程来看,树立一种正确的发展理念,只是认识过程的第

[①] 本部分相关内容以《以人民为中心发展思想的实现理路》为题,发表于《理论导刊》2020 年第 5 期。
[②] 《习近平关于全面深化改革论述摘编》,中央文献出版社 2014 年版,第 43 页。
[③] 《毛泽东选集》(第一卷),人民出版社 1991 年版,第 284 页。
[④] 《习近平关于全面深化改革论述摘编》,中央文献出版社 2014 年版,第 11 页。

一阶段,即形成了发展实践的观念形态,还需要实现从观念形态到现实形态的转化。这是"认识过程的第二个阶段,即由精神到物质的阶段,由思想到存在的阶段"。① 从认识到实践的飞跃,是更为重要的飞跃,意义更加重大,因为认识世界的目的是改造世界。人们通过实践获得认识,不是"猎奇"或"雅兴",不是为认识而认识,其最终目的为实践服务,指导实践,以满足人们生活和生产的需要。主体对客体的认识和改造,说到底是为了满足自己的需要,因而又构成了价值关系。在马克思主义看来,理论是重要的,理论是行动的指南,没有革命的理论就没有革命的运动,没有正确的理论就没有正确的行动。理论的终极意义在于能够指导行动。如果把正确的理论束之高阁,或夸夸其谈而不加以实行和运用,那么再好的理论也是没有意义的。对此,习近平形象地指出:"要按照已经认识到的规律来办,在实践中再加深对规律的认识,而不是脚踩西瓜皮,滑到哪里算哪里。"②落实以人民为中心的发展思想的过程,既是理论指导实践的过程,又是理论实现自身的过程。

在实践和认识的辩证运动中,主观必须统一于客观,认识必须统一于实践。这种统一是认识和实践的矛盾在发展中的统一,是具体的历史的统一。这是我们在坚持以人民为中心的发展思想时必须确立的基本观念。

2. 违背以人民为中心发展思想的现实表现

认识与实践、知和行是内在统一的,但在现实中确也存在着将二者分离甚至背离的现象。从各地反映以及我们调研中掌握的情况来看,一些党员干部口头上讲的是"以人民为中心",实际上做的却是以 GDP 为中心、以政绩为中心,这样的发展观,使部分领导干部走入了发展的误区,产生"目标定在任期上,眼睛盯在数字上,心思花在升迁上"的现象,违背了以人民为中心的根本要求。

一是以 GDP 为中心。一些党员干部特别是领导干部学用脱节,没有牢固树立和自觉践行新发展理念,工作中仍然坚持"以 GDP 为中心"。新发展理念是实现更高质量、更有效率、更加公平、更可持续发展的必由之路,只有坚定不

---
① 《毛泽东文集》(第八卷),人民出版社 1999 年版,第 320 页。
② 《习近平关于全面深化改革论述摘编》,中央文献出版社 2014 年版,第 43 页。

移贯彻新发展理念，才能真正把以人民为中心落到实处。但是，还有部分党员干部由于学得不深不透，导致坚持理论指导实践的自觉性和坚定性不强，运用新发展理念解决实际问题的能力和水平不高，提升人民获得感、幸福感的效应还不明显。调研发现，一些地方的领导干部不能正确处理好经济增长数量与质量、速度与效益、发展与环境的关系，仍然存在片面强调经济增长、单纯追求物质积累的现象。从秦岭违建别墅到石家庄封龙山"削山造地建别墅"，一些地方违建别墅之所以一再上演，就跟一些官员生态文明意识淡薄、地方需要招商引资来拉动GDP维持漂亮经济数字有关。在他们眼中，绿水青山就是"唐僧肉"，这是对"绿水青山就是金山银山"做出粗暴、庸俗且错误的执行。① 这种领导方式没有体现以人民为中心的发展要求，必然会造成重物轻人或者见物不见人的不良倾向。

二是以政绩为中心。树立正确的政绩观，通过积极作为创造经得起实践、人民和历史检验的政绩，是我们党对领导干部的一贯要求。长期以来，绝大多数领导干部能够牢固树立和认真践行正确政绩观，赢得了人民群众广泛好评，但也有少数党员领导干部的实用主义、功利思想仍然严重，倚重当前、忽视长远，热衷于搞"政绩工程""形象工程"。为了显现政绩，他们片面追求经济指标和发展速度，不关心为老百姓办实事、搞实实在在的民生工程；片面贪大求洋，盲目追求大气魄规划、大规模建设、大手笔做事，不关心是否要花大价钱；热衷于挣面子、产生轰动效果，不关心工程对当地经济社会发展有无益处；热衷于让上级满意，不关心老百姓满意不满意、赞成不赞成。只要场面大了、气氛热了、人气旺了，轰动效应也就有了；只要能露脸了、上级肯定了，升迁的"跳板"也就有了。出现"政绩工程"的最根本原因，是少数领导干部政治观念上发生了严重偏差。那些为了个人目的或者小团体利益而上马的"政绩工程"和"形象工程"，折射的是某些领导干部对人民立场的严重背离，是官僚主义、形式主义的延伸。如果任其滋生蔓延，必将遭到群众的反对。

3. 形成新时代的实践标准

马克思主义实践观要求，坚持以人民为中心的发展思想，就要形成新时代

---

① 张武：《青山变"房山"的冲动必须遏制》，《解放日报》2019年2月26日。

的实践标准,建立健全相应的保障机制,从根本上转变形式主义作风,解决理论与实践相脱离的问题,真正实现发展为人民、利益属人民、检验由人民。

第一,树立以人民为中心的政绩观。发展观决定政绩观,政绩观影响发展观。习近平指出:"一些领导干部落实工作抓得不好,很重要的是政绩观出了问题,个人主义思想在作祟。"①追求什么样的政绩,是为人民群众谋利益,还是为个人谋利益,是衡量领导干部政绩观正确与否的分水岭。习近平在参加十三届全国人大一次会议山东代表团审议时,再次强调领导干部干事创业"功成不必在我",指出这并不是消极、怠政、不作为,而是要牢固树立正确政绩观,既要做让老百姓看得见、摸得着、得实惠的实事,也要做为后人作铺垫、打基础、利长远的好事,既要做显功,也要做潜功,不计较个人名利,追求人民群众的好口碑、历史沉淀之后真正的评价。一要实事求是,尊重规律。尊重客观规律、按客观规律办事,是创造政绩的根本。应遵循经济规律追求科学发展,遵循自然规律追求可持续发展,遵循社会规律追求包容性发展,这样的政绩才会"含金量高""时效性长"。不尊重规律的政绩必定是短命的。当前,尤其要走出"唯GDP论"的误区,把领导经济工作的立足点转到转变发展方式、优化经济结构、转换增长动力上来。二要坚持不懈,长期努力。"政贵有恒,治须有常。"为官从政都希望干一番事业、创一番业绩,但干事创业不可能一日见效、立竿见影,要想做出实绩,必须进行长期努力。塞罕坝和右玉的领导干部在超过半个世纪的岁月中,坚持一张蓝图绘到底,一茬接着一茬干,终于创造出辉煌政绩,得到党和人民充分肯定。② 三要解决好"如何考核政绩"的问题,抓紧建立和完善科学的干部考核体系,使勤政为民、政绩突出的干部得到褒奖,使好大喜功、弄虚作假的干部受到惩戒。在考核标准的制定上,既要看数字,又不能唯数字,坚决防止"数字出官"和"官出数字"。

第二,建立以人民为中心的发展思想的保障机制。落实以人民为中心的发展思想,关键是建立确保其顺利实施的保障体系。一要建立层层负责的领导责任制和问责体系。明确每一级领导对以人民为中心的发展思想落实的职

---

① 习近平:《关键在于落实》,《求是》2011年第6期。
② 吴黎宏:《以人民为中心》,中共中央党校出版社2019年版,第80页。

责任务，保证每一项政策措施一经出台，就能够扎扎实实地施行。对政策措施的落实情况，应根据领导责任制的要求，实行问责追究。对重要政策措施的落实情况，应在当地媒体公布，接受广大群众的监督。二要创新科学决策制度。要提高决策的民主化、科学化质量，突出各种决策咨询机构在地方党委决策中的积极作用，建立健全决策咨询工作的有关制度和机制，作为决策的必要环节，特别是对于那些涉及群众切身利益的事项，要注意广泛听取群众的意见建议，尤其是不同意见乃至反对意见。要探索建立决策责任追究制，科学界定决策责任主体，坚持"谁决策、谁负责"的原则，使决策责任清楚明晰，特别是对集体决策出现严重失误的，必须强化决策责任追究，防止决策的盲目性。[①] 三要健全完善决策执行制度。要按照决策、执行、监督相协调的要求，不断提高决策执行效率，实现以人民为中心的发展思想在具体实践中的有效转化。要加强决策执行的过程控制，建立分级反馈和突发事件应急处理机制，确保执行过程都能得到有效控制，从源头上避免多头指挥、信息阻塞、推诿扯皮等不良现象的发生，从而使以人民为中心的发展思想落到实处。四要完善绩效评价机制。要不断完善考核评价指标体系，精心设计考评内容，紧扣经济、政治、文化、社会和生态文明建设，综合考虑各方面因素，同时根据不同地区的功能定位和区域发展格局的要求，探索具有地方特色的考核指标。要改进考核评价方法，坚持群众评判，利用现代信息化手段进行民意调查，增加民意调查在综合评判中的评估权重，并将考核结果作为干部考察和使用的重要依据。五要完善监督纠错机制。完善监督纠错机制，是完善各级地方党委、机关部门领导体制和推动以人民为中心的发展思想贯彻落实的重要途径。要坚持党内监督与党外监督相结合，加大党内监督力度，充分发挥人大、政协、民主党派、政府专门机关和司法监督的作用，依靠群众和舆论监督，创新绩效考核监督，形成完善的监督纠错体系。尤其要注重发挥地方党委督查部门、巡视机构和纪检监察机关等监督机构的作用，探索建立决策执行修正反馈制度，确保各级地方党委、机关部门的决策更加符合以人民为中心的发展要求。

[①] 全国党的建设研究会课题组：《学习实践科学发展观长效机制研究》，党建读物出版社2011年版，第66页。

（二）从认识论的角度看，既要培养深厚的人民情怀，也要不断提升引导、服务人民的能力和水平

1. 以人民为中心的发展思想是党的群众路线在发展领域的体现

马克思主义认为，人民群众是认识和改造客观世界的主体。人民群众的鲜活实践，既是认识客观真理的源泉，也是制定正确路线、方针、政策的根本依据。依据这一原理，我们党创造性地形成了群众路线的根本工作路线。群众路线的内涵，一方面包括对待人民群众的立场、观点，另一方面包括领导人民群众的方法。从认识论和方法论角度看，群众路线的核心在于"从群众中来，到群众中去"，解决的是如何正确做事。这既是认识来源于实践，又反过来指导实践的辩证过程，也是党的领导方法与工作方法。在践行群众路线中，坚持以人民为中心的发展思想将更加凸显党同人民群众的鱼水情、血肉联系，使党与人民更加紧密地结合在一起，也更加明确党的领导方法与工作方法的价值立场，明确党的行动方向与行动路线。

坚持以人民为中心的发展思想，体现了人民至上的根本立场。党的十九大报告指出，中国特色社会主义进入新时代，我国社会主要矛盾已经转化为人民日益增长的美好生活需要和不平衡不充分的发展之间的矛盾。正确认识新时代我国社会主要矛盾的变化，很关键的一点就是全面认识和把握"人民日益增长的美好生活需要"。当前，人民群众的需要呈现多样化多层次多方面的特点，因此，更加突出的问题是发展的不平衡不充分，这已成为满足人民日益增长的美好生活需要的主要制约因素。解决这个矛盾，迫切需要新时代的中国共产党人牢牢把握我国发展的阶段性特征，牢牢把握人民群众对美好生活的向往，以新发展理念引领发展，深化改革，锐意创新，着力在优化结构、增强动力、化解矛盾、补齐短板上取得突破性进展，一步步实现好以人民为中心的发展，确保如期建成得到人民认可、经得起历史检验的全面小康社会，不断朝着全体人民共同富裕、社会全面进步的目标前进。

坚持以人民为中心的发展思想，体现了中国共产党的领导方法和根本工作方法。人民是推动发展的根本力量。坚持以人民为中心的发展，就要坚持发展依靠人民。要始终相信群众，紧密联系群众，坚持问政于民、问需于民、问

计于民,广泛听取基层和群众意见,善于从人民群众的创造性实践中总结发展经验,不断提炼升华,努力形成可复制、可推广的经验,从人民群众中汲取推动发展的经验和力量。邓小平指出:"如果不从认识方法上解决党的主张必须是'从群众中来,到群众中去'的问题,那么党同人民群众的关系问题仍然不能真正地解决。"[1]以人民为中心的发展也就会失去力量源泉。习近平指出,领导不是百事通,不是万能的。要做群众的先生,先做群众的学生。领导干部要放下架子,甘当小学生,多同群众交朋友,多向群众请教。"人民群众中有的是能者和智者,要虚心向他们求教问策,把政治智慧的增长、执政本领的增强、领导艺术的提高深深扎根于人民群众的实践沃土之中,不断从人民群众中吸收营养和力量"[2],要"从群众中寻找解决问题的方案和方法,使作出的决策和决策的执行充分体现民心民意"[3],而不能靠想当然,搞一厢情愿。这样才能确保科学发展、健康发展、持续发展。

2. 实现以人民为中心的发展思想遇到的问题

以人民为中心的发展思想,是党的群众路线在发展领域的生动体现。现在,一些党员干部不懂得或不熟悉二者之间的辩证关系,对党的群众路线的重要性认识不足,对群众是推动发展动力的观念淡化,从而在实际工作中放松了这方面的要求,一定程度上对贯彻落实以人民为中心的发展思想产生了消极影响。

一是为人民服务的宗旨淡化,形式主义、官僚主义仍然存在。党的性质和宗旨决定了党员领导干部必须站稳群众立场,坚持人民利益至上,时刻把群众的冷暖放在心上,为群众办实事、解难事。在现实生活中,一些领导干部官气十足,高高在上,漠视现实,不把群众的安危冷暖放在心上。一些干部唯我独尊,专横跋扈,在群众面前优越感爆棚,群众来办事嫌麻烦,听取意见是"听而不取"。一些干部遇事推诿、怕担责任,办事拖拉、敷衍塞责,对事关群众切身利益的民生问题缺乏责任、缺乏热情,不推不动,不催不办,甚至

---

[1] 《邓小平文选》(第一卷),人民出版社1994年版,第206页。
[2] 习近平:《学习和掌握马克思主义立场观点方法是深入学习中国特色社会主义理论的根本要求》,《学习时报》2013年4月28日。
[3] 习近平:《通信手段再发达也不能替代实地调研》,《求是》2010年第7期。

以条件不具备为借口拖延不办。一些干部,眼里只有领导没有群众,喜交权贵,嫌贫爱富,对上曲意逢迎,对下吆五喝六,"不怕群众意见大,就怕领导印象差"。一些干部习惯于端坐"衙门宝座",很少走到基层、走近群众倾听群众呼声和愿望,即使走出去也是摆摆谱、作作秀。还有一些干部所作所为的立足点不是群众的利益,而是把"上面"的评价当成唯一的标准,把个人的需要当成群众的需要,甚至陶醉于个人愿望的实现,却对群众诉求置若罔闻,对群众疾苦视而不见,偏离了人民立场,与以人民为中心的发展思想反其道而行之。

二是尊重人民主体地位不够,工作中存在"为民做主""替民做主"的现象。发展是党和人民共同的事业。我们党的宏伟奋斗目标,离不开人民群众的支持和参与。但是,一些地方和党员干部还没很好解决"为谁发展、发展靠谁"的问题,在决策和工作中"为民做主""替民作主",倾听群众呼声、体现群众意愿、维护群众利益还做得不够。有的干部拉架子、论身份,认为自己"当家",就得自己说了算,把群众的意见和呼声抛在一边,固执己见,主观武断,一意孤行,盲目决策,结果钱花了不少,可办的实事并没有取得应有的"暖心"效应。更有甚者,自以为是为群众做好事、办实事,为的是公共利益、社会秩序,为此可以不管方式手段、不顾群众意愿、不问现实效果,大搞粗暴执法、野蛮拆迁,出台费而不惠的"惠民政策""民心工程",结果"好事办坏,好经念歪",费再大的力,群众不领情,社会也不认同。好事没办好、实事落了空,在很多情况下是由于作风不民主、决策不科学、尊重人民群众的主体地位不够。邓小平早就讲过:"党没有向人民群众实行恩赐、包办、强迫命令的权力。"①

3. 自觉践行群众路线始终心中有民

我们党是中国特色社会主义事业的领导核心,是以人民为中心的发展思想转化为发展现实的积极推动者。坚持以人民为中心的发展思想,就要牢记党的宗旨,践行党的群众路线,担当起为人民促发展谋利益的重大责任、主动作为,让人民真真切切感受到发展成效、享受到发展成果、体验到以人民为中心的地位。

---

① 《邓小平文选》(第一卷),人民出版社1994年版,第218页。

第一,切实增进同人民群众的感情。坚持人民立场,实现以人民为中心的发展,就要对人民群众怀有真感情。感情和态度是做好工作的基础。党员干部对人民群众的感情源于政治责任和党性要求,不是恻隐之心。这种感情,要用心去培育、用爱去凝聚、用情去维系。用心培育,就是要一心想着群众,将心比心,换取真心,树立以人民为中心的工作导向,把实现好、维护好、发展好最广大人民的根本利益作为出发点、落脚点,一切从群众立场出发,把群众意愿作为工作的"风向标",把群众评价作为工作的"试金石"。用爱凝聚,就是要视群众为亲人,对待群众的困难感同身受,想群众之所想,急群众之所急,谋群众之所需。用情维系,就是要充满真情实感,放下架子、迈开步子,多到车间班组、田间地头,与群众交朋友、做知己,体验群众的甘苦忧乐,真诚倾听群众呼声,真情感受群众疾苦,真正解决群众困难。① 领导干部只有消除"官本位"思想,摒弃衙门作风,让公仆意识和执政为民的理念在头脑中深深扎根,才能把群众放在心上,把群众当亲人,才会对群众有真情,才听得到群众的心声,真正接到"地气"。

第二,不断提高引导、服务群众的能力和水平。能否把以人民为中心的发展思想落到实处,很大程度上还取决于各级领导干部的领导能力和水平。一要不断提高引导群众的能力。群众有无限的创造力,但如果没有正确的引导,就难以发挥出来。如何正确地教育和引导呢?"命令主义"肯定是行不通的,它往往会违背群众意愿,造成"好心办坏事"的结果;为群众"包打天下"也不行,否则一些人就可能产生依赖和懒惰的不健康心理,甚至认为扶贫就是等国家给自己发票子、修房子。正确的做法是,党员干部要把党的群众路线用于工作实践,充分地相信群众、依靠群众,激发群众干事创业的内在动力。同时,要做给群众看、带着群众干,注意发挥示范带头人作用,使"带头""带领"起到"四两拨千斤"的效果。二要不断提高服务群众的能力和水平。要把党的群众路线与民主政治结合起来,扩大群众路线的主体范围,通过群众的广泛参与,体现人民作为发展主体的地位和作用。要创新群众路线的实现形式,运用协商民主的方法,更好地把群众的正确意见和根本利益体现在决策中。在群众工作

---

① 吴黎宏:《以人民为中心》,中共中央党校出版社2019年版,第208—209页。

的方法上要具有时代感、创造性,善于运用网络汇集民意、引导舆论,让互联网成为了解群众、贴近群众、为群众排忧解难的新途径,成为发扬人民民主、接受人民监督的新渠道。

(三)从方法论的角度看,既要坚持正确的发展路径,又要讲究科学的方式方法

在人类的任何实践活动中,方法都是为实现相应的目的服务的。在《哲学笔记》中,列宁曾经摘录黑格尔《逻辑学》中关于方法的论述,指出"在探索的认识中,方法也就是工具,是主观方面的某种手段,主观方面通过这个手段和客体发生关系"。[①] 毛泽东曾形象地把工作比喻成过河,把方法比喻成桥或船,没有桥和船过不了河,没有好的工作方法就做不好工作。他指出:"我们不但要提出任务,而且要解决完成任务的方法问题。我们的任务是过河,但是没有桥或没有船就不能过。不解决桥或船的问题,过河就是一句空话。不解决方法问题,任务也只是瞎说一顿。"[②] 可见,正确的方法是贯彻落实以人民为中心的发展思想的关键,方法是否科学合理,直接影响以人民为中心的发展思想的实现程度。

然而,一些地方和领导干部在运用以人民为中心的立场、观点、方法解决经济社会发展的突出问题和群众反映强烈的问题方面,还存在一定差距。特别是在统筹兼顾这个根本方法的运用上还有差距,受形势任务的变化,往往会出现片面强调某方面工作重要性而忽视与其他工作相协调的情况。在当前与长远关系的处理上,工作精力偏重解决眼前的现实问题,对一些事关长远发展的重大问题,进行战略性、前瞻性、系统性思考和研究不够。对主要矛盾和矛盾的主要方面有时还抓得不准,不善于"弹钢琴"。对地区经济社会发展的差异性把握不准,有些工作的要求还没有充分考虑相关地区的发展现状、基础和水平,有"一刀切"的现象。对地方经济社会发展和工作布局,在全局上协调指导得还不够好。此外,"贯彻落实新发展理念,涉及一系列思维方式、行为方

[①]《列宁全集》(第三十八卷),人民出版社1986年版,第236页。
[②]《毛泽东选集》(第一卷),人民出版社1991年版,第139页。

式、工作方式的变革,涉及一系列工作关系、社会关系、利益关系的调整,必须发挥改革的推动作用、法治的保障作用"①,因此在手段创新方面也亟须积极探索和大胆试验。

针对坚持以人民为中心的发展思想中存在的方法不科学的问题,着眼于我国经济社会发展的规律和要求,当前和今后一个时期,既要坚持正确的发展路径,又要讲究科学的方式方法。

1. 新发展理念是实践以人民为中心的发展思想的正确路径

理念是行动的先导,一定的发展实践都是由一定的发展理念来引领的。发展理念是否对头,从根本上决定发展成效乃至成败。面对当前经济社会发展新趋势新机遇和新矛盾新挑战,党的十八届五中全会坚持以人民为中心的发展思想,鲜明提出了"创新、协调、绿色、开放、共享"的发展理念。新发展理念符合我国国情,顺应时代要求,在理论和实践上有新的突破,对破解发展难题、增强发展动力、厚植发展优势具有重大指导意义。坚持以人民为中心的发展思想是新发展理念之魂,新发展理念是实践以人民为中心的发展思想的正确路径。

新发展理念,指明了"十三五"乃至更长时期我国的发展思路、发展方向和发展着力点。创新是引领发展的第一动力。习近平总书记指出,抓住了创新,就抓住了牵动经济社会发展全局的"牛鼻子"。只有把发展基点放在创新上,形成促进创新的体制架构,才能塑造更多依靠创新驱动、更多发挥先发优势的引领型发展。协调是持续健康发展的内在要求。只有正确处理发展中的重大关系,重点促进城乡区域协调发展,促进经济社会协调发展,促进新型工业化、信息化、城镇化、农业现代化同步发展,才能不断增强发展整体性。绿色是永续发展的必要条件和人民对美好生活追求的重要体现。只有坚持绿色富国、绿色惠民,为人民提供更多优质生态产品,推动形成绿色发展方式和生活方式,才能协同推进人民富裕、国家富强、中国美丽。开放是国家繁荣发展的必由之路。只有丰富对外开放内涵,提高对外开放水平,协同推进战略互信、经贸合作、人文交流,才能开创对外开放新局面,形成深度融合的互利合作格局。

---

① 中共中央宣传部:《习近平总书记系列重要讲话读本》,学习出版社、人民出版社2016年版,第138页。

共享是中国特色社会主义的本质要求。只有解决社会公平正义问题，让广大人民群众共享改革发展成果，才能真正体现社会主义制度优越性。①

新发展理念的出发点，正是以人民为中心的发展思想，它不仅明确了发展的本质要求，而且把增进人民福祉、促进人的全面发展作为发展的出发点和落脚点，把实现人民幸福作为发展的目的和归宿。弄清发展"为了谁"，才能找准发展指向；弄清发展"依靠谁"，才能凝聚发展力量。新发展理念所明确的发展路径，既抓住了制约发展的症结，又开出了解决问题的良方。②

2. 以科学的方法落实以人民为中心的发展思想

落实以人民为中心的发展思想，离不开科学方法的指导。要树立全面系统思维，掌握科学统筹的方法，确保以人民为中心的发展思想落地生根，真正做到把好事办好、实事办实。

第一，坚持目标导向与问题导向相统一。坚持以人民为中心的发展思想，要始终把人民的呼声作为第一信号，把人民的需求作为第一要务，把适应人民的发展期待作为根本工作指向和全部价值追求。我们党要牢牢把人民对美好生活的向往作为奋斗目标，既从实现全面建成小康社会的目标倒推，厘清时间节点必须完成的任务，又从迫切需要解决的问题顺推，明确破解难题的途径和办法。解决好人民群众普遍关心的突出问题，是落实以人民为中心的发展思想的重要体现。要增强问题意识、突出问题导向，着力解决群众迫切需要解决的重点和难点问题，着力实施群众迫切期待的重大民生工程和惠民政策，真正做到想群众之所想、急群众之所急、解群众之所困，使全面建成小康社会的过程成为增进人民福祉、促进社会公平正义的过程。今天，在中国改革发展的关键节点，如何真正把群众需求作为发展契机，把问题意识转化为问题导向，这不仅关系能否落实以人民为中心的发展思想，也关乎我们能否引领中国经济发展走向更加光明的未来。

第二，坚持经济增长与改善民生相统一。对各级领导干部而言，贯彻以人民为中心的发展思想，重要的是要摆正经济增长与改善民生的关系，了解老百

---

① 中共中央宣传部：《习近平总书记系列重要讲话读本》，学习出版社、人民出版社2016年版，第133—136页。
② 南方日报评论员：《坚持以人民为中心的发展思想》，《南方日报》2015年11月23日。

姓的所思所想。做好经济社会发展工作,民生是"指南针"。民之所望,政之所向。老百姓关心什么、期盼什么,民生工作就要抓住什么、推进什么。发展是为了改善民生,如果发展不能回应人民的期待,不能让群众得到实际利益,这样的发展就失去意义,也不可能持续。抓民生也是抓发展。经济发展是前提,离开经济发展谈改善民生是无源之水、无本之木。同时,解决好民生问题,发展才有更足的动力、更强的后劲。持续不断改善民生,既能有效解决群众后顾之忧,调动人们发展生产的积极性,又能释放居民消费能力、拉动内需,催生新的经济增长点,为经济发展、转型升级提供强大内生动力。既要通过发展经济,为持续改善民生奠定物质基础,又要通过持续不断改善民生,为经济发展创造更多有效需求,实现两者良性循环。

第三,坚持党的领导与人民主体地位相统一。发展是党和人民的共同事业,党是发展的领导核心,人民是发展的主体力量。习近平指出,"没有广大党员、干部的积极性和执行力,再好的政策措施也会落空"。[①] 落实以人民为中心的发展思想,迫切需要新时代的党员干部以直面困难的勇气、履职尽责的意识、敢于担当的精神,主动作为,不断提高发展的平衡性、协调性和可持续性,确保全面建成小康社会的宏伟目标如期实现,带领人民创造美好生活。同时,全面建成小康社会,又是13亿多中国人民的利益所系,必须从人民群众中凝聚智慧和力量。习近平指出,"决胜全面建成小康社会的伟大进军,每一个中国人都有自己的责任。领导干部要勇于担当,人民群众要增强主人翁意识,全党全国各族人民要拧成一股绳,以必胜的信心、昂扬的斗志、扎实的努力投身新的历史进军"。[②] 落实以人民为中心的发展思想,必须充分发扬民主,广泛汇聚民智,调动全体人民推动发展的积极性、主动性和创造才能,在全社会形成人人参与、人人尽力、人人都有成就感的生动局面。只有很好地把党的主张和人民愿望统一起来,把加强顶层设计与调动基层积极性结合起来,才能在共建共享中一起发力想办法,形成破解发展难题、落实以人民为中心的发展思想的强大合力。

---

① 《习近平在党的十八届五中全会第二次全体会议上的讲话》,《求是》2016年第1期。
② 习近平:《在全国政协新年茶话会上的讲话》,《人民日报》2016年1月1日。

第二章
以人民为中心发展思想的实践机制概述

构建以人民为中心发展思想的实践机制,首先必须弄清楚该机制是什么?该机制有何特点?该机制的基本架构又是怎样的?为此,本章着重从马克思主义理论和经济学、政治学的学科视角,对以人民为中心发展思想的实践机制的内涵和特点、建构依据及其基本架构等主要问题进行系统阐释。

一、以人民为中心发展思想实践机制的概念阐释

以人民为中心发展思想的实践机制,是贯彻落实以人民为中心发展思想的科学运行方式,是保证以人民为中心的发展思想顺利落实,并达到预期目标的制度和结构体系。准确厘清其内涵及特点,是构建以人民为中心发展思想的实践机制的前提和基础。

(一) 以人民为中心发展思想实践机制的内涵

"机制"(mechanism)一词最早源于希腊文,是机械工学概念,用来说明机器的构造和工作原理。机器是由零部件构成的,各个零部件在整体中均有其特定的地位和部分功能,它们之间相互影响、相互制约,共同构成统一的整体。如果对机器的结构进行动态考察,则机器作为整体所具有的功能就体现出来了。因此,机制的本意就是指机器的各个构成部分之间相互影响、相互作用的关系,以及特定功能的实现方式。生物学和医学通过类比借用此词。生物学和医学在研究一种生物的功能(如光合作用、肌肉收缩)时,常说分析它的机

制,用以表示有机体内发生的生理或病理变化,即各器官之间相互联系、作用和调节的方式。后来,人们将机制一词从自然科学研究引入到社会科学研究,其含义在这里也就引申为:既是指事物各个组成要素的相互联系,即结构,也是指发挥作用的过程和作用原理。《现代汉语词典》对机制的解释是:泛指一个工作系统的组织或部分之间相互作用的过程和方式,是系统与部分、部分与部分之间相互作用的结果。具体来说,机制应包括以下五个方面的问题:一是工作系统的构成要素;二是构成要素之间相互联系的方式;三是构成要素之间关系的发生过程;四是工作系统的内在本质和运行规律;五是工作系统运行的结果。因此,也可以把机制的内涵表述为一种系统运行的、动态的、带规律性的模式。

理解了机制的内涵,就不难理解以人民为中心发展思想的实践机制的含义。顾名思义,研究以人民为中心发展思想的实践机制,实质是研究以人民为中心的发展思想是怎样实现的。要实现以人民为中心的发展思想,就要让相关的要素参与进来,并且使各种要素之间发生联系、相互作用,推动实际进程,同时还要以一定的方式方法对进程实施正确的调控,以保障产生出积极合理的结果。可见,以人民为中心发展思想的实践机制的科学内涵就是:实现以人民为中心发展思想的构成要素之间相互联系、相互作用的机理、过程和结果。以人民为中心发展思想的实践机制必须满足以下五个方面的规定性:一是要有相关的要素构成一个工作系统,并且具有内在的结构;二是要素之间要按照特定的方式相互联系、相互作用;三是要形成一股"合力",不断推动以人民为中心发展的进程;四是运行要符合规范,符合以人民为中心发展的规律;五是要在实践、经验等方面产生好的结果。①

一般说来,机制这一概念,内含着"有机性"和"制度化"的意思,是事物健康发展的必然要求、良性运行的必要条件,因此,机制就是事物正向运动所需的一种规定模式。"合规律性"是其最显著的特征。同理,以人民为中心发展思想的实践机制是实现以人民为中心发展思想的必然要求,是实现以人民为中心发展思想良性运行的必要条件,没有这一机制,以人民为中心的发展思想

---

① 王家芳等:《马克思主义中国化实现机制研究》,人民出版社 2011 年版,第 9 页。

就不可能实现。因此,搞清楚以人民为中心发展思想的实践机制这一保证以人民为中心发展思想"合规律性"运行的特定模式,具有重要的理论意义和实践价值。

(二) 以人民为中心发展思想实践机制的结构

从公共政策的运行机制来看,任何一项政策都要经过制定、执行、评估、调整或终止等几个运行环节。我们所说的以人民为中心发展思想的实践机制,主要是指保障各个部门、各个地方、各个方面均能够自觉地以以人民为中心的发展思想为指导,切实有效地推进以人民为中心发展的机制。它不是单一的政策、策略、方式与方法,而是一个由决策机制、实施机制、监督机制、评估机制、纠偏机制等一系列连环式的机制构成的科学体系。

第一,决策机制。所谓决策,就是决定做事情、干工作的策略和办法。它是党和政府在执政和社会治理活动中为了达到一定的目的对各种发展目标、规划以及政策和行动方案等作出抉择。决策具有基础性、战略性、引领性作用。科学决策是指执政党在科学理论指导下,通过科学的方法,作出有科学根据的决策。决策是行政心脏。贯彻落实科学执政理念的最有力度、最具有刚性的措施,是执政理念进入贯彻落实这条工作流水线的起点。没有决策的启动,就没有落实的行动,因而也就没有落实的效果。正确决策是正确实施决策的前提,也是各项工作取得成功的前提。贯彻落实以人民为中心的发展思想,关键是能够做到科学决策,如果决策出现失误,那么以人民为中心就将无从谈起,也正因为如此,科学决策机制是以人民为中心发展思想实践机制的首要机制,也是最重要的机制保障。要构建以人民为中心发展思想的实践机制,首先就要不断健全和完善以人民为中心发展思想的决策机制。

第二,实施机制。科学的决策一旦确定,就要求有完善的实施机制保证其付诸实施。作出科学的决策之后,实施是落实的关键。所谓决策实施,就是某项决策出台之后,将决策所规定的内容转变为现实的过程。如果说决策制定是决策制定主体认识问题、分析问题并拿出对策措施的过程的话,那么决策实施则是一个政策由理想、规划转化为现实的过程。如果决策的制定是从实践到认识的过程,那么决策实施则是从认识再到实践的飞跃过程。决策实施作为整个决策运行过程中不可或缺的重要组成部分,也是一个非常关键的环节,并且与决策过程相比,决策的实施持续的时间更长,涉及的问题更为具体。决策实施有其本身内在的规定性和特点,认识这些特点,对于我们有效地实施决策具有积极的现实意义。

第三,监督机制。在决策的制定、实施过程中,由于机构、人员、环境等复杂因素的影响,或多或少会出现决策方案不完善、误解、歪曲,或实施不力的情况,直接影响决策本身质量及实施效果。因此,必须对决策过程的各个环节尤其是决策的制定和实施加以监督,及时发现并纠正决策偏差,确保正确的决策得到贯彻实施。总的看来,决策制定、实施等方面的监督主要包括两个方面:一是对决策制定进行监督。由于决策者掌握信息存在的局限性、决策者的有限理性、决策者本人的利益与偏好不同,以及决策者对形势不完全正确的认识等因素,决策者制定出的决策可能是不完善的。同时,也可能在决策的过程中没有严格遵守相关的规则与程序,从而影响到决策的科学性,为此,对决策制定进行监督是决策科学性的重要保证。二是对决策的实施进行监督。决策若得不到贯彻实施,那么,该决策所要达到的目标就无法实现。然而,在现实生活中,决策得不到贯彻实施甚至成为一纸空文的情况并不罕见。因此,为了保证决策得以贯彻落实,必须对决策实施的过程进行有效的监控。

第四,评估机制。实现以人民为中心的发展思想,除了科学的决策机制、有效的实施机制、完善的监督机制以外,还需要对决策过程的各个方面特别是决策实施后的效果(或政策效应)进行判断,我们将这种活动称为评估。评估机制作为实现以人民为中心发展思想的一个重要环节,其目的是在广泛搜集诸方面信息的基础上,采用一定的方式方法对信息进行科学的分析综合,透视解剖,判断决策的利弊得失,以便使决策者或执行者以此为依据,对决策实施方法、步骤进行调整和变动。评估是检查、监督,也是导向,它是对落实以人民为中心发展思想的情况进行调查、总结和评定。通过评估,人们才能够判断决策及决策实施过程、实施效果是否符合以人民为中心的发展要求,从而决定这项政策是应该继续、调整还是终结;通过评估,还可以总结决策执行的经验教训。

第五,纠偏机制。纠偏机制指决策制定者依据评价的反馈信息,对决策不科学的地方,以及不利于以人民为中心发展的决策、行为给予部分改变或全部改变。纠偏机制的完善主要通过政策调整，不断纠正政策的失误或偏差，及时废止那些多余的不必要的或无效的政策，可以使政策更好地符合客观实际的需要，有利于发挥政策的积极作用。纠偏机制之所以是以人民为中心发展思想的实践机制不可或缺的部分，有两大原因。一是客观原因。任何一项决策都是根据现实条件和问题制定的，然而客观事物是不断变化的，需要对政策作出相应的调整，否则，决策就难以解决已经发生变化的现实问题。二是主观原因。决策是人们主观意志的产物。一项决策是否科学与合理，取决于人们对客观事物的认识程度。由于现实生活中客观事物的发展趋势是多变的，各种矛盾的暴露需要一个过程，而人们的认识能力具有局限性，决策者往往面对大量的不可知因素进行决策，这都有可能使决策偏离实际。从现实来看，纠偏是评估的延续，评估的目的就是判断某项决策是否收到实际的效果，当某项决策由于主客观等各项原因难以适应现实发展需要的时候，也就难以保障以人民为中心的发展思想落到实处。因此，纠偏机制的健全与完善直接关系以人民为中心发展思想的实现程度。①

总之，构建以人民为中心发展思想的实践机制是一项系统工程，它不仅需要我们在实践中不断健全和完善决策机制、实施机制、监督机制、评估机制、纠偏机制（图2-1），而且需要我们正确认识和处理这几大机制之间的关系。在这些机制以及配套的政策措施中，如若某个环节发生了问题，整个链条都无法运转，以人民为中心的发展思想就难以落到实处。

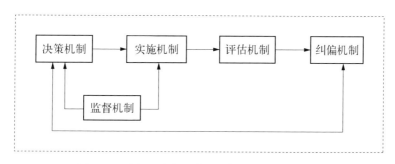

图 2-1　以人民为中心发展思想的实践机制结构

---

① 李占才、蒯正明、运迪：《科学发展的体制机制保障》，人民出版社2014年版，第24—28页。

（三）以人民为中心发展思想实践机制的功能

从以人民为中心发展思想实践机制的系统构成看，这里的机制实际上是指制度加方法或者是制度化了的方法。也即是说，以人民为中心发展思想的实践机制，是指以制度化的方法保障以人民为中心的发展思想能够落到实处。这种制度化方法中的各种要素之间能相互协调、相互合作，共同作用于实现以人民为中心的发展思想，是实现以人民为中心发展思想的制度与方法上的保障。

首先，科学合理的实践机制是落实发展为了人民的前提。为谁发展，是发展的根本问题，体现我们党的价值取向。坚持发展为了人民，一是要把人民的期待和追求作为发展的根本方向。习近平指出："我们的人民热爱生活，期盼有更好的教育、更稳定的工作、更满意的收入、更可靠的社会保障、更高水平的医疗卫生服务、更舒适的居住条件、更优美的环境，期盼孩子们能成长得更好、工作得更好、生活得更好。人民对美好生活的向往，就是我们的奋斗目标。"[①]坚持发展为了人民，就要不断实现好、维护好、发展好最广大人民的根本利益，使经济社会发展顺应人民群众对美好生活的向往，实现人民生活水平和质量普遍提高、国民素质和社会文明程度显著提高、生态环境质量总体改善。二是要把增进人民福祉、促进人的全面发展作为发展的出发点和落脚点。习近平指出："我们中国共产党人干革命、搞建设、抓改革，都是为了让人民过上幸福生活。"[②]他还强调，我们的发展如果不能给广大人民群众带来实实在在的利益，人民群众在发展中没有更多的获得感，我们的发展将失去意义，也不可能实现持续发展。要坚持把促进人的全面发展作为推动发展的最终目的，着眼于满足人民不断增长的物质文化生活需要，着眼于促进人民思想道德素质和科学文化素质的提升，着眼于自然和社会环境改善，为人的全面发展创造良好条件。三是要积极回应人民的关切，不断实现人民的利益。发展为了人民，就要积极回应人民群众关心的问题，通过各种平台、利用多种形式，深入了解

---

① 《习近平谈治国理政》，外文出版社 2014 年版，第 4 页。
② 《习近平在山西考察工作时强调　扎扎实实做好改革发展稳定各项工作　为党的十九大胜利召开营造良好环境》，《人民日报》2017 年 6 月 24 日。

民情,感知群众冷暖,关注群众需求,反映群众心声,回应群众关切,着力解决人民群众最关心、最直接、最现实的问题。要始终站在最广大人民群众的立场上把握改革发展中的各种重大关系,切实保障人民群众的权益,让人民群众得到实实在在的利益。这些目标的实现,依赖于制度机制的创新。没有科学有效的决策机制、实施机制、监督机制、评估机制、纠偏机制等机制保障,就不可能确保发展目的的人本性,不可能满足最大多数人的利益要求,不可能使发展为了人民的宗旨得以真正落实。

其次,科学合理的实践机制是实现发展依靠人民的保证。人民是推动发展的根本力量。坚持以人民为中心的发展,就要坚持发展依靠人民。坚持发展依靠人民,一是要发挥人民群众首创精神。中国特色社会主义离不开人民的首创精神,人民群众是我们国家前途命运的决定力量。要通过体制改革和机制完善,引导人民群众在全面建成小康社会中积极参与,尊重人民群众的创造愿望,支持人民群众的创造活动,发挥人民群众的创造才能,深入推进大众创业、万众创新,放手让一切促进经济发展、创造社会财富的源泉充分涌流。历史和现实都表明,我们的政策常常滞后于人民群众的实践,赢得发展新优势的思路、破解前进中难题的办法存在于丰富多彩的群众创新性实践活动之中。二是要善于从人民群众探索实践中汲取智慧和力量。从人民群众中凝聚智慧和力量,就要把问计于民、问策于民制度化,克服官僚主义、形式主义,通过必要的制度机制建设,扩大人民的有序政治参与,保证党和政府官员改革发展的思路和政策能真正做到"从群众中来,到群众中去",使决策过程更加民主,更加科学,特别是关系国计民生的重大决策更加符合客观规律,符合人民群众的愿望。三是发展成效要接受人民群众评判。判断改革发展思路对错、各项政策好坏的根本标准是人民群众的评价。要用人民的获得感检验改革发展的成效,改革是否有"含金量",要让人民来评判,要让人民来打分。改革的推进离不开人民的监督和评价,提高改革决策的科学性要广泛听取人民的建议和意见,让人民在改革中有更多获得感,让改革成为人民的改革。这就要求充分尊重群众的知情权、参与权,建立健全人民群众广泛参与的社会评价机制,完善保障以人民为中心发展的民主监督纠错机制,以推动以人民为中心的发展。

最后,科学合理的实践机制是确保发展成果由人民共享的条件。坚持以人民为中心的发展最终体现在发展成果惠及全体人民上。人民是社会主义发展的主体,也是社会主义发展成果享有的主体。坚持发展以人民为中心,最重要的是增强人民群众的获得感,使人民群众获得实实在在的利益,真正过上美好幸福生活。只有让人民群众共享改革发展成果,才是真正坚持以人民为中心,也才能使我们党的执政基础稳如泰山、坚如磐石。在新的历史条件下,人民群众的利益诉求具有多样性与动态性,这就要求我们党既要着眼当前实现好、维护好、发展好人民群众的根本利益,又要随着时代发展不断满足人民群众变化着的利益诉求。[①] 促进共同富裕,是全面建成小康社会的重要目标,实现这一目标,就要坚持和完善社会主义基本经济制度和分配制度,深化收入分配制度改革和社会保障制度改革,加大再分配调节力度,打好脱贫攻坚战,补齐短板、兜住底线,努力缩小城乡、区域、行业收入分配差距。坚持共享发展,关键是作出更有效的制度安排,加紧建设对保障社会公平正义具有重大作用的制度,逐步建立以权利公平、机会公平、规则公平为主要内容的社会公平保障体系,努力营造公平的社会环境,保证人民平等参与、平等发展权利,要让发展成果更多更公平惠及全体人民,归根到底要通过制度来落实,有了公平正义的制度,共享发展才有坚实的根基。从这个意义上说,构建科学的决策机制、实施机制、监督机制、评估机制、纠偏机制,不仅有利于实现决策的科学化、民主化,使我们少走弯路,也有利于保证经济发展的成果由人民共享。

(四)以人民为中心发展思想实践机制的特点

构建以人民为中心发展思想的实践机制,必须了解这一机制的基本特点,以便掌握其规律和要求,在实践中更加自觉地贯彻落实以人民为中心的发展思想。

第一,整体性。以人民为中心发展思想的实践机制强调整体性,注重探求各组成部分的联系与互动。贯彻落实以人民为中心的发展思想,内在地表现出协调性、合作性、关联性特点,并凸显"齿轮"化运转效应,充分体现科学运行方式的基本特点。从实践机制的建构来看,以人民为中心发展思想的实践机

[①] 吴黎宏:《以人民为中心》,中共中央党校出版社2019年版,第86页。

制是指确保其贯彻落实的各种政策、策略以及方法的总称。这些政策、策略、方式与方法本身是一个不可分割的整体,它们犹如齿轮一样相互衔接、相互联系、相互影响、相互配合,共同构成科学的体系。在这些方式、方法以及配套的政策措施中,如若缺少任何一个环节,则不可能形成以人民为中心发展思想的实践机制。故此,以人民为中心发展思想的实践机制的科学性即表现在各要素之间的严密性、不可分割性。如若缺乏某种固定的要素,则不可能有实践机制的建构,这恰好反衬出实践机制建构的科学性以及系统性。

第二,权威性。以人民为中心发展思想的实践机制强调权威性,这种机制一经形成,就具有强大的约束力。它要求各级党委和政府要增强责任感和自觉性,把以人民为中心的发展思想贯穿领导活动全过程,落实到决策、执行、检查、评估、纠偏各项工作中,增强领导能力,提高管理水平,不断增强作决策、做工作、抓管控的原则性、系统性、预见性、创造性。反之,任何违背以人民为中心发展思想的行为,都要实行问责追究。尤其是对重要机制的落实情况,应在当地媒体公布,接受广大群众的监督,切实防止实践机制仅仅印刷在纸面上、停留在口头上、体现在表面文章上的现象发生。以人民为中心发展思想的实践机制明确规定了各行为主体在发展过程中的行为,做什么、怎么做,各种关系的运作均得到合理的处理,以此保障以人民为中心的发展思路和发展举措能在实践中产生良好的效果。

第三,实践性。从工作的内容和对象看,以人民为中心的发展思想直接反映的是广大人民群众的要求,关注的是广大人民群众的切身利益,而且,国家所制定的正确的路线方针政策,都必须由党员干部带领人民群众来完成。因此,以人民为中心发展思想的实践机制所要完成的任务就具有直接当下性。正因为这种直接性,也意味着以人民为中心发展思想的实践机制具有直接的现实性和实践性。从工作的执行情况看,以人民为中心发展思想的实践机制不只是在理论上的一个机制,而是应紧密地结合干部群众的工作、生活和地方发展实际,是切实可行的,具有现实的可操作性和针对性,只有可操作的机制才是合理的正确的机制。从这一视角来审视,也恰恰确证了以人民为中心发展思想的实践机制必须具有的实践性特点。

第四,持续性。以人民为中心发展思想的实践机制还有一个重要特点,即持续性,它至少蕴涵三层基本含义。其一,从时间上来说,贯彻落实以人民为中心的发展思想必须常态化。在时间保障方面,贯彻落实以人民为中心的发展思想,不能有所间断。当然,维持时间上的常态化,不能将实现以人民为中心的发展思想口号化,也即实现以人民为中心的发展思想,叫得响亮,但却没有实质上的作为,这也不能说是持续性。其二,贯彻落实以人民为中心的发展思想,还在一定层面上表现其空间延续性。也就是说,贯彻落实以人民为中心的发展思想,不仅需要时间上的持续性,而且需要表现出空间上的宽泛性。就目前状况而言,实践机制的持续性特点还表现在空间上的可持续性。其三,从贯彻落实以人民为中心发展思想的精力投入而言,也必须具有持续性。以人民为中心发展思想的实践机制,其内涵表现为党员干部必须具有长期的意志和毅力,要善于打持久战,善于打攻坚战。贯彻落实以人民为中心的发展思想,"游击战"模式肯定是不行的。凡此种种,客观上就要求我们在机制设计层面之初就必须考虑到机制本身的可持续性问题。①

二、构建以人民为中心发展思想实践机制的科学依据

如何确认实践机制的重要性、必要性和可能性,是我们建构实践机制的基础性工作。以人民为中心发展思想的实践机制是顺应新时代变化要求,在科学理论的指导下,依据各地的成功实践建立的,是推进以人民为中心的发展思想贯彻落实的一个十分重要而关键的抓手。

(一)构建以人民为中心发展思想实践机制的时代吁求

以人民为中心的发展思想是贯穿新发展理念的灵魂,是新时代我国经济社会发展的重要指导方针,是发展中国特色社会主义必须坚持和贯彻的重大战略思想。建立健全以人民为中心发展思想的实践机制,是解决新时代我国社会主要矛盾、实现人民美好生活的重要途径,是破解当前发展难题、转变发

---

① 黄小明:《基层干部学习实践科学发展观长效机制的建构研究》,湖南大学出版社 2012 年版,第 44—45 页。

展方式的客观要求,是纠正错误发展观、推动树立以人民为中心的政绩观的现实选择。

第一,解决新时代我国社会主要矛盾,实现人民美好生活的重要途径。党的十九大报告提出,中国特色社会主义进入新时代,我国社会主要矛盾已经转化为人民日益增长的美好生活需要和不平衡不充分的发展之间的矛盾。这既是重大的政治判断,又是重大的理论创新。从社会生产看,我国已稳定解决了十几亿人的温饱问题,总体上实现小康,不久将全面建成小康社会。具体而言,经过改革开放40多年,尤其是党的十八大以来5年多的全面发展,我国社会生产力水平总体上大幅度提升,经济总量已稳居世界第二位,社会生产能力在很多方面进入世界前列,有220多种工业产品的产量位居世界第一,已经成为世界经济增长的动力源和稳定器。我们可以自信地说:中国已经告别了短缺经济,告别了供给不足的时代。从社会需求看,人民美好生活需要日益广泛,不仅对物质文化生活提出了更高要求,而且在民主、法治、公平、正义、安全、环境等方面的要求日益增长。具体而言,改革开放40多年来,人民群众的生活水平显著提高,当今中国已经形成世界上人口最多的中等收入群体。仅从家庭消费看,已从原先的自行车、缝纫机、手表、收音机这"三转一响",经过几次升级换代,发展为今天的住房、汽车、旅游等消费。当前,人民群众的需要呈现多样化、多层次、多方面的特点。因此,更加突出的问题是发展的不平衡不充分,这已成为满足人民日益增长的美好生活需要的主要制约因素。在这种情况下,全面把握人民日益增长的美好生活需要的内涵,进而正确判断和消除其制约因素,就成为一个重大理论和现实问题。

解决新时代我国社会主要矛盾,实现人民的美好生活,是一项宏大的系统工程,不可能一蹴而就,它将贯穿经济社会发展全过程和各领域,需要探索新的发展路径,形成有利于以人民为中心的发展的制度机制。当前,不容忽视的是,在一些领导干部和领导班子中,还不同程度地存在对以人民为中心认识模糊和执行不力的问题,概括起来,主要是不愿干、不会干、不真干。有些领导干部在会议发言中,对以人民为中心的理论夸夸其谈,认识不可谓不高,但换一个场合就变了调子,散布不当言论,不愿干。有的干部长期习惯于传统的思维方式和工作方法,对按照以人民为中心的发展思想领导经济社会工作手足无措,不会干。还有的干部迫于形势压力,处在风头上哄一阵,过后又故态复萌,不真干。凡此种种都充分说明,要使以人民为中心的发展思想真正成为广大党员干部的自觉行动,切实用新发展理念引领发展,一步步实现好以人民为中心的发展,还有大量工作要做。特别是需要通过建立健全实践机制,为推动以人民为中心发展思想的有效落实提供制度保证。解决认识问题的长期性和将认识付诸实践的艰巨性,决定了构建以人民为中心发展思想实践机制的重要性和紧迫性。

第二,破解当前发展难题,转变发展方式的客观要求。坚持与时俱进,不断研究解决经济社会发展中出现的新情况新问题,是落实以人民为中心发展思想的本质要求,也是建立健全以人民为中心发展思想实践机制的目的之一。以人民为中心的发展,最终目的是促进人的全面发展。人的全面发展,既包括经济发展、社会发展、政治发展、文化发展及生态文明发展的"五位一体"全面发展,也包括每个具体的人的自由发展和全面发展。促进人的全面发展,就要着眼于人民现实物质文化生活需要,着眼于人民素质的提高,着眼于人民生活的自然和社会环境,努力扫除影响人的全面发展的体制机制,为人的自由而全面发展创造良好的条件。为此,一要大力提升发展质量和效益。要着眼于增强人的幸福感受、促进人的全面发展,围绕人民群众的新需求不断提供新产品新服务、发展新模式新业态,实现发展的转型升级。衡量经济发展得好不好,要看是否具有高的质量和好的效益。在推进发展中,必须准确把握好速度与效益关系,因为我们追求的发展是速度、质量、效益统一的发展。当前,我国制造业领域产能过剩、重复建设问题严重、城市化质量不高、结构不合理等矛盾,集中表现就是经济发展的质量和效益不高。我们要改变这种经济大而不强的状况,就要把思想和行动统一到新发展理念上来,崇尚创新、注重协调、倡导绿色、厚植开放、推进共享,努力提高统筹贯彻新发展理念的能力和水平,加快形成落实新发展理念的体制机制。二要统筹做好各领域民生工作。改善民生是我们推动发展的根本目的。如果发展不能回应人民的期待,不能让群众得到实际利益,这样的发展就失去意义,也不可能持续。近年来,我们党带领全国各族人民深入贯彻以人民为中心的发展思想,取得了显著的成绩,人民福利不断提升,生活条件不断改善。党的十九大报告提出了具体的政策措施,在利民惠民方面又作出了一系列重要部署,优先发展教育事业、提高就业质量和人民收入水平、加强社会保障体系建设、坚决打赢脱贫攻坚战、实施健康中国战略、打造共建共治共享的社会治理格局、有效维护国家安全。这些政策真正地做到了想群众之所想、急群众之所急,以人民为中心的经济建设和社会发展图景正在绽放光芒。

但是,在现实生活中,还有一些党员干部由于没有转变不适应、不符合以人民为中心的发展的思想观念,特别是由于以人民为中心发展思想的实践机制不健全,仍然存在片面强调经济增长、单纯追求物质积累的现象。重规模轻质量、重速度轻效益的倾向,以及重经济发展而轻社会发展、重经济总量扩大而轻经济结构优化、重物质财富获取而轻环境生态保护、重眼前利益而轻长远福祉的偏向,还在少数地方和单位不同程度地存续着。机制的导向作用是巨大的,一个好的机制可以将人的行为向好的方向成功引导,而一个不好的机制却能使好人变坏。部分党员干部慢作为甚至不作为,并不是不懂什么叫以人民为中心,而是因为没有制度和机制的约束,如实践目标还不够明确、实践路径还不够清晰、实践载体还不够科学、实践措施还不够有力等,导致一切都难以为继。因此,建立健全以人民为中心发展思想的实践机制,即基于对当前某些地方经济社会发展的非理性问题的深入思考,力求破解经济社会发展难题提出的重要之举。

第三,纠正错误发展观,推动树立以人民为中心的政绩观的现实选择。建立健全以人民为中心发展思想的实践机制,有利于转变短期政绩观念,永葆党的先进性。政绩,是领导干部在履行职责的过程中创造出来的成绩和贡献,是领导干部德才素质在实践中的综合体现。所谓政绩观,就是对政绩的本质、目的、内涵和要求的总体看法与根本观点,包括对什么是政绩、为谁树政绩、如何树政绩和怎么衡量政绩等问题的认识与态度。政绩观直接影响着领导干部的价值取向,是领导干部创造政绩的思想基础。有什么样的政绩观,就有什么样的工作追求和施政行为,同时也在很大程度上决定着能取得什么样的政绩、多大的政绩。领导干部的政绩观正确与否,不仅影响着领导干部的健康成长,更关系党和国家的事业发展,关系到党在人民群众中的威信和形象。全心全意为人民服务是正确政绩观的根本出发点和落脚点。追求什么样的政绩,是为人民谋利益,还是为个人谋利益,是衡量领导干部政绩观正确与否的分水岭。我们党的根本宗旨是全心全意为人民服务,党所奋斗争取的一切,都是为了实现人民群众的根本利益。也就是说,始终代表最广大人民的根本利益是党的全部工作的出发点和归宿。共产党人的政绩,应当是实现最广大人民的根本利益的政绩。为人民谋利益,为人民创政绩,应该是每个党员干部的终身追求。违背人民群众的愿望,不能满足人民群众日益增长的物质文化需要,就不是政绩,而是败绩。只有真正以人民群众的根本利益作为出发点和落脚点,我们才能创造出真正的政绩来。

长期以来,绝大多数领导干部能够牢固树立和认真践行正确政绩观,赢得了人民群众广泛好评。但也有少数领导干部政绩观不够端正,不愿做打基础、利长远的铺垫性工作,有的把追求经济指标作为实现政绩的主要内容,有的急功近利,有的唯上媚上,热衷于搞"政绩工程""形象工程"。这不仅影响领导干部个人成长,而且影响党和人民事业发展。出现"政绩工程"的原因,是少数领导干部在政治观念上发生了严重偏差,也跟干部的政绩考核评价制度不健全、不落实有关。从目前的情况看,经济社会发展考核评价体系还有待健全完善,在解决评什么、如何评、谁来评等问题上还缺乏科学性和可操作性的有机结合,在考核指标的设置及权重的划分上大多注重了经济建设指标、财政收入等,对经济结构、增长质量、资源消耗、环境成本等较少关注,对社会发展、党建工作的考核过于软化,没有做到全面、科学、客观地考核干部。此外,考核措施粗放不易操作,程序不严格,公信度不高,没有将结果与干部提拔任用挂钩等,致使考核评价的约束作用、激励作用和导向作用大打折扣。[①] 因此,只有完善干部政绩考评机制并切实加以执行,才能从根本上转变一些领导干部重短期效应轻长远发展的陋习,才能真正促进领导干部从内心到行为都能自觉认同和践行以人民为中心的发展要求,而这也正是以人民为中心发展思想实践机制的重要组成部分。

(二) 构建以人民为中心发展思想实践机制的理论依据

构建以人民为中心发展思想的实践机制,必须建立在一定的理论根基之

---

① 全国党的建设研究会课题组:《学习实践科学发展观长效机制研究》,党建读物出版社2011年版,第40页。

上。这种科学理论既包括马克思主义关于社会发展机制的思想，也包括经济学、政治学等相关学科的机制理论。

1. 马克思主义经典作家关于社会发展机制的思想

马克思主义归根结底是为适应人类社会解决发展问题的需要而产生的，其本质是关于发展的学说，是阐述关于发展的普遍规律的科学理论。恩格斯在《在马克思墓前的讲话》中明确指出："正像达尔文发现有机界的发展规律一样，马克思发现了人类历史的发展规律。"[①]马克思恩格斯运用辩证唯物主义和历史唯物主义的基本原理，通过对资本主义经济社会的深入分析，形成了研究经济制度的独特理论和方法，深刻揭示了社会经济制度产生、发展的客观规律。由于马克思恩格斯所处的时代，无产阶级革命胜利建立社会主义制度还没有变成现实，因此，他们除了指出未来新社会制度的发展方向和基本原则以外，不可能对其发展机制展开具体论述。列宁根据新的实践进行积极探索，提出了建设行政机制、促进国家发展的思想，进一步丰富了马克思恩格斯关于社会发展机制的论述，主要表现在以下三个方面：

第一，发展党内民主，提高党的决策的科学性。在社会主义国家，无产阶级政党既是执政党，又是领导党。因此，党决策的科学与否直接关系社会主义国家经济社会的发展状况，而要保证党决策的科学性就必须充分发展无产阶级政党内部的民主。为此，列宁非常重视民主对科学决策的意义，强调通过发展党内民主，在党的决策形成之前，经过充分的讨论，以此保证决策的科学性。比如，在全国及地方的党代表大会上，可以作与主报告观点不同的副报告，以表达不同的意见和主张，通过讨论、辩论、表决，作出大多数人同意的决定。1917年4月，在全党的第七次代表会上，列宁与加米涅夫分别作正副报告，151名代表参与讨论，最后在讨论的基础上拥护列宁的《四月提纲》。又如，可以将重大分歧问题，交付全党讨论表决。在党中央重大决策上发生难以解决的意见分歧时，不是以势压人、个人专断、向人民隐瞒真相，而是把真实情况直接告诉党员和人民，按照多数人的意见办事。1921年3月召开的俄共（布）十大，通过讨论表决，不仅作出了"从战时共产主义过渡到新经济政策"的决定，而且作

[①]《马克思恩格斯选集》（第三卷），人民出版社1995年版，第776页。

出了由实行"党组织的极端集中制"转而实行"工人民主制"的决定。再如,重大问题常常进行全面公开的集体讨论、争论,并勇于承认自己的不足。列宁认为,要形成正确、科学的决策,需要对党内不同的观点进行思想交锋,在此基础上统一思想,保证决策的科学性。对此,列宁特别强调党内争论的必要性,认为通过争论和思想交锋更有利于修正错误。他明确指出:"我们党的错误是很明显的。犯错误对一个先进阶级的战斗的党并不可怕,可怕的是坚持错误,虚伪地不好意思承认错误和纠正错误。"①

第二,建立有效的执行机制,确保决策的贯彻落实。一是实行个人分工负责。列宁认为,集体领导不能简单地理解为集体执行。要实行集体领导,必须把集体领导与个人分工负责结合起来。如果在强调集体领导的同时忽视分工负责,那么,集体领导就会导致无人负责的现象,集体领导机关就会变成"清谈馆"。列宁举例说明,"我们需要一个大音乐会"。但是为了搞好音乐会,就要"恰当地分配角色,让一个人去奏抒情的小提琴,让另一个人去拉狂暴的大提琴,让第三个人去挥动指挥棒"。这样"才能使我们的领导者形成一个真正合唱得很好的集体"。②列宁指出:"我们都必须建立个人负责制,我们既需要集体管理制来讨论一些基本问题,也需要个人负责和个人指挥来避免拖拉现象和推卸责任的现象。"③如果不把集体领导和个人分工结合起来,集体领导作出的决定就会成为一纸空文,大家负责,大家都不负责,工作无从检查,责任无法追究,多头领导、相互推诿、办事拖拉,就谈不上党的正确领导。列宁还对借口集体领导而造成的办事拖拉、无人负责的现象进行了严厉批评,他指出:"把集体领导机关变成空谈场所,这是极大的祸害,这种祸害无论如何要不顾一切地尽量迅速地予以根除。"④二是做到有令则行,有禁则止,迅速而准确地执行党的决议。无产阶级政党的领导地位决定了要将党关于经济社会发展的政策主张落实到国家的发展之中,就必须有严格的纪律。对此,列宁认为,民主集中制的领导方法是一个事物的两个方面。在实际运用中,绝不能把民主和集中

---

① 《列宁全集》(第三十二卷),人民出版社1985年版,第257页。
② 《列宁全集》(第八卷),人民出版社1986年版,第89页。
③ 《列宁全集》(第三十七卷),人民出版社1986年版,第408页。
④ 《列宁选集》(第四卷),人民出版社1995年版,第24页。

割裂开来、对立起来,而要把它们结合起来,统一起来。离开民主讲集中,只能是专制主义的集中或官僚主义的集中;离开集中讲民主,只能助长无政府主义。1918年,列宁在《〈苏维埃政权的当前任务〉一文初稿》中明确指出:"我们目前的任务就是要在经济方面实行民主集中制,保证铁路、邮电和其他运输部门等等经济企业在发挥其职能时绝对的协调和统一;同时,真正民主意义上的集中制的前提是历史上第一次造成的这样一种可能性,就是不仅使地方的特点,而且使地方的首创性、主动精神和达到总目标的各种不同的途径、方式和方法,都能充分地顺利地发展。"[①]当然,要保证党和政府的决策在国家的发展中得到贯彻执行也离不开法律的作用。尤其是随着苏维埃政权的巩固,国家管理的权限在不断地扩大、各种事务会日益增多,日趋复杂,"就愈需要提出加强革命法制这个坚定不移的口号"。[②] 国家管理的法治化,是提高国家管理效率的前提,也是保证决策贯彻落实的基础。

第三,构建有利于国家发展的监督机制。随着苏维埃政治体制弊端的日益暴露,列宁在后期越来越清醒地认识到,若不能及时消解苏维埃政治体制中存在的种种弊端,势必危及苏维埃政权的巩固,影响苏维埃社会经济的正常发展。因此,在他生命的最后日子里,非常重视对国家机关的监督,主要举措包括:一是加强党的监督。在苏维埃俄国,由于共产党是执政党,绝大多数苏维埃工作人员是共产党员,因此,加强党对苏维埃机关的监督,首先要管好自己的党员干部。1921年党的第十次代表大会通过了监察委员会条例,规定设立中央监察委员会作为党的最高监察机关,并设立了省的监察委员会。监察委员会的任务是同党员滥用自己在党内和苏维埃中的职权的行为、同破坏党的团结的现象作斗争,严厉查处监督那些以权谋私的党员干部。监察委员会的地位是和党委会平行,如有不同意见可交由联席会议或代表大会解决。同时,为了保证监察委员会有效地开展工作,列宁还对监委成员的条件作了严格规定:"我们吸收来当监察委员的工人,应当是无可非难的共产党员。"[③]二是加强自上而下的行政监督。列宁反复强调,苏维埃机关的负责人员不要总是浮在

[①]《列宁全集》(第三十四卷),人民出版社1985年版,第139—140页。
[②]《列宁全集》(第四十二卷),人民出版社1987年版,第353页。
[③]《列宁选集》(第四卷),人民出版社1995年版,第788页。

上面开会、发文件,要深入下层、深入实际,检查执行情况。1922年,他在一份工作指示草案中指出:"当前的首要任务不是颁布法令,不是改组,而是选拔人才,建立个人对所做的工作负责的制度,检查实际工作。不这样做,就无法克服窒息着我们的官僚主义和拖拉作风。"① 三是加强群众监督。为了防止国家机关工作人员以权谋私,列宁十分重视群众检举、控告、批评的监督效应,要求苏维埃机关做好群众来信来访工作。他在《致各中央苏维埃机关领导人》的信中指出:"写给人民委员会及其主席的大量控告信和申诉书转交你们解决,但这些重要而紧急的事情往往得不到答复和处理……现在我提出警告,如果再继续以这种方式办事,人民委员会接待室有权向失职人员追究责任,不管他是什么'级别'。"② 列宁还非常重视舆论的监督作用,他在全俄工兵代表苏维埃第二次代表大会上公开宣布:"我们不希望有什么秘密。我们希望政府时刻受到本国舆论的监督。"③ 因此,人民可以在报刊上公平批评。列宁认为,公平批评,"本身就是一个重大的改革,它能够吸引广大人民群众主动地参加解决这些与他们最有切身关系的问题"。④ 根据列宁的提议,俄共(布)八大强调,"党和苏维埃的报刊的最重要任务之一,是揭发各种负责人员和机关的犯法行为,指出苏维埃组织和党组织的错误和缺点"。⑤ 列宁建议报刊开辟"黑榜",以此"揭露每个劳动公社经济生活中的缺点,无情地抨击这些缺点,公开揭露我国经济生活中的一切弊病,从而呼吁劳动者的舆论来根治这些弊病"。⑥ 他还多次要求报刊公开揭露从中央到地方的坏人坏事,以此强化对党员干部的监督。

2. 经济学、政治学等相关学科的机制理论

构建以人民为中心发展思想实践机制的理论依据,除了马克思主义经典作家关于社会发展机制的思想外,经济学、政治学等相关学科的机制建设理论也为其提供了理论启示。

第一,经济学机制建设理论。机制设计理论的思想渊源可以追溯到20世

---

① 《列宁全集》(第四十二卷),人民出版社1987年版,第394页。
② 《列宁全稿》(第五十二卷),人民出版社1988年版,第170页。
③ 《列宁全集》(第三十三卷),人民出版社1985年版,第14页。
④ 《列宁全集》(第三十四卷),人民出版社1985年版,第138页。
⑤ 《苏联共产党代表大会、代表会议和中央全会决议汇编》(第一分册),人民出版社1964年版,第580页。
⑥ 《列宁全集》(第三十四卷),人民出版社1985年版,第136页。

纪三四十年代哈耶克、米塞斯与兰格、勒纳之间的著名论战。他们从技术的视角讨论经济学问题，其本质是讨论经济学领域中的机制建设的问题。由于他们所讨论的经济学问题本身就有两个基本问题：理论体系的不完整以及理论体系的无框架性，四位经济学家的争论没有任何结果。后来赫维茨（Leonid Hurwicz）在数篇文章中提出了一个分析制度问题的一般化框架，开创了机制设计理论。机制设计理论属于博弈论与信息经济学的范畴，它也是解决信息不对称的一种方法。机制设计理论的提出回答了应该制订怎样的规则和机制，使得由不对称信息所造成的成本能够最小化。近几十年来，机制设计理论一直是现代经济学研究的核心主题。埃里克·马斯金（Eric Maskin）和罗杰·迈尔森（Roger B. Myerson）在赫维茨的基础上将机制设计理论进一步发展，马斯金将博弈论引入机制设计理论，而迈尔森则将博弈论引入政治学领域，研究投票体制等。机制理论的提出与发展，有助于人们制定出最佳最有效的资源分配方式。简单地说，经济机制设计理论是研究在自由选择、资源交换、信息不完全及决策分散化的条件下，能否设计一套机制（规则或制度）来达到既定目标的理论。

机制设计理论主要解决两个问题：一是信息成本问题，即所设计的机制需要较少的关于消费者、生产者以及其他经济活动参与者的信息和信息（运行）成本。任何一个经济机制的设计和执行都需要信息传递，而信息传递是需要花费成本的，因此，对于制度设计者来说，自然是信息空间的维数越小越好。二是机制的激励问题，即在所设计的机制下，使得各个参与者在追求个人利益的同时能够达到设计者所设定的目标。在很多情况下，讲真话不满足激励相容约束，在别人都讲真话的时候，必然会有一个人，他可以通过说谎而得到好处。按照瑞典皇家科学委员会在颁奖公告中的说法，机制设计理论通过解释个人激励和私人信息，大大提高了我们在这些条件下对最优配置机制性质的理解。该理论使得我们能够区分市场是否运行良好的不同情形。它帮助经济学家区分有效的交易机制、管制方案以及投票过程。

经济学关于机制建设的理论，不仅提供了关于市场经济的制度设计，而且还提供了一种关于经济制度本身的战略思考，即经济制度的规范性的思考。这种思考，为我们构建以人民为中心发展思想的实践机制提供了理论上的指导。其一，贯彻落实以人民为中心的发展思想，一个非常重要的方面是我们选择在何种制度之下来展开，即在制度的规约之下，关注资源配置的核心，通过机制的设计弥补当前实践不能有效进行的关键问题，也是制度设计之时不能忽略的现实问题。其二，可以借鉴经济学机制问题的基本理论，探讨以人民为中心发展思想实践机制的基本路径问题，即用何种机制才能有效实现人、财、物的合理支配与运用。只有在这些层面综合考虑，方能凸显借鉴经济学中的机制的具体价值。

第二，政治学机制建设理论。以人民为中心发展思想实践机制的构建，主要借鉴的是政治理论视域中政治体系的运行机制理论。运行机制主要揭示的是政治体系的动态过程，为实践机制的建构提供科学方法论的指导。戴维·伊斯顿（David Easton）通过分析指出，政治系统是由对利益进行权威性分配的一系列互动行为构成的。利益被伊斯顿称为"价值"，"价值"包括"精神利益和物质利益"。政治系统包含着"所有那些有助于把种种价值权威性分配的相互影响的因素"。利益的权威性分配是通过环境与政治系统持续的输入—输出—反馈—再输出过程实现的。输入是社会成员表达利益诉求，输出是政治统治当局作出利益分配决策，就是"作出某种努力去调节其行为，并使其行为适应于获得它们所寻求的任何政治目标的支持水准"，即获得政治认同。[①]

按照这一理论，我国政治体系的运转过程包括四个环节，即输入、转换、输出、反馈。第一个环节是输入。环境向政治体系输入的主要是要求和支持。所谓要求是指要政治体系满足其利益的愿望表示。所谓支持则是指对政治体系输出结果表示赞成和接受的态度。环境是错综复杂的，人民群众的利益是多方面的、多层次的，因而同政治体系输入的要求和支持必然是分散的、众多的、不太明确的，需要加以调节。在这里对输入的要求和支持起着调节作用的是各种社会政治组织（如民主党派、工会、共青团、妇联等），它们分别代表着社会各阶层人民群众的利益，反映着他们的要求，并将这些众多的、分散的利益和要求集中起来，进行加工、整理、筛选，变为比较明晰的、为数不多的、能反映

[①] ［美］戴维·伊斯顿：《政治体系——政治学状况研究》，马清槐译，商务印书馆1993年版，第128、298、490页。

本阶层大多数人迫切愿望的要求，然后再行投入政治体系。同时它们也征求本阶层人民群众对输出结果的政治态度，并把这种代表本阶层人民群众大多数的支持与否的政治态度投入政治体系。政治体系运转的第二个环节是转换过程。在这一环节中，中国共产党作为执政党发挥着主要的作用。对于来自社会各阶层的要求，中国共产党要综合起来进行研究，并根据经济社会发展情况，从中选择若干个作为实施目标，为整个政治体系确定奋斗目标，制定大政方针。这一阶段结束后，政治体系的运转进入输出过程。国家机构是政治体系完成其任务、实现其目标的主要工具。它们负责实施党委政治体系确定的奋斗目标，担负着管理国家和社会各方面事务的重任。国家机构通过自身对国家和社会各方面事务作出的决策和行动，来对环境发生积极的影响，满足社会成员的多种要求，争取他们的支持。这一阶段结束后，政治体系的运转即进入最后一个阶段——反馈环节。作为政治体系输出结果的决策的制定与实施，是否满足了广大人民群众的要求和在多大程度上予以满足，人民群众对于政治体系输出结果是否支持和在多大程度上予以支持，这方面信息需要及时进行收集和处理，并传递到政治体系的决策中心，以确定政治体系的下一步行动方向和目标。在这方面，各种社会政治组织能够比较准确地反映各阶层人民群众对政治体系输出结果的政治态度。党和国家机构在政策制定和实施过程中，应该积极地征求和听取它们的合理化建议和批评性意见。国家机构在实施政治体系目标、管理国家事务的过程中，是否违背了广大人民群众的基本利益，是否背离了党的路线、方针、政策，都要由党和各种社会政治组织给予监督和防范，发现偏差及时予以调整。因此，在反馈过程汇总，党和各种社会政治组织共同发挥着重要作用。只有通过这种反馈机制予以控制，才能保证整个政治体系正常而有效的运转。在反馈过程结束后，整个政治体系的运行完成了一个周期，并接着开始下一个周期的运转。①

上述关于我国政治体系运行机制的描述是一种高度的抽象，其中不乏理想化的分析，但却揭示了我国政治系统运转的动态过程和一般原理，为新时代以人民为中心发展思想实践机制的建构提供了参照。贯彻落实以人民为中心

---

① 何增科：《我国政治体系及其运行机制的系统分析》，《社会主义研究》1986 年第 6 期。

的发展思想,需要一系列制度化的措施来进行有效调控,以保障从决策到执行都纳入科学合理的发展轨道,实践机制中各个环节之间如何有效衔接,我国政治体系的运行机制理论为之提供了有关方法论原则上的遵循。

(三)构建以人民为中心发展思想实践机制的实践经验

以人民为中心的发展思想提出后,各地积极践行新发展理念,自觉运用党的理论创新成果指导实践、推动工作,积累了不少成功经验,对构建以人民为中心发展思想的实践机制具有较强的针对性、典型性和指导性。

1. 落实以人民为中心发展思想的典型案例

案例一:浙江"最多跑一次"改革案例①

2016年年底,浙江省率先提出和实施"最多跑一次"改革。这是一项旨在为企业和居民提供"便民、高效、廉洁、规范"的政务服务的重要政府创新。"最多跑一次"改革是"四张清单一张网"改革的再推进再深化,是"放管服"改革中政府的一场自我革命,是以人民为中心发展思想的浙江省的探索与实践。"最多跑一次"改革自2016年年底提出后,到2018年8月已基本完成预期目标。

2017年年初,浙江省政府工作报告将"最多跑一次"改革列为第一项重点改革项目,以解决群众办事难为切入点,倒逼政府改革,提升政府治理现代化水平。2017年2月20日,浙江省政府印发了《加快推进"最多跑一次"改革实施方案》,就这项工作作出了全面部署。"最多跑一次"改革的具体做法和进展包括:推进"最多跑一次"事项标准化全覆盖;推进"一窗受理、集成服务";推进"网上办、掌上办、一证办";推进投资审批、市场准入、民生服务等重点领域改革;推进"最多跑一次"改革向事中事后监管延伸。浙江省"最多跑一次"改革取得了良好的经济和社会效益。这项改革降低了各类市场主体的负担特别是制度性交易成本,改善了投资经商环境,让企业和个人可以集中精力去发展经济。"最多跑一次"改革得到中央肯定和社会各界关注后,吸引了全国各地来浙江省借鉴取经。截至2018年8月,全国已经有28个省市自治区以不同形式采纳了此项改革。

---

① 何增科:《地方政府创新的微观机理分析——浙江省"最多跑一次"改革案例研究》,《理论与改革》2018年第5期。

"最多跑一次"改革的创新亮点包括：一是这项改革无论从名称、内容设定还是从成效的评判上，都体现了以人民为中心的理念，"用户体验"成为最终的评判标准。二是推行"前台综合受理、后台分类审批、综合窗口出件"的政务服务新模式，打造市县乡村"四级联动"的政务服务体系。三是深入推进"互联网＋政务服务"，以数据共享推动业务协同。四是注重地方标准建设，努力实现改革成果的制度化。

案例二：河北省衡水市绳头庄村发展案例①

白墙黛瓦的湖畔民居、美丽宜人的临湖风景、平整干净的水泥路面、设施齐全的健身广场……走进衡水市桃城区绳头庄村，全然一幅景色宜人、宜居宜旅、充满诗情画意的美丽画卷。绳头庄村是衡水市桃城区美丽乡村建设的缩影。三年前，这个村还是全区唯一的贫困村，全村75户共205人，没有一亩耕地，一半以上的村民都在外地打工，常住人口不足百人，且多为老年人。村里基础设施不健全，道路多处损坏，自来水管道年久失修。三年后，绳头庄村却从破败不堪的乡土小村跻身"河北省美丽乡村"之列。这华丽的蜕变，是基层党组织建设不断夯实的成效，是精准扶贫不断引向深入的成果，是遵循村民意愿引领村民致富的成绩，更是坚定不移走好协调之路的成功探索。

一是发展决策充分尊重村民意愿。在最初制订绳头庄村发展目标和远景规划时，衡水市桃城区委、区政府就把村民的意愿摆在首位，在拉近同村民的距离中找准发展的切入点和着力点。绳头庄村的村民大多为"空巢老人"，经挨家挨户走访，这些老人大多反映自来水供水不规律，无法保障正常生活用水；村里硬件设施落后，村容村貌较差，下场小雨出门就一脚水一脚泥，老人反应迟缓容易摔跟头，希望能够有个好的生活环境；部分在这个村生活了大半辈子的老人怀着浓浓的乡愁，希望在改进村里硬件设施的同时，能够同时发展村子里的经济产业，别让这个村子成了"空心村"。走访人员将村民的诉求一一记在本上，并原汁原味地报送至桃城区委、区政府。区委、区政府多次组织规划设计专家小组和村民代表讨论，数易其稿，最终制订出了绳头庄村的发展规

---

① 中共中央组织部干部教育局组织编写：《新发展理念案例选·协调发展》，党建读物出版社2018年版，第109—113页。

划。为了保证规划决策的民主性,发展规划请村两委班子和党员、村民代表讨论通过,不仅化解了群众的疑惑,更获得了群众的支持。施工人员进场后,不少在外打工的青年村民主动回到村子里当上了"义工"。据不完全统计,绳头庄村在打造美丽乡村的过程中,自发形成了470多人次的"义工",他们不仅主动地把自家庭院翻置一新,而且积极投身村绿化、修路、开沟等公共工程,成为美丽乡村建设的主人翁和主力军。

二是规划设计充分尊重生态规律。绳头庄村紧邻衡水湖畔,生态是衡水湖和绳头庄村最大的优势、最宝贵的资源,破坏了生态就违背了美丽乡村建设的初衷。村庄设计方案以生态为基石,将"湖光秀色、诗意乡村"作为建设总体定位,按照"无处不精心、无处不精细、无处不精美、无处不精彩"的标准,精雕细琢,匠心独运,使整个村子"一段一风景,一处一风情"。首先,将全村主街道的电线杆全部拆除,各种网线、强弱电全部入地,彻底改变了过去各种线路杂乱无序的旧貌。其次,对全村墙体立面改造、街头小景、坡屋顶以及檐口提升进行了高标准的规划设计,并设计公共厕所、村庄绿化、村庄标识等,使绳头庄村容村貌和衡水湖景区风情浑然一体、相得益彰。最后,将道路硬化、垃圾处理、旱厕改造、危房改造、村庄绿化、饮水安全等村民迫切需求的六件"里子"事作为改造的重中之重。如今,绳头庄村已实现了24小时自来水供水,户户用上了冲水厕所,村里还建起了污水处理厂,实现了污水达标排放,不向衡水湖中排放一滴污水。通过擦亮"面子",夯实"里子",绳头庄村构建起了协调平衡发展的乡村建设生态体系,村民的生产生活条件得到了全面改善,人水和谐、村居和谐的生态村庄破茧而出。

三是产业项目充分尊重村情实际。"发展产业是实现脱贫的根本之策。要因地制宜,把培育产业作为推动脱贫攻坚的根本出路"。绳头庄村作为桃城区唯一的贫困村,经济基础薄弱,特色产业欠缺,留守村民多已年迈,如何在这个村子推动产业、推动什么样的产业,就成为一个亟待解决的问题。绳头庄村大部分村民以外出打工为主,农宅闲置现象非常普遍,很多成了危房,日渐荒废。区委、区政府根据这种情形,提出了"农户+合作社+企业"的产业发展战略,即通过建立农宅专业合作社,发挥合作社"内联农户、外接市场"的主体作用,本着村民自愿的原则,把村里闲置的农宅流转过来,并根据农宅院落所处的位置和大小加以改造升级,打造出具有不同风格的主题庭院,在村内打造"农家乐""渔家乐",进而将村子建设成为集观光、旅游、服务于一体的休闲度假区。河北省第一家农宅合作社——绳头庄村的荷塘月色农宅旅游专业合作社应运而生,加入这个农宅合作社成为村民为闲置房屋寻找的最佳出路,长期无人打理的老房子给村民带来了新财富。旅游在村子火起来后,文化产业也得以顺势升级。作为国家级非物质文化遗产的习三内画在绳头庄村建起了画院;衡水市摄影家协会、美术家协会相继入驻,并在此建起了风景、民俗写生基地,27位画家签订了入驻协议……留守在村中的不少老人开始了"二次创业"——从事书画装裱、相框画框制作,不出家门就能挣到一笔可观的收入。2016年,绳头庄村以"五彩绳头,吉祥水寨"为主题,顺利通过河北省乡村旅游规划评审小组专家评审,成功跻身河北省"省级乡村旅游示范村"之列。

案例三:江苏省率先出台监测评价指标体系[①]

高质量发展,会给经济发展和民生幸福带来哪些新的变化?如何充分发挥监测考核的"晴雨表"和"指挥棒"作用,推动高质量发展走在前列?江苏省日前出台《江苏高质量发展监测评价指标体系与实施办法》和《设区市高质量发展年度考核指标与实施办法》,通过细致翔实的指标数据,为江苏省高质量发展勾勒清晰轮廓。

一是聚焦"六个高质量":监测考核有了明确办法。省统计局统计监测处处长刘学军介绍,从两个实施办法的内容和作用看,两者之间有机衔接、各有侧重。《江苏高质量发展监测评价指标体系与实施办法》,以"六个高质量"发展为基本框架,用于监测评价全省及各设区市、县(市、区)和城区高质量发展水平和总体情况,共设置3个基本架构相同、指标有所区别、数量有所不等的指标体系。其中,全省和设区市由6大类40项指标构成,各县、县级市和成建制转成的区由6大类35项指标组成,城区由6大类25项指标组成。《设区市高质量发展年度考核指标与实施办法》,用于考核衡量各设区市年度推动高质量发展进展情况。考虑到高质量发展的普遍性要求和各地功能定位的个性差异,考核指标由18个共性指标和每个市6个个性指标两部分组成。考核另设

[①] 许海燕:《让"高质量"看得见摸得着说得清》,《新华日报》2018年9月1日。

加减分项。监测评价指标更全面、更系统地反映各地综合发展绩效,考核指标从不同侧面反映设区市年度重点工作推进情况。"我们从监测评价指标中,选取更能反映年度特色以及更能体现'六个高质量'当中的短板和弱项指标设置为考核指标。比如考核指标中的'城市建成区黑臭水体整治达标率',城市黑臭水体是百姓反映强烈的水环境问题,也是近年来我省重点推进的工作,设置这个考核指标,就是为了加快补齐短板,切实改善城市水环境"。监测评价数据最终将形成全省及各设区市高质量发展监测报告报送省委、省政府。县(市、区)高质量发展监测评价结果,将作为对县(市、区)推进高质量发展年度考核的重要依据。设区市高质量发展年度考核结果,将作为对各设区市年度综合考核的重要组成部分。江苏省将通过准确有效的评价考核和对考核结果的正确运用,真正为"鼓励激励""能上能下"提供依据。

二是聚焦发展新要求:引导干部树立新发展理念。监测考核指标体系着重体现高质量发展新任务、新要求、新动力,围绕建设现代产业体系、三大攻坚战、乡村振兴等新任务选取20余项指标,引导各级干部牢固树立新发展理念,努力在推动高质量发展中彰显新作为。很多指标在江苏省监测考核指标体系中是首次出现。以全省和设区市高质量发展监测评价指标体系为例,该指标体系由经济发展高质量、改革开放高质量、城乡建设高质量、文化建设高质量、生态环境高质量、人民生活高质量6大类40项指标构成。经济发展高质量共设置12项指标,其中不少指标都是首次出现。比如,围绕农产品质量安全问题,首设"绿色优质农产品比重"指标;围绕经济高质量发展,首设"'三新'经济增加值占GDP比重""金融支持实体经济水平"等指标;围绕开发区高质量发展,设置"园区经济对经济增长贡献率"指标。《设区市高质量发展年度考核指标与实施办法》设置18项共性指标,其中"营商环境指数""城市建成区黑臭水体整治达标率""行政村双车道四级公路覆盖率""村(社区)综合性文化服务中心建成率"等多项指标在江苏省监测考核指标体系中首次出现。这些指标的设置,充分体现时效性要求,注重当前高质量发展的薄弱环节。以"营商环境指数"为例,设置这一指标有助于深化"放管服"改革,打造国际一流、公平有序的营商环境。

三是聚焦群众获得感:让高质量发展看得见摸得着。本次指标体系的一大亮点在于,突出群众的获得感、幸福感、安全感,让百姓对江苏省高质量发展看得见、摸得着。在各指标体系中,反映公用设施、生活环境、教育文化等公共服务和民生保障类指标均占总指标数的一半以上,促使各地落实以人民为中心的发展思想,切实解决好群众最关注的事情。农村饮水安全直接关系农民群众的身体健康和生活质量。刘学军说,到2022年全省区域供水行政村覆盖率将达95%,保障农村饮水安全,是各级政府的重要职责,江苏省在监测评价指标中设置"农村供水入户率"指标,反映区域供水通达乡镇范围内区域供水入户状况,将助推地方政府更加关注农村饮水安全。在《设区市高质量发展年度考核指标与实施办法》的18项共性指标中,生态环境高质量设置5项指标,占比很高。省环保厅规财处处长陆继根说:"指标体系的设置倒逼各地下大力气补齐拉长生态环境这个突出短板,要像保护眼睛一样保护生态环境。"教育是民生头等大事。为推进教育优质均衡发展,江苏省在监测评价指标体系中设置"学前教育资源配置率""义务教育优质均衡比例"等指标。医疗健康水平是老百姓最为关注的领域之一。在监测评价指标体系中,江苏省在卫生服务方面设置一系列指标,包括"每万常住人口全科医生数""重大慢性病过早死亡率"等。刘学军说,江苏省高质量发展监测评价和考核指标体系将实行动态修订机制,根据中央、省委省政府最新要求和经济社会发展情况适时调整完善,确保监测考核更加符合中央精神、更好体现江苏省实际,顺应群众期待,激发干部担当,有效推动全省高质量发展。

2. 落实以人民为中心发展思想的制度机理分析

各地在贯彻落实以人民为中心发展思想取得初步成效的同时,也探索出以人民为中心发展思想的实践机制。具体来讲,主要有以下四个方面:

一是建立健全群众意见征求机制。坚持走群众路线、集中群众智慧是确保决策科学的重要基础,也是立党为公、执政为民的重要体现。为提高决策的民主化、科学化水平和质量,在注重发挥专家咨询委员会、政协和各民主党派参与重大决策等常规工作机制的基础上,积极探索建立党委决策前咨询论证制度,引导广大干群尤其是基层群众参与重大决策,获取更多的决策信息。对与人民群众利益密切相关的决策,积极组织召开听证会,并通过设立公开电话和公开网站、观察社会舆论、定期进行民意测验、社情形势综合分析等形式,不断完善社情民意调查网络,建立健全意见征求长效机制,深入了解和准确掌握社情民意，并作为决策的第一信号和重要依据。浙江省"最多跑一次"改革乃是顺应群众需求而生、为解决问题而变的产物，河北省衡水市绳头庄村制订的发展规划也是充分尊重村民意愿的结果。不仅如此，以人民为中心发展思想落实得如何，也要由人民来评判。党委、政府部门的工作做得好不好，群众认可不认可，就要听听群众怎么说、怎么评。只有听到百姓的心声，把群众满意作为检验工作成果的重要标准，才能检验我们路子走得对不对，思考问题全不全，工作落实到位不到位，也才能切实增强服务意识、改进服务做法、提高服务能力。

二是建立落实以人民为中心发展思想的监督机制。强化监督，及时纠正不符合以人民为中心发展要求的行为，是推动以人民为中心发展思想落实的重要途径。浙江省为保障"最多跑一次"改革取得扎实成效，十分强调事中事后监管，明确要求县级以上人民政府应当按照国家和省有关规定，建立健全部门联合、随机抽查、按标监管、一次到位的事中事后监管机制，采取大数据监管、信用管理、风险管理等监管措施，避免多头执法、重复执法、选择性执法。① 按照落实以人民为中心发展思想的实践要求：一要完善督导工作机制。进一步总结完善各地各部门的督导经验，形成规范化样本，为后续督导提供经验借鉴。要按照督导方案要求，明确整改问题清单和问责清单，推动整改工作落实到位。二要建立督查专员制度。要从各地领导干部中，聘任一批工作能力强、经验丰富的同志担任督查专员，进行专项督导，进一步提升督导实效。三要把督导作为推动落实以人民为中心发展思想的重要抓手，创新完善督导机制，强化严督实导，积极回应群众期待，推动以人民为中心的发展思想取得实效。

三是强化落实以人民为中心发展思想的责任机制。加强制度建设是治本，紧抓制度落实是关键。从各地各部门的实践来看，落实以人民为中心的发展思想，要着眼于强化决策执行责任，建立责任体系。要建立健全重点工作清单制度，确保各项目标任务落到实处。重点工作清单要聚焦改革发展的重点工作，突出不可推诿、推卸的责任，有科学合理的目标和相对应的政策举措，精

---

① 《浙江省保障"最多跑一次"改革规定》，《浙江日报》2018年12月27日。

确到季度甚至月度的时间节点,建立健全有力有效的督查和追责机制。同时,重点工作清单要层层建立、层层传导,形成各方合力,确保全面完成目标任务。要按照改革总体任务和进度要求实行"挂图作战",将任务分解到每个地区和部门,将责任压实到每个地区和部门的负责人,明确进度要求和验收的时间节点,具体进展在图上明确标示出来,进展落后需要解释原因,在规定时间内完不成任务就要追究责任。要完善落实责任倒查机制。加大对地方党委、政府主体责任和有关部门执行责任的倒查力度,对不敢动真碰硬,不担当不作为,甚至无视群众疾苦的领导干部,会同组织、纪检监委依纪依法严肃处理,真正问责到位。民生利益无小事!福建省宁德市纪委监委深化民生领域突出问题专项治理,明确工作步骤和时限要求,建立问题线索月报制,实行台账式管理,强化交办督办,对账销号。2018年1—9月,全市共查处民生领域突出问题88起,党纪政务立案88件127人,已给予党纪政务处分80人,给予诫勉谈话等其他处理12人[①],以人民为中心发展思想的举措落地见效。

四是建立符合以人民为中心发展要求的评价体系。要从根本上保证以人民为中心发展思想的贯彻与落实,首先要有规范、系统的符合以人民为中心发展要求的评价体系作为支撑。从江苏省等地的高质量发展监测评价指标体系来看,评价体系的基本要求表现在三个方面,即导向鲜明、指标科学、行之有效。所谓导向鲜明,就是要按照以人民为中心的发展要求来设计和制定经济社会发展评级体系,要坚持以人为本的原则,着力提升经济社会发展的整体质量;所谓指标科学,就是要对评价体系的各项指标进行系统、规范的考量,确保其能够最为准确地反映所要评价的内容;所谓行之有效,就是要保证所制定的评价体系能够具有现实可操作性,能够真正为推动经济社会发展"保驾护航"。建立符合以人民为中心发展要求的评价体系主要包括两个方面的内容:一是建立经济社会发展评价考核机制。通过这一机制的建立,着力解决"怎样发展"的问题,按照加快经济发展方式转型、推动科技进步与创新、促进社会发展、显著改善民生等项内容来具体设计评价考核机制。二是建立健全领导干

[①]《宁德市开展民生领域突出问题专项治理工作督导》(2018年10月29日),宁德新闻网,http://app.ndwww.cn/print.php? contentid=101075,最后浏览日期:2023年12月9日。

部政绩考评指标体系。任何工作都是由人来干的,领导干部在贯彻落实以人民为中心发展思想的过程中更是扮演着极为重要的角色。因此,建立科学的政绩考评指标体系对促使领导干部推动以人民为中心的发展,无论是在发展理念、政策制定还是在履职方式上都具有决定性的影响。

3. 启示和思考

贯彻落实以人民为中心的发展思想,涉及一系列思维方式、行为方式、工作方式的变革,涉及一系列工作关系、社会关系、利益关系的调整,必须发挥改革的推动作用、制度的保障作用。各级党委、政府在贯彻落实以人民为中心发展思想的过程中,要注意从以下四个方面采取对策措施。

第一,突出民主民意,创新科学决策制度。要着眼于扩大决策行为中的民主,按照"集体领导、民主集中、个别酝酿、会议决定"的原则,根据实际情况,科学合理地划分不同议事形式的职责权限,明确议事决策的范围,紧紧围绕议题确定、酝酿、讨论、表决等重要环节,严格规范议事决策程序,真正做到集思广益、集中民智。尤其要注重发挥全委会在全局性、战略性重大问题决策和重要干部任免中的作用,全面推行地方党委讨论决定重大问题和任用重要干部票决制,不断改进完善全委会票决的程序和办法,切实提高民主决策质量。要进一步理顺全委会与常委会之间的关系,认真落实、健全完善常委会向全委会负责并报告工作制度。要着眼于提高决策的科学化水平,突出各种决策咨询机构在地方党委决策中的积极作用,建立健全决策咨询工作的有关制度和机制,作为决策的必要环节,特别是对于那些涉及群众切身利益、专业化程度比较高的事项,要注意倾听智囊机构、专家学者、广大群众的意见和建议,尤其是不同意见乃至反对意见。要探索建立决策责任追究制,科学界定决策责任主体,坚持"谁决策、谁负责"的原则,使决策责任清楚明晰,特别是对集体决策出现严重失误的,必须强化决策责任追究,防止决策的盲目性。

第二,突出高效运转,创新决策执行制度。要着眼于推进决策落实,不断健全完善决策执行制度,实现以人民为中心发展思想在具体实践中的有效转化。要按照决策、执行、监督相协调的要求,不断提高决策执行效率。要着眼于强化决策执行责任,建立责任体系,按照"谁主管、谁负责"的原则,对党委决策进行责任分解,尽可能地量化为可执行、可操作、可监控的目标责任体系,明确分管领导和责任部门,确保在规定时间内完成。要着眼于加强决策执行的过程控制。为加强执法机构之间的协调,建立健全政府部门间的联席会议制度,负责跨部门行政执行工作,改变对重大问题执行习惯于设立领导小组的传统做法。建立分级反馈和突发事件应急处理机制,确保执行全过程都能得到有效控制,从源头上避免多头指挥、信息阻塞、推诿扯皮等不良现象的发生,从而使推动以人民为中心的决策真正落到实处。建立和完善行政执行反馈制度,对执行的过程和结果提供信息反馈,使决策者能够及时了解决策的实施情况。在决策执行的过程中,根据时间、空间以及事物本身等条件的变化,及时对决策和政策进行补充、修改、更新或终止。严谨细致的管理体系、高效灵敏的信息沟通和及时自我完善的自纠机制,能有效促进行政执行的规范化、科学化。

第三,突出内外结合,创新监督纠错制度。强化纪检监察、巡视机构和党委督查部门的作用,及时纠正不符合以人民为中心发展要求的领导行为,营造有利于贯彻落实以人民为中心发展思想的良好环境。完善监督纠错制度,是完善各级地方党委、机关部门领导体制和推动以人民为中心发展思想贯彻落实的重要途径。完善各级地方党委、机关部门贯彻落实以人民为中心发展思想的领导体制,必须坚持党内监督与党外监督相结合,加大党内监督力度,充分发挥人大常委会机关、政协机关、民主党派、政府专门机关和司法监督的作用,依靠群众和舆论监督,创新绩效考核监督,形成完善的监督纠错体系。尤其要注重发挥地方党委督查部门和巡视机构的作用,探索建立决策执行修正反馈制度,确保各级地方党委、机关部门的决策更加符合以人民为中心的发展要求。党委督查部门要重点强化对各项政策、决策和执行情况的日常督查,及时发现和纠正问题;巡视机构要强化重点巡察,突出对党的路线方针政策,特别是以人民为中心发展思想贯彻落实情况的检查,有针对性地提出改进意见建议,强化巡视成果的运用;纪检监察机关作为维护党纪政纪的专门机关,应认真履行教育、监督、惩处和保护职能,严肃查处违法违纪和腐败案件,努力营造风清气正的发展环境。

第四,突出发展导向,创新政绩考评制度。建立促进以人民为中心的发展的政绩考评机制,对于贯彻落实以人民为中心的发展思想,具有十分重要的意义。在领导班子和领导干部的考核评价上,考核内容要侧重如下指标:贯彻落实上级党委政府决策部署、执行民主集中制、项目建设和经济发展等重点工作完成、社会发展和关注民生情况、生态文明建设、清正廉洁情况、创造性地开展工作业绩树典型和创经验情况。通过以上指标体系设计来确保以人民为中心的发展思想能够落到实处,并且将以人民为中心的发展思想深入每一名领导干部的内心深处,使之成为其工作和行动的指南。在评价方式上,采取自我评价、领导班子主要负责人评价和民主测评"三结合"的办法,进行定性定量百分制考核,突出民意,民主测评的比重要占主要部分,真正实现组织评价和群众评价的有机结合。考核结果要具有权威性。要注重实现考核评价工作的效用最大化,在全面、客观、准确地掌握干部的德才表现和工作实绩的基础上,把考核评价结果作为干部选拔任用、交流调整、教育培训和奖励惩戒的重要依据,使那些贯彻落实以人民为中心发展思想意识强、能力突出的干部得到褒奖和重用,使那些不具有以人民为中心发展思想甚至违背以人民为中心发展思想的干部受到批评和惩戒,在广大干部中营造提高贯彻以人民为中心发展能力的良好氛围,形成正确的用人导向。

三、以人民为中心发展思想实践机制的基本架构

以人民为中心发展思想实践机制的理论架构,是实践机制各结构因子的规制安排和整体设计。构建以人民为中心发展思想的实践机制,必须遵循什么原则?实践机制建构的主要任务有哪些?怎样处理实践机制构建中的复杂关系?在客观上成为本部分的研究主题。

(一)以人民为中心发展思想实践机制的构建原则

第一,必须坚持人民主体地位和人民利益至上。建立健全以人民为中心发展思想的实践机制,首要的原则是必须坚持人民的主体地位和人民利益至上的原则。人民至上是以人民为中心发展思想的基本内涵。要始终把增进人民福祉、促进人的全面发展作为构建以人民为中心发展思想实践机制的根本

出发点和落脚点,做到发展为了人民,发展依靠人民,发展成果由人民共享。

建立健全以人民为中心发展思想的实践机制,要始终坚持和维护人民群众的主体地位,视人民利益高于一切,这是中国共产党一百多年发展中推进革命、建设、改革发展的根本出发点和落脚点,也是改革开放以来党领导人民坚持和发展中国特色社会主义的本质所在。我们把坚持人民主体地位和人民利益至上作为建立健全以人民为中心发展思想实践机制的首要要求,在一定程度上也凸显了中国特色社会主义的价值向度。构建以人民为中心发展思想的实践机制,其实质性目的就在于更好地顺应民心、尊重民意,达到为民服务的价值追求与价值目的。

坚持人民的主体地位,集中体现了中国特色社会主义实践发展的判断标准。中国特色社会主义的性质和目标要求,最终要靠具体的实践结果来检验,这一检验的标准,就是看最广大人民群众的根本利益是否获得体现,人民群众在社会发展中的主体地位是否得到维护。习近平指出:"我们任何时候都必须把人民利益放在第一位。"①改革开放以来,中国特色社会主义实践发展的进程证明,改革发展所取得的巨大成就,集中体现在最大多数人民群众利益的维护与发展上,而在实际工作中,尽管我们存在这样那样的失误,改革发展中还有许多矛盾与问题需要解决,但人民群众在总体上拥护并积极参与改革发展的事实也说明,中国特色社会主义是保障与维护人民群众主体地位不可或缺的必然选择,也由此获得了推进自身发展的强大的生命力和推动力。

第二,必须坚持推动经济高质量发展。构建以人民为中心发展思想的实践机制,必须遵循发展性原则,瞄准发展性目标,要让新发展理念植根于党员干部之心,只有牢固树立和自觉践行新发展理念,才能催生高质量发展。只有高质量发展,才能生产出更多更好的物质精神产品,不断满足人民日益增长的美好生活需要,有效提升人民的幸福指数。由此,在构建以人民为中心发展思想的实践机制之时,我们要始终牢记发展才是最真实的进步。

习近平在党的十九大报告中指出:"我国经济已由高速增长阶段转向高质

---

① 习近平:《始终坚持和充分发挥党的独特优势》,《求是》2012年第15期。

量发展阶段。"①这是根据国际国内环境变化,特别是我国发展条件和发展阶段变化作出的重大判断。改革开放40多年来,我国经济持续高速增长,主要是因为改革开放形成了有效激励市场主体和充分利用国际市场的体制机制,使我国劳动力资源丰富、储蓄率相对较高的要素"红利"和改革"红利",可以通过国内需求和国际市场需求的持续拉动得到充分发挥。国际金融危机爆发后,国际市场环境和国内要素条件都发生了变化,我国经济发展开始进入新常态。具体表现为:一是世界经济复苏乏力,持续低迷。二是我国劳动年龄人口(15—59岁)进入下降阶段,老龄化程度持续提高。三是更多新兴经济体加快了工业化步伐,利用其劳动力低成本优势吸纳制造业投资,加剧了世界市场竞争。四是随着我国居民收入水平不断提高,我国市场需求结构升级加快,消费者对高品质农产品、高端制造品和高质量服务的需求更加突出,但国内供给侧还不能很好满足需求结构的这一变化,导致越来越多的优质农产品需求、高端制造品需求、高品质服务需求等高端需求转向海外市场。近年来,我国消费者越来越多地到国外采购消费品和优质食品,到海外留学、旅游、就医等,就是国内供给不能很好满足国内需求的真实反映。上述内外部条件的变化,使得我国原有主要依靠要素投入、外需拉动、投资拉动、规模扩张的增长模式,越来越受到制约,迫切需要转变发展方式、优化经济结构、转换增长动力。党的十九大准确把握我国经济发展的基本面,作出了"贯彻新发展理念,建设现代化经济体系"的重大战略部署,为推动经济持续健康发展指明了方向,也为贯彻落实以人民为中心的发展思想提供了保障。

  以人民为中心发展思想实践机制的建构,要围绕高质量发展这个目标,坚持以供给侧结构性改革为主线,加快转变发展方式、优化经济结构、转换增长动力,加快推动产业结构升级,增加中高端产品和服务的供给,不断提高产品和服务的附加值和竞争力,在更高水平上实现供需结构的动态平衡。通过创新促进新技术、新产品和新业态发展,大力发展新兴产业,真正使创新形成的新经济动能成为推动我国经济增长的不竭动力,不断增强我国经济创新力和

---

① 习近平:《决胜全面建成小康社会 夺取新时代中国特色社会主义伟大胜利——在中国共产党第十九次全国代表大会上的报告》,人民出版社2017年版,第30页。

竞争力。要紧扣新时代我国社会主要矛盾的变化,针对更好满足广大人民对美好生活的多样化需求,更加注重平衡发展和结构优化,以平衡发展促结构优化和质量效益提高。

第三,必须坚持统筹做好各领域民生工作。习近平在党的十九大报告中指出:"坚持在发展中保障和改善民生。增进民生福祉是发展的根本目的。"[①]民生是人民幸福之基、社会和谐之本。让人民过上幸福生活是社会主义社会的本质要求,增进民生福祉是我们党立党为公、执政为民的使命所在。因此,在党的治国理政实践中,保障和改善民生没有终点,只有连续不断的新起点。这也是我们在构建以人民为中心发展思想的实践机制时应该坚持的基本原则。

发展是我们党执政兴国的第一要务。发展是以人民为中心的发展,要以改善民生作为根本目的推动发展。在实践中,我们党始终把推动经济发展与实现民生改善有机联系起来,以推动经济发展作为改善民生的前提,强调离开经济发展谈改善民生,是无源之水、无本之木;同时,把抓民生作为推动经济发展的重要动力与保障,强调抓民生建设,既能有效解决群众后顾之忧,调动人们发展生产的积极性,又能释放居民消费潜力、拉动内需,催生新经济增长点,为经济发展和转型升级提供强大内生动力。我国是13亿多人口的大国,之所以能在不长的时间里让全体人民过上殷实小康的幸福生活,在人类发展史上创造民生建设的中国奇迹,最关键的一点,就是始终立足发展,把持续推进经济发展与改善民生有机统一起来,实现两者良性循环。保障和改善民生是一项长期工作,是党和政府工作的方向,也是人民群众自身奋斗的目标。习近平总书记指出,抓民生要抓住人民最关心最直接最现实的利益问题,既尽力而为,又量力而行,一件事情接着一件事情办,一年接着一年干,锲而不舍向前走,让群众看到变化、得到实惠。既要努力不断做大"蛋糕",又要把"蛋糕"分好,让社会主义制度优越性得到更充分体现,在发展中促进社会公平正义,让人民群众有更多获得感。

---

① 习近平:《决胜全面建成小康社会 夺取新时代中国特色社会主义伟大胜利——在中国共产党第十九次全国代表大会上的报告》,人民出版社2017年版,第23页。

搞建设、促发展、抓改革,最终目的都是让人民群众过上幸福美好的生活。因此,建立健全以人民为中心发展思想的实践机制,一定要统筹做好各领域的民生工作。要始终把人民是否真正得到了实惠、人民生活是否真正得到了改善、人民权益是否得到了保障,作为重要因素考虑进来,在决策制定、任务实施、考评指标设计上处处体现民生关怀,让发展更好地回应人民的期待、更公平地惠及全体人民,不断促进人的全面发展、全体人民共同富裕。

第四,必须坚持理论联系实际。构建以人民为中心发展思想的实践机制,必须遵循实践性原则。因为实践是人的特殊目的,这种特殊目的就是把以人民为中心的发展思想落到实处,防止其飘浮在理论的真空中。马克思指出:"一个目的如果不是特殊的目的,就不成其为目的。"[①]马克思此言给我们一个基本信号,即实现以人民为中心发展思想的机制必须落实到实践层面,否则就没有任何意义。突出实践特色,就要做到制定措施以实践为依据、解决问题用实践来推动、检验成效以实践作标准。

要根据本地区本部门本单位的发展实际、工作实际和党员干部的思想实际,努力在解决群众反映强烈、影响和制约以人民为中心发展的突出问题上取得新的突破。党的十八大以来,广大党员干部坚持用以人民为中心的发展思想指导推动实践,取得了显著成效,但还有一些党员干部坚持用理论指导实践的自觉性和坚定性不强,运用以人民为中心的发展思想解决实际问题的能力和水平不高,推动以人民为中心发展的成效不明显。调研发现,少数地方和单位仍然存在脱离实际、盲目蛮干,制定的发展策略不切实际、不计成本,盲目追求大发展、大跨越的现象;少数党员干部的实用主义、功利思想仍然严重,倚重当前、忽视长远,热衷于"短期效应""政绩工程",对利长远、打基础、可持续的"潜在政绩"重视不足、用力不够,存在"寅吃卯粮""坐吃山空"的现象;一些地方的领导干部不能正确处理经济发展与改善民生的关系,仍然存在片面强调经济增长、单纯追求物质积累的现象。造成上述问题和不足的主要原因,既有社会大环境的影响,也有机制体制的制约,如科学决策的机制不够健全,以人民为中心发展的实践目标不够清晰、实践路径不够明确、实践措施不够有力,

---

[①]《马克思恩格斯全集》(第一卷),人民出版社1956年版,第287页。

监督机制不够健全,考核机制有待完善等。构建以人民为中心发展思想的实践机制,就要清醒地认识到在贯彻以人民为中心发展思想的过程中存在的突出问题,有针对性地采取相应的措施。为群众办事,要集中力量解决群众反映强烈的问题,对待群众反映强烈的问题,必须要逐项研究,一个一个加以整改落实,只有脚踏实地、久久为功,才能给群众带来实实在在的利益。

以人民为中心发展思想的实践机制,同时也要在实践中加以验证,通过实践的结果检验我们的制度机制是否可行,反馈我们的制度机制是否有效。夏甄陶先生认为,必须"同实践开始时预想的目的联系起来,只有这样,才能评价实践的结果是否实现了预想的目的,才能判明在实践的结果中是否达到了主客观的一致"。[①] 在构建以人民为中心发展思想实践机制时,必然要制定相应的目标与任务。当我们遵循实践性原则,进行机制构建时,所期待的是以实践的方式检验我们是否已经达到了这种机制的目的,结果是否达到了预期的目标,主要是通过反馈过程来实现的,在实践中进行反馈,在反馈中进行检验,最终反观其是否达到了我们所说的以人民为中心发展思想的实践机制。因为"一个有效的行为必须通过某种反馈过程来取得信息,从而了解其目的是否已经达到"。[②] 反馈机制的形成又依赖实践,因为只有在实践的过程中才能捕捉反馈信息,从而确证以人民为中心发展思想的实践机制是否可行。

第五,必须坚持以改革创新精神研究和解决问题。构建以人民为中心发展思想的实践机制,还必须遵循创新性原则,即以改革创新精神研究和解决实际问题。这种创新性原则的建立有两个基本内涵:一是我们在构建以人民为中心发展思想的实践机制时要以创新的思路和方法来设计更有利于落实以人民为中心发展的体制机制;二是在建立体制机制的同时,努力用创新精神研究和解决落实以人民为中心发展思想的过程中的突出问题。

实践机制要解决的是促进、保障以人民为中心的发展的制度化的问题,以形成科学化、系统化的制度规范和有效机制。由于以人民为中心的发展思想刚提出不久,现实中还存在着不适应、不适合以人民为中心发展要求的思想观

---

① 夏甄陶:《再谈实践的涵义和要素》,《哲学研究》1980 年第 11 期。
② [美] 维纳:《人有人的用处》,陈步译,商务印书馆 1978 年版,第 44 页。

念和体制机制,以人民为中心发展思想实践机制的建设仍面临不少挑战,如决策机制不健全、执行机制不协调、监督机制不配套、评估机制不完善、纠偏机制不"给力"等,这些都在一定程度上影响和制约着以人民为中心发展思想的实现,迫切需要创新思路和手段,通过改革推动贯彻落实以人民为中心的发展思想。贯彻落实新发展理念是实现以人民为中心发展思想的重要途径。习近平指出:"贯彻落实新发展理念,涉及一系列思维方式、行为方式、工作方式的变革,涉及一系列工作关系、社会关系、利益关系的调整,必须发挥改革的推动作用、法治的保障作用。中央关于全面深化改革的各项部署同贯彻落实新发展理念是贯通的,对中央改革方案中的原则性要求,可以结合实际,进一步具体化;遇到改革方案的空白点,可以积极探索、大胆试验;遇到思想阻力和工作阻力,要努力排除,不能退让和妥协。"① 这就为以人民为中心发展思想实践机制建构指明了方向,在实践机制的目标构想、基本思路、实施策略以及目标考核、评价和反馈等方面,提供了理论指导。

以人民为中心的发展思想提出后,各级地方党委、机关部门结合本地本部门实际,自觉树立新发展理念,逐步完善贯彻落实以人民为中心发展的体制机制,取得了一定的成效,但是对照以人民为中心发展思想的要求,仍存在着许多不适应、不适合以人民为中心发展要求的问题。因此,在建立健全以人民为中心发展思想实践机制时,要着力解决影响和制约以人民为中心发展的突出问题,以改革创新精神加快形成落实新发展理念的体制机制。对不适应、不适合甚至违背新发展理念的认识要立即调整,对不适应、不适合甚至违背新发展理念的行为要坚决纠正,对不适应、不适合甚至违背新发展理念的做法要彻底摒弃,切实在增强创新能力、推动发展平衡、改善生态环境、提高开放水平、促进共享发展上取得新突破。

(二)以人民为中心发展思想实践机制的建构任务

建立健全以人民为中心发展思想的实践机制,既要坚持实践机制构建的

---

① 中共中央宣传部:《习近平总书记系列重要讲话读本》,学习出版社、人民出版社2016年版,第138页。

基本原则，也要厘清实践机制构建的基本思路、厘定其基本框架，并切实把握实践机制建构的主要内容。结合对当前以人民为中心发展思想的落实情况的基本把握，我们试图从构建科学的决策机制、实施机制、监督机制、评估机制和纠偏机制五个层面，创造性提出以人民为中心发展思想的实践机制建设的基本思路和构想。

其一，健全以人民为中心发展思想的决策机制。主要从三个方面探讨建立健全以人民为中心发展思想的民主科学决策机制。一是优化决策系统的内部结构。通过完善中枢决策机制、理顺决策子系统中各种决策主体的关系、实行重大决策咨询、专家论证和听证制度，以及发挥协商民主的作用，保证政策能充分有效地反映和代表人民群众的利益。二是完善公众参与机制。建立一套具备可操作性的民众参与政府决策的运行机制、将民众参与"否决权"刚性纳入政府决策过程、细化民众参与政府决策的程序，防止政府决策的随意性。三是规范决策程序。建立健全决策调研制度，在集思广益的基础上拟订方案，进行方案论证和优选方案，从程序上防止和杜绝"以GDP为中心""以政绩为中心"，确保新发展理念贯彻落实。

其二，优化以人民为中心发展思想的实施机制。探讨采取有效的措施保障以人民为中心发展思想的决策顺利实施。一是明确实施责任主体。根据有关职责分工，明确责任主体、实施时间表和路线图，建立目标责任制，确保以人民为中心发展思想的各项目标任务落地。二是提高决策的执行效率。在"五位一体"总体布局中统筹考虑将以人民为中心的发展思想落实于行，抓好民生工程和精准扶贫等重点任务落实，努力提高服务群众的能力，并不断完善工作机制。三是完善信息反馈机制。通过建立畅通的民众利益表达机制、完善沟通与协调机制、完善决策跟踪反馈机制，及时掌握以人民为中心发展思想的决策的实施情况。

其三，强化以人民为中心发展思想的监督机制。主要从加强对行政决策、执行活动的监督两方面展开探讨。一方面，加强对行政决策的监督，减少和防止决策失误。为此，要完善行政决策的监督制度和机制，明确监督主体、监督内容、监督对象、监督程序和监督方式，确保以人民为中心发展思想的决策的科学性。另一方面，加强对执行活动的监督，对落实以人民为中心发展思想的过程进行督查,加大督查力度,加强实施考核评价。完成上述监督,既需要完善党内监督机制,强化权力机关的监督,也需要发挥民主党派的监督作用,加强社会监督,以形成约束违背以人民为中心发展思想的合力。

其四,创新以人民为中心发展思想的评估机制。一是树立以人民为中心的评估导向。明确发展的目的,正确处理好经济发展与改善民生的关系、对上负责与对下负责的关系、施政为多数人与为少数人的关系。二是建立科学的评估指标体系。按照以人民为中心发展思想的要求,科学合理设置各指标的权重。坚持以人民"获得感""幸福感"为评价标准检验以人民为中心发展的成效。三是创新评估方式。构建多元立体的评估体系,让群众参与评估,培育民间独立的"第三方"评估机构,使评估不仅对上级负责、对领导负责,更重要的是对人民负责。四是注重评估结果的有效运用。充分发挥评估的激励约束作用,合理、有效地运用评估结果,实现奖优、治庸和罚劣的结合。

其五,完善以人民为中心发展思想的纠偏机制。基于评价的反馈信息,探讨建立以人民为中心发展思想的纠偏机制。一是提高纠偏意识。通过提高领导干部执政为民的责任意识、广泛汲取群众意见的民主意识、直面工作失误的批评和自我批评意识,切实提高纠偏的积极性。二是完善问责机制。通过建立决策责任追究制度、完善民众对领导人的问责机制、建立决策失误赔偿制度,确保人民利益不受损害。三是掌握正确的纠偏方法。区分失误和偏差的不同情况,采取有针对性的方法将地方政府在经济社会发展过程中出现的与以人民为中心发展思想不相符的行为纠正过来,使之回归到以人民为中心发展的轨道上来。

上述五种机制是相互联系、相互影响、相互作用的有机整体。这个有机整体的贯彻落实,使得实践机制的运行成为一个有序的系统。每一种机制均构成了以人民为中心发展思想实践机制的基本要素。构建以人民为中心发展思想的实践机制是一项系统工程,不仅需要我们在实践中健全和完善决策机制、实施机制、监督机制、评估机制和纠偏机制,而且需要我们正确认识和处理这五大机制的关系,使之协同发挥作用。如果用图2-2来表现其逻辑关系,可以更清晰地看出以人民为中心发展思想实践机制建构的总体思路、可能性与现实性。

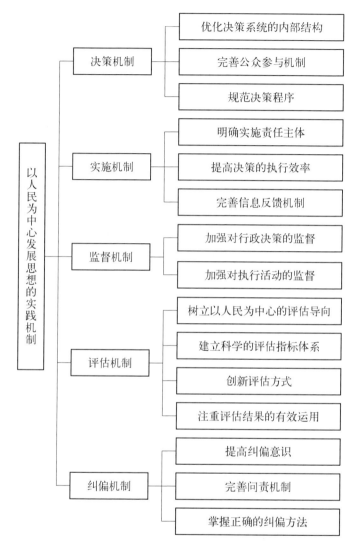

图2-2 以人民为中心发展思想的实践机制示意图

（三）构建以人民为中心发展思想的实践机制应处理好的若干关系

建立健全以人民为中心发展思想的实践机制，是一项复杂的系统工程，关键在于落实。各级党委和政府要将其列入重要议事日程，切实加强领导，搞好统筹协调，有计划有步骤地推进。要认真总结各地的做法经验，广泛听取意见建议,对实践机制建设内容进行认真研究和科学论证,使各种制度真正符合实际、切实可行,并保证得到有力执行和长期坚持。综合各地做法,我们认为,为了做好实践机制建设工作,应注意处理好以下四个关系。

一是当前与长远的关系。所谓实践机制,就是一种在实践中长期有效的制度,而不是临时性措施。因此,建立健全以人民为中心发展思想的实践机制,必须处理好当前与长远的关系,既要注重解决好当前群众反映强烈的问题,切实做到民之所难我之所急、民之所呼我之所应,群众急什么、缺什么,我们就办什么、做什么,优化服务流程,创新服务举措,让群众少跑一趟路、少进一扇门、少找一个人,让人民群众切实享受到改革发展的成果,同时又要对人民美好生活的长远发展提出目标要求、政策措施和方法,着眼于长远。既不能忽视当前,又不能忽视长远。解决当前问题,是为了更好地服务人民;而要实现长远目标,必须从当前的工作做起。在制度设计中,要为今后的改革发展留有充分的余地,对今后机制运行中可能出现的问题,要有预见性的对策措施。任何制度都不可能一劳永逸,必须不断加以调整,以适应人民群众日益变化的新要求。人民群众需求的快速发展,对实践机制的时效性和适应性提出了新挑战,实践机制不可能无限期地"长"下去。因此,必须构建实践机制在现实中与时俱进、不断完善的更新体系,根据实践检验的结果,对已形成的体制机制、政策措施和制度规定不断加以修正、补充和完善。

二是继承与创新的关系。建立健全以人民为中心发展思想的实践机制,既要传承和发展以往形成的行之有效的制度机制,使之继往开来、形成体系;同时,也要充分运用各地实践探索中取得的成果,不失时机地探索创新,使形成的实践机制更具时代性、前瞻性。以人民为中心发展思想的实践机制是统领各项工作的总机制,各类单项的、针对某项工作的机制,应加以整合和梳理,合理分工,防止出现机制过多过滥、重复制定和各自为政的现象。内容靠近的可以归并,解决机制重复与过多的问题。内容有关联,但关联度不很密切的,可根据实际情况确定。以人民为中心发展思想的实践机制,要持之以恒地加以执行,还必须建立明确的法律法规,取得法律支撑的机制才具有真正的生命力。以人民为中心发展思想的贯彻落实,需要社会主义法制的健全和完善。要重视研究和解决制度机制与法律法规的联系与过渡问题。正如习近平指出的,"要深入分析新发展理念对法治建设提出的新要求,深入分析贯彻落实新发展理念在法治领域遇到的突出问题,有针对性地采取对策措施,运用法治思维和法治方式贯彻落实新发展理念"。① 以人民为中心发展思想实践机制的设计,应为今后有关法律法规的制定创造衔接的条件;一些带有强制性的规定和约束,可直接以法规形式出台;一些暂不具备条件制定法律法规的,可先制定条例,待条件成熟后再出台法律法规。

三是共性与个性的关系。在实践机制建设中,要准确把握实践机制的广泛性、层次性与覆盖面问题。现在各个地区部门单位,无论级别高低、规模大小,都分别制定有实践机制。这对促进以人民为中心的发展思想的贯彻落实,无疑会起到积极作用。需要指出的是,对于不同地区部门单位来说,实践机制建设既要遵循共同的规律,又要具有自己的个性特征。在处理共性与个性的关系时应明确:一是实践机制的类型应有所区别。对本地区、本系统、本行业发展方向、发展目标和长远发展战略具有决策权的行政组织和单位,是需要建立机制的重点单位,这些单位制定的实践机制应以指导型为主;处于执行层面的单位和部门,其实践机制应以执行为主,主要是对上级机制的细化和具体化。二是实践机制的内容应有所区别。作为指导型的实践机制,其内容应比较全面,有关以人民为中心发展的方方面面都应顾及;而作为执行型的实践机制,其内容则应突出重点,关系到发展的重点难点问题,关系到群众切身利益问题,有所侧重地抓好机制建设。三是实践机制的覆盖面应有所区别。有的机制是针对本单位、本部门的,有的机制是管一个地区、一个行业、一个系统的,使用范围不同,机制的覆盖面也不尽相同。应根据不同的适应层面,把握好实践机制的目标要求和措施对策。

四是科学性、政策性与可持续性的关系。建立健全以人民为中心发展思想的实践机制,目的是促进以人民为中心发展思想的真正落实。制定出台的实践机制,不仅要提出原则、目标、思路和工作要求,更重要的是要有明确的实施办法和工作细则。既要重视解决思想认识上的问题,实现思想观念的转变,

---

① 中共中央宣传部:《习近平总书记系列重要讲话读本》,学习出版社、人民出版社2016年版,第138—139页。

更要有解决问题的对策和措施、工作的程序和规范、执行的政策和路径,具有实际可操作性。只有这样的实践机制,才能在现实中发挥作用。实践机制的真正落实,关键是要建立确保其正常运行的保障体系。一是要建立层层负责的领导责任和问责体系。明确每一级领导对实践机制落实的职责任务,保证每一项机制一经出台,就能够扎扎实实地施行。对实践机制的落实情况,应根据领导责任制的要求,实行问责追究。对重要机制的落实情况,应在当地媒体公布,接受广大群众的监督。二要建立监督评价考核管理体系。对业已建立的实践机制,要有明确的检查评价办法,建议每年结合干部业绩考核和领导班子评价,对实践机制的执行情况作出全面系统的检查考核,并将结果作为绩效评价的重要依据。三要建立人民群众民主参与制度。通过人民代表大会、政协会议、社区群众组织、农村村民自治组织等形式和途径,吸收人民群众参与机制制定、检查机制落实、促进问题整改,对机制的执行情况进行检查监督,对贯彻过程中的问题进行如实反馈。要将实践机制运行效果、落实情况、实施进度的督查考核,与巡视工作结合起来,提高监督考核的力度。建立起上级领导、人民群众、公众团体三位一体的监督评价考核检查体系,确保实践机制扎实推进。

第三章
健全以人民为中心发展思想的决策机制

贯彻落实以人民为中心的发展思想的任务是艰巨的,它要求领导干部必须解决的问题和处理的工作是多方面的,但是,要贯彻落实好以人民为中心的发展思想,必须首先保证各项决策的科学性、正确性,因为科学、正确的决策是各项工作成功的重要前提。而科学、正确决策的作出又仰赖一种科学的决策机制作为制度保障。鉴于此,本部分将着重探讨以人民为中心发展思想的决策机制的相关问题。

一、优化决策系统的内部结构

当今中国社会流行两句话:"中国最大的腐败是用人腐败","中国最大的浪费是决策浪费"。解决第一个问题,重点在各级党委及组织部门,而解决第二个问题,重点在各级政府及行政部门,因为政府掌握着大量的决策权力,是国家和地方财权、事权等公共资源的配置者,所以优化决策系统的内部结构,完善民主科学决策机制,是提高政府行政能力的关键,对实现以人民为中心的发展思想至关重要。

(一)落实以人民为中心的发展思想对决策系统的内部结构提出新要求

根据现代决策理论以及决策科学化观点,现代化决策的决策系统是一个由信息、参谋、决断和监督等子系统构成的分工合作、密切配合的有机系统。

其中以决策子系统为核心，以信息、咨询、监督等子系统为支撑。我们现在所处的时代是一个社会组织高度严密、庞大、开放和一体的时代，社会各要素、各环节之间的联系非常紧密，许多政策问题都具有相当的复杂性。因此，为了更好地贯彻落实以人民为中心的发展思想，需要不断完善决策系统的内部结构，以优化决断组织的决策效果。

首先，落实以人民为中心的发展思想对决策决断系统提出了新要求。在我国，社会主义政治体制包括了中国共产党的领导体制、人民代表大会的权力体制和人民政府的行政体制。与此相适应，也必然存在着三种相互联系又各具特点的决策系统，即党的领导决策系统、人民代表大会的权力决策系统和政府的行政决策系统。这是我国决策体制的特色，也是谋取决策体制进一步发展与完善的基础和着力点。以人民为中心发展思想的落实主体是各级领导班子和领导干部，这就要求各级地方党委、人大及其常委会、政府必须综合协调，将以人民为中心发展的实际成效，作为检验各项决策是否科学的重要标准。实现以人民为中心的发展思想既是党执政兴国的重要体现，又是检验党的领导行为的重要标尺。以人民为中心的发展思想的各项要求是否真正得到深入贯彻落实，关键在于各级地方党委、机关部门的科学决策、民主决策、依法决策的成效。而保证其取得成效的关键，又在于其决策系统的内部结构是否合理有效，这实际上为新的历史条件下检验完善各级地方党委、机关部门决策系统的成效提出了根本准则。把以人民为中心的发展作为检验各级地方党委、机关部门的决策系统是否合理有效的重要标准，就是要看各级地方党委、机关部门的决策系统是否有利于科学决策、民主决策、依法决策，是否有利于切实解决影响和制约以人民为中心发展的突出问题，是否有利于推动和促进以人民为中心的发展不断上新水平。按照这样的要求，目前迫切的问题仍然是完善执政党领导下的决策机制，优化政府决策权力的配置，即一方面应保证执政党的领导核心，另一方面又能充分发挥人大、政府等主体的决策职能，这需要将执政党的决策集中于国家政治生活中方向性、原则性的重大问题上，而使人大和政府在其具体管理事务方面发挥较大的决策作用。有关的制度安排应该是由执政党履行核心决策职能，人大和政府在党的原则性决策的指引下进行自身的决策活动。

其次,落实以人民为中心的发展思想对决策咨询系统提出了新要求。行政决策的咨询系统是决策核心的"外脑",由多方面的专家集体充任,其任务是以建议、答疑、提供备选方案等形式发挥参谋辅助作用。这种参谋或智囊组织,有的设在决策系统内部,如行政系统内设的顾问、专家咨询委员会,有的设在决策系统外部,如社会上独立的研究机构和咨询机构。它们为国家和地区的发展提供了"望远镜"和"显微镜",使决策者看得远、看得清,更能按科学规律办事,更能符合以人民为中心的发展要求。在传统的决策过程中,决策者凭借其知识、经验和才智,一般可以作出有效的决策。但是,随着现代科学技术和经济社会的迅速发展,决策过程中的随机因素不断增多,对一些复杂问题的决策难度愈益增大。现代决策者所要解决的决策问题更为复杂、所承担的职责更大。为此,必须集合各领域的专家,把他们的智慧有效地纳入决策过程之中,使其智慧同决策者的智慧和权力结合起来,充分发挥他们在行政决策过程中的作用。但就目前的决策咨询系统的现状来看,仍存在着突出问题:一是体制内的各种党政部门的政策研究咨询机构的地位还不够高,在实践中常常蜕变为起草文件和报告的秘书班子;二是民间政策研究咨询机构的发展还有待提高,即存在数量少、功能弱等问题。[①] 这导致了在实现以人民为中心发展思想的过程中,对于那些涉及群众切身利益、专业化程度比较高的事项,无法充分听取智囊机构、专家学者、广大群众的意见和建议,尤其是不同意见乃至反对意见,使决策咨询流于形式。因此,如何利用参谋咨询机构,并发挥它们应有的作用,将是决策层需要进一步解决的问题。

最后,落实以人民为中心的发展思想对决策信息系统提出了新要求。信息组织是设立在各级决策核心周围,专门搜集、统计、储存、检索、传播、显示等有关情报资料信息,为正确决策提供坚实信息基础的组织机构。大数据时代的到来,不仅为行政决策信息收集提供了海量数据,同时也极大提升了行政决策的效率、透明度和民主化。但是,我国政府决策系统的信息工作起步较晚,科学化、现代化、网络化水平不高,导致决策中枢系统仍习惯于利用传统的渠道来获取信息,如依靠报刊、内部简报、统计资料、各地区与各部门的情况汇

---

① 李占才、蒯正明、运迪:《科学发展的体制机制保障》,人民出版社2014年版,第148页。

报、反映等,而且特别倚重于决策执行系统提供的信息。这种系统信息化水平较低的状况不利于决策者迅速、有效地制订政府决策方案,影响了政府决策的质量与工作的效率。同时,信息系统收集民情、民意和吸纳公众参与决策的渠道不畅,也影响了公共利益的实现。政府决策涉及社会公共利益的调整和分配,只有具备一套完整的利益表达、提取、吸纳、协调等决策规则和程序,才能确保各种利益主体参与政府决策的有序性与有效性。目前,我国社会公众参与政府决策过程有三种正式渠道:一是通过选举人大代表和推荐政协委员,以他们的政治活动来间接参与政府决策过程;二是党政机关中设立的信息反馈部门收集群众意见和建议;三是党政部门的领导进行决策前各种座谈会、听证会以及下基层调查研究收集民情、民意。但采用以上方式传递的信息和表达的意见与要求是比较分散的,社会公众直接、主动、集中表达自己的意见、愿望和利益诉求的渠道尚不完善,造成一些民众的利益受损,甚至激发群体性事件。如何实现决策信息系统的优化,已成为提升政府决策能力亟须解决的重大问题。

(二) 当前决策系统内部结构存在的主要问题

改革开放以来,我们逐步认识到完善政策制定系统对于保证科学决策的极端重要性。各级党委、政府、人大及其所属部门,普遍建立了政策研究室、发展研究中心或信息处理中心等研究咨询机构。但总的看来,我国的现代决策机制系统刚开始发育,仍不成熟。

1. 政策制定决断系统职责关系尚未理顺

如前所述,我国政策制定决断系统主要由三个部分组成,即党委、人大及其常委会、政府。政策决断系统之间的职责没有厘清,主要表现在以下三个方面。

第一,党政决策机构的权力、职责及决策范围划分不甚明确,关系尚未完全理顺。对关系到本地经济社会发展的重大事项或重要决策,特别是关系到广大公众的利益问题,没有明确决策主体的权限。比如,哪些事项应通过党委会决定,哪些事项应通过政府常务会议或全体会议决定,哪些事项应通过市长办公会议决定。由于没有清晰地界定党政关系,党的机构行政化比较普遍,引发不少矛盾和问题,有些地方甚至形成两个权力中心,决策系统混乱。例如,2018年8月8日至9月7日,中共海林市委第五巡察组对长汀镇党委进行巡察,发现其议事决策制度不规范。镇领导班子成员中两名非党委委员列席党的会议,议事决策党政不分,以党政班子会代替党委会,淡化了党委的核心地位,弱化了党的领导。①

第二,行政权力过大,政府与事业单位之间、政府与非政府公共组织之间职责没有厘清。政府是行政权力的载体,事业单位是国家为了社会公共利益,由国家机关或其他组织举办的社会服务组织,如交通、卫生、环保等行业管理系统和执法监管系统普遍存在这类事业单位。这相当于发达国家的"独立机构"(如在美国)或"执行机构"(如在英国),但我国政府没有这类机构序列,由于编制限制和经费紧张等原因,形成了"行政职能的体外循环"。更何况这些承担行政职能的事业单位自身还具有经营性的服务职能,这给社会公共事务的管理与决策带来了更大的职责混淆。同时,中国大量非政府公共组织的"官办性"色彩比较浓,普遍依附于党政机关,且自身素质参差不齐,这势必带来公共管理行为的扭曲。

第三,人大的立法功能和对政府决策的审议、监督作用有待加强。作为中国最高国家权力机关,人大的立法活动本身就是决策,必须维护宪法和法律赋予人大的决策权限及其高度权威性,并以强制力保证其决策的贯彻实施。人大的正式决议对同级政府决策具有法律效力,政府必须依照人大的决议对决策作出相应的完善、补充、修改或停止。同时,必须重视和完善人大及其常委会对政府决策的审议、监督职能。但在现实生活中,人大的最高权力机关的地位往往难以真正体现,人民代表大会的决策潜力尚未充分发挥,而且人大代表的"代表"属性也没有充分展示,有时选民找不到代表,代表也没有自己真正的选民,代表与选民脱节的问题不同程度地存在。

2. 政策制定咨询系统智库功能发挥不够

决策者采取开放的态度,借助专家的智慧力量,充分体现了决策科学化、民

---

① 《中共海林市长汀镇委员会关于巡察整改情况的通报》(2019年4月22日),清风雪城,mdjsjw.mdj.gov.cn/gzdt/xsxc/201904/t20190422_278198.html,最后浏览日期:2023年9月20日。

主化的进步。但是,由于各种因素的干扰和制约,我国政策制定咨询系统提供决策参谋与智力服务的作用尚未得到充分发挥,目前主要的问题有以下三项。

第一,咨询人员受制于决策者,行政干扰大。专家的价值不容忽视,但是,专家仅仅是决策体系的一部分,并根据决策体系所赋予的权限向决策者提出建议。① 目前,我国大多数的行政性政研组织是作为一般的职能部门设置的,它们的内部机构设置、领导方式和工作方式都与一般行政部门相同,要承担大量的日常行政性工作和秘书工作。有的县级政研组织甚至成为县委、县政府的"文字工作班子"和许多临时机构的挂靠部门,什么"廉政办""三公开一监督"办公室等都挂靠在政研室中,政研人员整天忙于写材料、总结,应付上级检查,几乎没有时间搞调查研究。有的决策者把政研室当作自己的注释者,强调"既然归我领导,就得看我脸色行事""一家人不说两家话"。研究人员缺乏组织和活动上的独立性,其思维方式、论述问题角度、立场等均受到很大程度的制约,因而其咨询研究成果缺乏应有的科学性和客观性,起不到决策咨询的作用。

第二,各级政研、咨询机构自成体系,缺乏总体设计和协调。全国没有从现代政策研究组织体系建设的高度进行总体设计和具体分工,各层次的政研机构之间缺乏联系,甚至"老死不相往来",平时工作联系少,情况交流少,从而形成了开发课题不规范、下发课题凭关系、经费管理宽松无度、成果鉴定搞请客送礼的不良局面,降低了工作效率,造成了人才浪费。另外,在政府决策咨询、论证的过程中,没有很好利用民间研究机构,重视不够。加之体制外或民间的政策研究组织发育缓慢,功能不全,它们与政府决策子系统及官方政策研究组织之间往往缺乏制度化的联系,其智力优势未能得到充分发挥。

第三,政研人员知识结构不合理,综合素质亟待提高。中央和省级政策研究中心由于所处层次较高,研究条件较好,文化水平较高,博士、硕士占了一定比例。如国家信息中心的研究人员中,博士和硕士占40%,大专以上(包括博士和硕士)占66%,这个比例和西方思想库比较,也相差不多。但在地(市)、县级政策研究组织中,本科生和研究生就少得可怜。有些地方甚至

---

① 朱旭峰:《善用专家资源完善公共决策》,《人民日报》2012年4月18日。

把政研组织当作"养老院"和"安置处",把不能胜任领导工作的各种人员安排进去,这些人一无研究习惯,二无研究兴趣,三无研究的专门训练,结果长时间出不了成果。从总体上看,目前我国政研机构还存在着年龄老化、观念滞后、知识与专业结构不合理、缺乏创新意识等弊端,决策咨询、研究人员的整体素质亟待提高。

3. 政策制定信息系统支持作用有待提高

行政决策中枢系统要准确找准决策问题,必须充分使用各种手段和工具,多渠道、全方位地进行信息收集和实地调研,对人民群众的各种诉求展开细致周全的系统分析,全面辩证地看待各种决策问题。当前,我国在这方面还存在一些不足之处,具体表现为以下三项。

第一,信息收集能力较弱。首先,由于信息收集工作缺乏相应的条例规定,许多行政决策部门的信息收集机构和工作人员缺乏自觉主动收集信息的积极性,因而众多与行政决策议题相关的潜在决策信息尚未被发掘和利用。其次,政府信息机构在信息处理的技术、手段与方法上仍较落后,行政决策机构常用的信息收集方法主要是实地调研或是举行与决策议题相关的座谈会,这种方式极易导致信息收集过程中的片面性。最后,现在的政府信息传递系统往往是层次汇报,统一汇总,这种信息收集方式由于传递环节多、沟通时间长,经常会出现信息遗漏、故意瞒报或者作假的情况,极易导致行政决策信息失真。

第二,信息内容质量较差。信息质量的好坏直接影响行政决策制定的正确与否。政府内部的行政决策信息传递方式一般有两种形式,一是行政决策信息收集机构自下而上地向行政决策中枢机构汇报信息,二是行政决策中枢机构自上而下地向决策执行机构传递信息。因而,整个行政决策过程其实就是决策信息在政府内部的搜集、传递和应用过程,行政决策信息的质量是行政决策制定和实施的关键。导致政府决策信息内容质量低下的原因有许多,比如上面提到的信息收集能力较弱,对现代信息收集技术和设备运用不够,互联网和计算机设备的重要作用没有被开发。另外,行政决策信息获取渠道比较单一,能够获取的决策信息数量、类型有限,这些因素都导致了信息内容质量较差,严重制约了行政决策科学化水平。

第三,吸纳公众参与决策的渠道不畅。改革开放以来,随着社会主义市场经济的发展,中国社会的利益结构发生了深刻变化,利益群体多元化、组织化的趋势日渐增强,随之对政府决策的影响问题开始衍生。正如阿尔蒙德(Gabriel A. Almond)所说:"当一个社会经历了经济和技术变化,当它获得了与这些变化过程相关的态度时,就会出现导向更高程度利益表达的倾向和行动手段。"[①]从各国的经验看,提高利益群体的组织化程度,开辟利益群体参与政府决策的渠道和健全利益群体参与的规则、程序,有助于政府公正决策、民主决策,因而,这成为许多国家扩大民主参与决策,实现政府决策创新的一个重点领域。近年来,我国各级政府在培育社会组织、引导各种利益群体参与政府决策方面取得了明显进步,但我国利益群体参与政府决策的组织化程度不高、制度化渠道不多、反映社情民意的制度欠缺等问题仍较突出。不同利益群体特别是弱势群体的意愿在一些地方的政府决策中得不到充分的表达和体现,造成一些民众的利益受损,从而违背了以人民为中心的发展思想。

(三) 优化决策系统内部结构的措施

为了克服当前我国政策制定系统存在的弊端,优化决断组织的决策效果,使作出的决策更加符合以人民为中心的要求,需要在以下 3 个方面下功夫。

1. 理顺决策系统中各决策主体的关系

以法律的形式明确规定党委、人大和政府三者各自的决策权限、职责和范围,建立起多方位、多层次的合理决策权力体系,是优化与完善决策系统内部结构的一项重要任务。

第一,完善中枢决策机制。在一个部门和单位中,党委会、常委会通常都处于决策中枢位置,其职责是在公众参与和专家论证的基础上,确定决策目标,组织有关部门和人员拟订备选方案,对方案进行选优和决断,对整个决策过程进行协调和控制,而决断是其最重要的职责。要保证决策中枢决断的科学性,必须做到民主决策,也就是说,决策必须要按照一定的程序由集体讨论

---

① [美] 加布里埃尔·A. 阿尔蒙德、小 G.宾厄姆·鲍威尔:《比较政治学——体系、过程和政策》,曹沛霖等译,东方出版社 2007 年版,第 208 页。

决定,坚持中国共产党的集体领导制度。毛泽东指出:"党委制是保证集体领导、防止个人包办的党的重要制度。"① 集体领导首先强调的是领导的主体是集体,即党委会的全体成员,而绝不是个人或少数人。民主集中制的决策主体只能是集体而不能是个人或少数人。参与集体决策是每一个党委成员的权利和义务,所有的党委成员都应当积极地同时又平等地参与集体决策。针对现实中一些领导干部决策的"一言堂"等现象,2017 年 6 月 9 日,国务院法制办起草的《重大行政决策程序暂行条例(征求意见稿)》明确集体讨论决定为决策必经程序,并坚持行政首长负责制,规定决策事项应当经决策机关常务会议或者全体会议讨论,由行政首长在集体讨论基础上作出决定。其中,征求意见稿对于集体讨论还规定,行政首长最后发表意见;行政首长拟作出的决定与出席的会议组成人员多数人的意见不一致的,应当在会上说明理由。② 这对完善中枢决策机制提供了制度保障。

第二,明确议事决策范围。要对议事决策的范围进行明确,比如哪一类事项是可以由个人进行决策,哪一类事项是要通过召开常委会会议的形式来决定,哪一类事项必须交由全委会进行最后的审议等。明确了相关的议事范围之后,针对一些范围不能很好界定的事项,则遵照一定的程序,在指定范围内进行酝酿,最终决定事项的决策方式。要确保议题的高质量,必须经过充分的调研工作,进行认真的论证,并建立一个调研论证制度。规范整个议题管理机制,建立议题介入制度,要求党委办公室在议题决定之后提前三天将之送交常委,从而保证常委有足够的时间进行全面的讨论,防止搞"临时动议"。推行小范围常委沟通制度,对议题进行系统的讨论,从而改善当前常委会议题多而杂的现象。对涉及全局性的经济社会发展重大改革方案和政策措施以及其他关系国计民生的重大经济社会发展事项要纳入议事决策范围,予以重点考虑。当然,推行小范围常务沟通制度,必须坚持原则,绝不能把个别沟通搞成"私下授意"。

第三,完善关联决策机制。首先,规范党委常委会会议和人大常委会、政

---

① 《毛泽东选集》(第四卷),人民出版社 1991 年版,第 1340 页。
② 张璁:《重大行政决策程序暂行条例征求意见》,《人民日报》2017 年 6 月 10 日。

府常务会的决策关系。党委常委会要主动地对议题进行完善,从而降低对人大常委会以及政府常务会之间决策程序的干扰,保证党内权力运行机制的有效建立。人大、政府要完善向党委请示报告重大事项的制度,以得到党委的支持,加强党的领导。建立健全地方党委、人大与政府之间的议事沟通机制。当前,三者之间的信息沟通与工作交接等方面较薄弱,应尽可能地建立一个由三者组成的定期联席会制度,如党委、人大常委会、政府办公室主任每月召开一次联席会议,以方便了解各单位是否有全局性、根本性、长远性的问题以及重点、难点问题,并协调有关事项上政府常务会、人大常委会和党委常委会会议。其次,重视党代会和全委会的决策权力。党代会和全委会有很多的决策权,在行使相关决策权时,要全面发挥机制的作用,保证两会决策的常态化。提升全委会召开的次数,建议每年召开 4 次以上,保证全委会决策权可以经常行使。在一定范围内扩大地方党代表的人员数量,对当前党代表的结构全面优化,并扩大专业人士的数量。再次,强化权力机关对政府决策的监督。明确人大和政府之间的职权界限,进一步完善人大工作的程序和制度,主要是依法规定人大对政府重大决策行为进行监督和审查的工作程序和方式,如审议的程序、议事的规则、审查的内容、审查的方式等。要充分发挥人大专门委员会的作用,制定必要的制度和法律,以使人大各专门委员会在审查政府重大决策的科学性、合理性、可行性、合法性等方面发挥重要作用。

2. 善用专家资源完善公共决策

对于政府来说,科学政策的制定往往来源于各方之间的持续互动,更来源于政府的宏观把握。真理越辩越明,社会辩论能提高专家研究能力,也能帮助全社会判断不同政策方案的优劣,同时提升了决策者的权威。由此,为了保障公共决策的科学性,使作出的各项决策符合以人民为中心的要求,需要决策者、专家和社会的共同努力。

第一,决策者信任专家、提供参与的平台是关键。决策者应采取开放的态度,提供专家充分表达意见的机会和平台,并引导这些成为一种良性的政策文化。一是加强智囊机构的建设。可在政府首脑机关中安排专门编制,为辅助决策的专家设置正式的职位,诸如顾问、助理、咨询专家等。通过调整政策研究机构的人员结构、知识结构,明确其职能,大力提高其参与决策的能力。通过委托民间机构开展政策研究,加强与民间咨询机构的联系,听取和采纳民间研究机构的合理建议,鼓励和支持民间咨询机构的发展。二是构建良好的联系机制,保证咨询机构与决策者之间的有效快速对接。完善专家咨询制度和政府决策论证制度,要求在对与群众切身利益密切相关的重大决策事项进行决策前必须经过专家参与论证、向专家征询意见,并对专家的遴选方式、参与方式等作出明确规定。同时,还要进一步完善决策听证制度,通过听证会等方式,广泛听取社会各方面意见,并作为决策的重要参考依据,听证意见采纳情况及理由应向社会公布,并要向提出意见、建议者作出反馈。三是建立责权明晰的专家咨询机制,完善配套激励和监督制度,以提高专家积极性并保证专家的职业操守。决策者应该让专家根据客观事实得出自己的科学结论,保证专家咨询的独立性,同时建立专家咨询的道德规范和责任制度,对于决策中出现的重大失误,参与论证的专家应该承担相应的责任。

第二,专家应该提升自己的研究水平和社会活动能力,以适应自身社会责任的需要。现代的决策咨询有多种形式,有的是通过专家会议,有的是通过成立专家咨询委员会,还有的是面向社会进行咨询课题招标。无论是什么形式的专家咨询,最重要的原则是遵循决策过程是一个科学过程的原则,不管专家以何种形式参与决策,前提条件是一定要在这个领域对决策问题进行了科学的研究和丰厚的积累。如果在专家咨询的过程中,临时请来的专家事先没有对决策问题进行了解,也没有做过前期研究,那么专家咨询的过程也就成了拍脑袋、谈感想的过程,咨询也就成了走形式、走过程,无法达到将领导者的智慧与专家的智慧相结合,从而作出正确的决断的目的。当前一些专家还缺乏让人信服的专业水准。在最近的社会舆论中,经常有专家被戏称为"砖家",这是群众对专家低水平公开言论不满的情绪表现。专家应该深刻理解不断变化的政治和舆论生态,与时俱进,合理介入,科学论证,以提升自己的能力水平和公共形象。

第三,全社会应该尊重专家在公共决策中的地位。须知,专家分析是迄今判断不同政策方案"科学性"的重要工具。专家观点的正反双方应该友善辩论,而不能通过在道德上贬低专家的方式来实现驳倒对手的目的。如果整个社会正反双方都不针对政策方案优劣的本身展开辩论,而只对对方进行人身攻击，那公共决策将丧失专家作为对政策方案进行科学性判断的鉴别机制，公共决策的辩论也将陷入胡搅蛮缠式的争吵之中。事实上，任何一项政策方案都会遇到不同意见，专家各抒己见时，各自政策方案的优点和缺陷都将在决策者和公众面前一览无余。在公共决策过程中，决策者和公众宛如走进了一家政策方案"超市"，当经过辩论而留存的相对较佳的建议方案同时呈现在大家面前时，决策者也就不易被特定群体所左右，掌握了超脱的最终裁判权。

3. 应用大数据优化行政决策机制

大数据时代的到来，使得政府决策智能化、精细化成为可能，公众的利益诉求可以在行政决策中得到表达，从而真正实现决策的科学化和民主化。行政决策部门应进行思维变革，将大数据决策思维和大数据应用技术与现代行政决策理念相融合，把行政决策抽样分析的样本容量扩大到更广泛的社会人群，在数据的关联效应中科学预判社会矛盾焦点，作出符合大众利益诉求和预期的决策方案，并积极探索多元主体共同参与的决策模式。

第一，打造大数据决策支持平台。一是加大政府信息公开力度。大数据应用的前提是能够有效整合不同来源、不同结构的数据信息，并利用相关性思维分析其内在规律，从而挖掘出数据利用价值。因此，数据能否有效整合是信息价值发挥的前提，信息资源公开则是数据整合的基础。在行政决策活动中，政府如若将这些信息资源加以公开（在国家信息安全和公民隐私不受侵犯的前提下），使更多的社会主体和公民个人能够及时访问，那么数据信息的利用价值会大幅提升，其促进行政决策机制优化的功能也会大大增强。二是培养专业的大数据人才。党的十八届五中全会提出加快实施"互联网＋"计划和国家大数据战略，以此为契机，可在高等院校开设大数据研究课程，在科研机构建立专门的大数据研究中心，打造全方位的人才培养体系。同时，做好大数据人才引进工作，通过政策引导、高薪聘任等多种策略，吸引专业化的技术人才进入行政决策部门，以弥补这方面的窘境。三是提升决策数据应用质量。数据质量是行政决策主体所关心的重要问题之一，因为其直接关系到数据信息在行政决策制定和实施过程中的应用效果。高效的数据信息流应当满足以下条件：数据之间的关联统一性、数据内容的精准性、数据结构的完整性、数据使用的时效性和相关数据实体的客观性。因而，不仅要统一数据存储和利用标准,还要完善数据质量标准体系,为数据资源的使用建立一个过滤程序,及时剔除低质、错误和无用的数据。

第二,推动社会化决策模式。大数据时代的技术进步和思维变革,冲击着原有的行政决策。政府应当抓住机遇,积极主动地去研究大数据技术发展,采用多种方式鼓励多元主体参与行政决策过程,并有效平衡社会利益矛盾,提高政府的行政决策效率。在社会化决策模式之下,行政决策过程的参与者将不仅仅是行政人员、技术官僚、智囊机构等内部主体,更多的社会主体将参与其中,决策权会不断被分散和下移。借鉴新公共管理理论,政府可将一些专业的行政决策项目众包给各类社会主体,在节约决策成本的同时,行政决策机构可以将更多的资源和精力投入行政决策过程中的其他环节。"众包"区别于传统的"外包",该模式是将一些特定的项目交给非定向的主体来操作,其最大的特点在于充分利用大数据的技术优势,吸引更多的社会主体参与政府公共项目,在广纳民意的同时节约项目成本。[①] 具体到行政决策当中,决策机构可以构建一个众包服务网络平台,及时开放行政决策数据信息,公开招标决策项目并设立相应的指标和规则。各类社会主体可以根据自身的能力参与其中,提出自己的行政决策方案,由第三方独立机构评选出最优化的行政决策方案。在这样一种社会化决策模式下,政府为公众参与行政决策提供了途径,每个公众获得了利益诉求表达的渠道,同时强化了行政决策制定的依据,行政决策方案的科学性民主性得到有效保障。

第三,加强大数据安全机制建设。大数据技术是一柄"双刃剑",在提供决策便利的同时,也隐藏着安全风险。为此,一要出台相关法规保护个人隐私。通过法规制度的刚性力量来维护个人网络隐私,让数据信息使用者担责。行政决策部门在信息收集和使用过程中,更要注重对个人信息隐私的保护,否则也将会受到相应的追责惩处。二要设定存储期限维护信息安全。大数据时代的数据信息采用数字化的存储方式,存储期限不受限制,数据信息可以被永久存储,这不仅是导致个人隐私被侵犯的重要原因,同时也会使得基于数据信息的行政决策受到影响。正如舍恩伯格(Viktor Mayer-Schönberger)所说:"如

[①] 许小可、刘肖凡:《网络科学的发展新动力:大数据与众包》,《电子科技大学学报》2013年第6期。

果我们没有遗忘的能力,那么每当面临抉择时我们往往都会回忆起我们过去所有的选择,这可能将会使我们犹豫不决。"①因此,应建立相应的法规制度,对数据信息的存储期限进行合理限制,各类数据的使用途径也应当被明确规定,一旦超过存储期限,数据信息资源库就拒绝被访问和使用,从而更好地维护数据信息安全。三要开展数据信息保护技术研究。大数据时代的行政决策将更多地依赖数据信息系统,如果数据信息系统发生崩溃、瘫痪或被不法分子侵入等情况,将直接影响行政决策的进程,甚至造成不可挽回的损失。因此,必须开展数据信息保护技术研究,加大对数据信息安全技术和设备研发的投入力度,"重点加强密码技术、身份鉴别技术、预警、网络监管、检测与应急处理、信息安全测试与评估、灾难恢复等关键技术的研究开发,以确保机密部门的信息安全"。② 同时,行政决策信息系统工作人员要进一步提高安全防范意识,完善相关制度规范,加强数据信息安全监控能力。

二、完善公众参与决策机制

公众参与,顾名思义,就是政府在公共决策中根据法律法规要求或决策事项需要,通过各种渠道与形式吸纳民意,使决策更加理性并更可接受。公众参与在公共决策中的广泛运用始自 2000 年前后的铁路价格听证会。这是决策部门根据《中华人民共和国价格法》的要求开展的公众参与工作,最初是作为开门决策、民主决策的典型予以树立。随后,在党的十六大、十七大、十八大、十九大报告以及国务院的依法行政纲要中,均明确要求建立完善的公众参与制度,保障公众的知情权、参与权、表达权、监督权。党的二十大报告明确提出"发展全过程人民民主","我们要健全人民当家作主制度体系,扩大人民有序政治参与"。③ 可以说,公众参与政府决策是当代民主政治发展的要求,也是政府决策优化得以实现的一种具体形式。近年来,在扩大公众有序政治参与的

---

① [英]维克托·迈尔-舍恩伯格、肯尼思·库克耶:《大数据时代》,盛杨燕、周涛译,浙江人民出版社 2013 年版,第 148 页。
② 张洋:《电子政务环境下政府决策机制优化研究》,2009 年重庆大学硕士学位论文,第 36 页。
③ 习近平:《高举中国特色社会主义伟大旗帜 为全面建设社会主义现代化国家而团结奋斗——在中国共产党第二十次全国代表大会上的报告》,人民出版社 2022 年版,第 37 页。

政策导向下,政府不断努力创新公众参与的形式与内容,取得了良好的实施效果。但是,在我国当前的行政决策体系中,决策的主体和最终裁决者是政府部门,作为决策的辅助角色,公众的参与仍是亟待改进的薄弱一环。

(一) 公众参与决策对落实以人民为中心发展思想的意义

党的十九大报告多次提出与公众参与相关的政策部署,"人民平等参与""扩大人民有序政治参与""保障人民的参与权""保证人民在日常政治生活中有广泛持续深入参与的权利"等,这些政策部署为公众参与的开展提供了明确方向。实践中,我国也已在公共决策过程中逐渐发展出一系列公众参与机制,如"听证会""政策草案公开征求意见""民主恳谈会""市长信箱""公众打分评议官员"等。这些民主实践践行了公众参与价值,重申了公众参与对优化公共决策过程的作用,也凸显了公众参与对于落实以人民为中心发展思想的重要意义。

1. 公众参与可以使政府决策更能体现民意

"知屋漏者在宇下,知政失者在草野。"民主决策奠定了法治政府的民意基础,因为只有完善公众参与决策的机制,民意才能够得到表达的机会,民情才能够为政府所体察,民心才能为政府所获取,这就是政府一直倡导的民本理念。从政府合法性的视角来看,只有真正代表民意,得到民众自觉拥护和支持的政府才能真正确立牢固的根基。因此,现代民主政治要求政府决策必须把民众利益放在第一位加以考虑。政府决策主体在决策过程中要与社会公众保持密切联系,最大限度地让人民群众参与决策,使人民群众能够通过各种有效的信息渠道,充分表达对各种政策方案的意见和建议,达到决策体制符合民愿、决策目标体察民情、决策方式考虑民力、决策过程尊重民意、决策结果顺应民心,最终实现最广大人民根本利益的目标。人民群众对政府决策的广泛参与,是社会主义民主政治的基本要求。为了保证人民群众参与政府决策权利的实现,确保政府决策符合人民利益,应通过法律形式赋予人民群众对政府重大决策信息的知情权和参与权。目前,有些政府机关在制定政策中存在决策信息高度垄断、决策过程高度封闭等弊端,极不利于和谐社会建设与以人民为中心发展思想的实现。要推进政府决策民主化,就必须建立与健全政府决策信息公开、政府决策社会听证及政府决策方案专家论证等制度,进一步拓宽社会参与的渠道和模式,便利人民群众充分了解政府决策信息和广泛参与政府决策过程。

公众参与不仅可以使公共决策具有更符合公众偏好的价值基础,也可以降低公众对政府的不信任,使政府获得更高的支持和满意度,从而减少分歧和冲突。近年来,随着政府管理体制改革的不断推进,服务型政府的创建步伐不断加快,不论是政府还是社会公众的参与意识普遍增强。地方政府积极响应行政体制改革的要求,为公众的有序政治参与创造渠道,提高群众意见在政府决策中的作用,不仅优化了政府的决策质量,而且在很大程度上保障了公众的各项权益,提高了政府的公信力。公共参与理论所要求的在政府决策中应当引入公众参与,目的不仅在于通过吸纳各方面意见来提高决策的质量,更在于决策者能够在充分考虑参与主体的利益诉求基础上作出科学决策,保障大多数民众的利益得到实现,同时可以有效地对政府权力实施监督,防止公共权力的异化。公共参与所提倡的参与式地方政府决策体系,可以促使地方政府利用公众的合理建议有效地解决社会问题,调解社会矛盾,建立一个政府与民众良性互动的决策体系,从而提高政府的公信力。

2. 公众参与可以使政府决策更具科学性

正确的决策要建立在广泛意见的基础上,没有意见的多元性和广泛性,就没有决策的科学性。著名决策理论学派专家西蒙(Herbert A. Simon)认为,决策者的理性是有限的,环境的不确定性和复杂性及个人价值观的干扰使我们的理性受到限制,决策者只能以追求"最优"的精神,在主、客观条件约束下以"满意"为标准作出科学的决策。由于人的有限理性,决策者无法获得决策的完全信息,也无法做出最优化的决策。此外,政府及决策者也有可能受到利益集团的影响,被其"俘获"而作出对公众不利的政策选择。然而,公众参与在某种程度上有助于政府克服这种有限理性,从而提高地方政府决策的合理性和可行性。首先,公众参与对社会问题的提出和确认,有助于公共利益和价值的直接、精确的表达,既可以减少信息扭曲,也可以降低政府收集、辨别政府决策问题的成本。其次,公众参与可以为地方政府决策提供一些必备的、有价值的信息,这些信息在某种程度上降低了政府决策的不确定性。最后,在决策过程中,方案的产生、论证也离不开公众参与。可以说,决策方案的提出、论证、讨论过程,实际上是一个政府与公众互动协商的过程,其维护的不仅限于公众自身的切实利益,还包括更广泛意义上的公共利益,即社会各方的利益协调。在此过程中,鼓励公民或社会组织直接参与决策过程,可以减少信息被扭曲的可能,降低决策失误的可能性,从而提高政府决策的科学性。[1]

近年来,为了增加政府决策的民主性、科学性,各地陆续推出新举措,要求今后凡是上报政府决策的重大事项,必须附有专家咨询论证意见,否则不能进入决策程序。重大事件的决策听取专家们的意见,这对于减少政府决策失误,提高决策的科学化无疑具有重要意义。但是,仅仅把听取专家们的意见作为决策依据,显然有以偏概全的弊端,因为专家们的意见只是代表了少数人的看法,而不能代表全体公众。专家在某一行业或是某一领域有一定的权威,其意见对于重大行政决策有一定的指导意义,但并不一定证明专家的论证就一定完善,而走一条公众参与、民主集中之路,并且政府工作理念朝着以人民为中心的转变才是"阳光政府"应当具有的良好风范。应该说,给民众一定的决策参与权,是市场经济发展与政府公共管理的必然方向。如果地方政府根本没有民主决策意识,那么它就不会实现决策的民主性和科学性。同时,政府部门只是尊崇专家的意见实施行政决策,忽视了民众参与决策的热情,公众的知情权也就没有得到保障。[2] 因此,政府重大行政决策实施前期,不仅要通过座谈会、论证会、听证会等多种方式广泛征求社会各方面的意见,而且,应当进一步探索通过报刊、网络等媒体公开征求意见的方法,逐步建立对各种意见采纳情况的反馈制度,向公众说明听取意见和意见采纳的情况,使决策形成的过程真正成为深入了解民情、充分反映民意、广泛集中民智的过程。从这个意义上说,公众参与政府决策,也是对专家意见的完善。

3. 公众参与可以使政府决策模式更优化

党的十八大报告明确提出政权机关应当就经济社会发展重大问题和涉及

---

[1] 焦占勇:《地方政府决策中公民参与问题研究:基于番禺垃圾焚烧事件的分析》,2012年陕西师范大学硕士学位论文,第15页。
[2] 鹰笛:《应当给民众一定的决策参与权》(2004年8月4日),新浪网,http://news.sina.com.cn/c/2004-08-04/09363287940s.shtml,最后浏览日期:2023年12月9日。

群众切身利益的实际问题广泛协商。十八届三中全会指出:"深入开展立法协商、行政协商、民主协商、参政协商、社会协商。"这是在政府决策中嵌入协商民主的依据。协商民主就是参与者通过自由平等公开的表达或者倾听,理性认真地思考各种意见和建议,进而作出合理的选择。① 基于人类理性的有限性,在政府决策的过程中,与公众的沟通、对话和讨论,对形成良好的公共决策至关重要。因此,协商民主强调选择应该通过协商方式作出,所依据的标准是理性而不是权力。理性作为判断正当性的标准及可接受的依据,并使偏见无法获得采纳。协商民主不仅仅注重多数的意愿,更关注集体的理性反思,协商的目标是实现理性驱动的共识。因此,协商民主能够减少或克服有限理性,使政府决策具有更强的科学性。同时,协商民主要求政府在公共决策时,要让民众积极广泛参与,认真倾听民众意志的表达,充分尊重和关注少数人的观点和意见,在协商民主主体共同讨论的过程中,达成共识。这就有别于选举民主只照顾多数人的利益,而不考虑少数人的利益,避免了多数人的"暴政"。协商民主还可以提升政府决策的合法性。即使协商无法总是产生合法可行的决策,但它也为行政人员的决策提供了更加准确的信息基础。由于整个决策的形成是靠相互说服而非强制,它能够获得广大政策对象的认同和支持,得到参与者的普遍遵守,从而有利于巩固政府的合法性基础。正如邓小平指出的,"要同人民一起商量着办事,决心要坚定,步骤要稳妥,还要及时总结经验,改正不妥当的方案和步骤,不使小的错误发展成为大的错误"。②

在政府决策领域内探讨协商民主制度建设,是针对当前在落实以人民为中心的发展思想过程中存在的一些现实问题和迫切需要提出的。我国采取的协商决策模式是以坚持和完善中国共产党领导的多党合作制和人民代表大会制度为政治基础,以健全和发展社会主义市场经济为经济基础,以加强政府与社会的合作和互动,通过政府决策制定、执行、咨询、信息、监控、评估各系统的协调运作和整体联动,真正形成"深入了解民情、充分反映民意、

---

① 事实上,许多学者正是从公共决策的角度来理解协商民主的。参见 David Miller, "Is Deliberative Democracy Unfair to Disadvantaged Groups", in Maurizio Passerin d'Entreves(ed.), *Democracy as Public Deliberation: New Perspectives*, Manchester University Press, 2002, p.201.
② 《邓小平文选》(第三卷),人民出版社 1993 年版,第 268 页。

广泛集中民智、切实珍惜民力"的政府决策机制为目标取向的。协商决策模式的确立,有利于确保各级政府机关在社会主义民主政治框架内,主要围绕与人民群众切身利益密切相关的公用事业价格的调整、公共交通、房屋拆迁安置、文化教育和医疗卫生、劳动和社会保障、环境保护和城管执法、农业生产和农村建设等问题,在政府制定各项公共政策的过程中,把民主协商纳入政府决策程序,使利害相关各方都能充分发表意见和参与决策,通过采取精英吸纳、决策咨询、公开听证、协商对话、媒体讨论等多种形式的有效协商过程,化解社会矛盾,达成利益协调,提高政府在解决社会公共问题、满足民众和社会需求方面的有效性和回应力,提高公共服务质量,促进公共利益的最大化。

(二) 当前公众参与政府决策面临的困境

公众参与具有优化公共决策过程的作用,但是,我国公众参与规范化、制度化建设及其成效并不令人满意,公众参与政府决策的热情还有待激发,这对贯彻落实以人民为中心的发展思想产生了不利影响。

1. 公众参与政府决策的代表性不够

目前,由于我国相关法律法规的缺失,在选取谁代表民众参与政府决策有关活动的问题上尚不清楚,这就导致了公众参与的代表性问题容易受到质疑,从而影响公共决策的公正性和权威性。一方面,公众参与可能会存在代表性方面的系统性偏差。如在美国的大样本调查研究表明,只有在与自己经济利益和需求相关的事件中,公众才会大规模地积极参与公共事务。另一方面,公众参与还可能存在被反对方的利益集团强烈干扰等问题。①调查发现,在一些具体的行政决策制定过程中,许多利益群体未能充分表达自身的利益主张,尤其是一些社会弱势群体和底层民众,更不愿意表露心声。因而,政府的行政决策有时难以体现这些利益群体的诉求,也难以发现人民群众迫切需要解决的现实问题。同时,政府有关部门挑选的参与者身份较为"神秘",民众可能会认为这些代表是被政府内定、指派的,是请来的"托",或者说普通大众的利益代

---

① 朱旭峰:《推动公民有序参与公共决策》,《人民日报》2011年10月19日。

表没有参与或占很少比例,这就造成了选取的代表不能代表其他民众的声音。正如一位学者所言:"如果价格听证会听不到普通消费者的呼声,就会听而拒证、证而无据,就会变成过场会、涨听会,就不能实现政府决策的民主、透明化,就无法通过听证会促使各方利益达成妥协、趋向认同,共同缓解公共管理、经营和消费的风险,实现社会的稳定发展。"①

参与代表的代表性被质疑还有一种情况,就是民众意见被专家、学者意见所捆绑。专家学者通常被认为是民众中的精英阶层,他们中的大多数确实能够以自己的智慧和责任向政府建言献策,为推动地方经济社会发展、改善民生作出贡献。但是必须明白,专家意见并不等于民众意见,民众意见也不完全通过专家表达出来。一些"专家学者的价值观和社会理想与一般大众的隔离和分化,导致他们在规范决策中不一定能反映民众的价值观和社会理想"。② 例如,2008年3月9日,山东省政协主席在《推进中华文化标志城建设 打造中华民族精神家园》的发言中提出,要投资300亿打造济南的"中华文化标志城",并强调"有69个院士的签名支持"。此举引来公众热议,普遍认为花这么多钱来大兴土木不值得。可见,在政府决策者眼里,专家学者的意见高于普通民众的意见,以专家的意见代表民众意见作为此项目可行性判断的公众依据。后来某些被列在名单上的院士声称与此项目无关,这又说明专家也有"被代表"的情况。

2. 公众参与政府决策的渠道不畅

公众参与地方政府决策是落实以人民为中心发展思想的重要保证,也是我国政府行政体制改革的重要内容,而在实际的参与过程中,政府为公众参与提供的渠道和途径却相对有限。

首先,政府部门的工作信息披露和发布制度不够完善,信息公开度较低,公众对行政决策的相关信息了解不够,知情权很难得到保障,这是制约民众积极参与行政决策的重要因素。这些年,由于信息不对称,社会公众转向制度外渠道表达诉求的事情已屡见不鲜。中国社会科学院政治学研究所

---

① 廖震峡:《对一份价格听证代表名单的分析》,《武汉交通职业学院学报》2005年第2期。
② 周江评、孙明洁:《城市规划和发展决策中的公众参与——西方有关文献及启示》,《国外城市规划》2005年第4期。

发布的《中国政治发展报告2013》，对2012年公民参与的重要公共事务决策进行了梳理，其中重点梳理了因重大工程环境关切引发的群体性事件。比如，2012年7月28日，江苏省启东市民因担心王子制纸排海工程项目会对当地民众生活产生影响，遂爆发了数万名市民参加的集结示威和捣毁市政府办公电脑等暴力行为。当天，南通市政府决定取消该工程项目。2012年10月22日，宁波市镇海湾塘等村数百名村民，以镇海炼化一体化项目（PX项目）距离村庄太近为由，到区政府集体上访，并围堵了城区一交通路口，造成群体性事件。此后，宁波市领导作出"坚决不上PX项目；炼化一体化项目前期工作停止推进，再作科学论证"的决定。① 根据《中华人民共和国环境影响评价法》，重大项目在实施前都要进行环境影响评估，在进行环境影响评价时，要有一定的公众参与途径，要进行相应的公众调查，听取公众意见。上述事件说明，这些前期准备工作程序不透明、没有经过公众的广泛讨论，以至于当项目的环境负面消息经过网络、手机传播时，公众鉴于近年来牺牲环境的经济发展的现状自然而然地倾向于相信这些负面评价，导致政府与公民之间沟通渠道不畅。

其次，公众诉求表达的渠道较窄。这些年，虽然各级行政机关都设有一些便于民众参与的机构和部门，但是受到各方面条件的限制，以及这些机构部门自身工作能力的制约，在反映百姓生活疾苦、解决百姓实际问题等方面所起的作用仍然有限。一些地方的政府信访机构还存在不作为、慢作为的现象。一些官方主流媒体对关乎群众切身利益的问题关注较少、反映不够。更有甚者，在一些地方政府行政过程当中，隐瞒事实真相，发布和报道虚假消息，置百姓的疾苦于不顾。比如，有些关系国计民生的价格听证会，却是逢听必涨，民众往往"被代表"，有关部门并未俯下身子认真倾听来自底层民众的声音，损害了底层民众的利益。现实中，仍然存在着机关作风简单粗暴现象，漠视民意，追求好大喜功的政绩工程，普通民众的话语权不被重视，决策缺乏有效的制约监督手段，导致公共决策难以体现科学化民主化。

---

① 霍冰一：《社科院报告：渠道不畅导致公民制度外政治参与》（2013年8月6日），财新网，https://china.caixin.com/2013-08-06/100565937.html，最后浏览日期：2023年12月9日。

最后,政民互动和沟通的网络渠道不畅。诚然,随着社会经济的发展,科学技术水平的提高,"网络问政"的兴起,民众的沟通监督和信息获取交流变得高效便捷,参政议政的成本大为降低,民众参与的热情空前高涨,人人都可随意"拍砖""挑刺",发表自己的看法。只是由于网络的虚拟无序性和网民的偏执情绪化,有些意见缺乏深度和客观参考性,网民的声音要成为影响公共政策的重要因素仍需加以引导和完善。但现实情况是,一些政府网站、政务微博以及政务微信并没有得到有效利用,严重阻碍了上情下达和下情上达。[①] "僵尸网站"就是典型的政民网络沟通渠道不通畅的表现。所谓"僵尸网站",就是指一些政府官方网站内容长期不更新、服务热线无联系电话、信息发布栏只有框架而没有内容等的网站。2017年7月3日,《郑州市人民政府办公厅关于2017年第二季度政府网站抽查情况的通报》显示,郑州市水务局、郑州市卫计委、郑州市煤炭局等9家单位的政府网站抽查不合格。这在不同程度上阻碍了公众参与地方政府决策的通道。

3. 公众参与政府决策的实效性不强

尽管中央和各地制定了大量关于公众参与的政策和法规,某些地方也在典型案例中体现了公众参与的正能量,这种民主决策形式还是由于其实效性缺陷而日益遭遇公信力危机。公众参与的实效性指的是其对重大行政决策结果所产生的积极作用,其中至少应当包含以下两项效果:一是使决策结果贴近和反映民意。在决策程序缺乏透明度与参与度的情况下,政策相关的利益群体由于个人意见未能得到充分表达而更易对政策产生抵触情绪,从而影响政策的执行和落实。公众参与为公民提供参与重大行政决策的途径和机会,其直接目的在于通过多方参与者的表达、交涉和协商来吸纳各方意见,提高决策出台后的公民支持度和认可度,避免决策在实施过程中可能遭遇到的反对与抗议。二是防止决策结果中可能出现的行政专断。重大行政决策往往涉及基础性、全局性事项,其实施将对经济社会发展和公共利益产生深远影响。目前,个别行政机关内仍然存在"一把手"权力过大等现象,导致重大决

---

① 余蕊:《地方政府重大决策机制存在问题及优化路径》,《浙江海洋学院学报》(人文科学版)2015年第3期。

策的过程可能被异化为"一言堂",甚至滋生腐败和权力滥用。而公众参与正是为了在原本由行政权绝对主导的政策制定程序中引入社会力量予以制衡,从而规范和监督政府决策权的正常运行,限制权力恣意,减少决策失灵和失误的产生。①

对各种公共决策中公众参与的典型批评是走过场,这种现象的深层次原因何在呢?首先是制度不到位、不完善。现有的制度规范存在制度配套差、效力位阶低、重模仿轻创新的缺陷。不少地方在建章立制的过程中,不做认真的调查研究,不对自身经验予以总结反思,照抄照搬先进典型与模范立法,在执行中又虎头蛇尾,导致新制度难以发挥实效。其次是各级官员对传统的管制型行政模式存在很强的依赖,对于现代的开放型行政模式存在误解甚至抵触。上行下效,如果各级领导干部不积极学习适应并示范性执行新制度,其制度效果可想而知。最后是公众在参与过程中的组织化与利益表达能力尚有欠缺。公众参与是一种民主生活方式,公众和官员一样都需要一个学习与适应的过程。对于公众而言,特别需要在参与过程中学习如何理性有效地表达个人意见以及如何通过协商沟通形成团体性意见。上述种种,导致公众参与在各地日益形式化和空虚化。尽管文件量每天都在增加,但参与无效现象和公众对政府吸纳民意的失望心态同样在恶性地相互强化。我们正面临公众决策中的实效性瓶颈。

(三)健全公众参与政府决策的运行机制

优化政府决策机制的关键问题在于怎样将有序的公众参与和政府的管理过程结合起来,达到一个平衡共生的水平,即怎样在决策的过程中嵌入公众参与,使其发挥巨大的作用。公众参与政府决策的程序涉及谁参与、参与什么、通过何种渠道方式参与、参与的效果等一系列问题。因而,需要从多方面入手,不断完善公众参与的制度,增强公众参与的实效性。

1. 增强公众参与的覆盖面和代表性

哪些主体可作为"参与者"直接进入决策程序是公众参与所面临的首要难

---

① 渠滢:《提升重大行政决策公众参与的实效性》,《学习时报》2019年4月17日。

题。首先，基于重大行政决策的公益性和公共性，公众参与的主体应当具有全面性，既包括权利义务将受到政策直接影响的各类利害关系人，也包括那些有主动参与意愿的社会公众。也就是说，那些与行政决策不具有直接利益相关性的公民同样可以基于社会责任感、价值偏好等因素而参与决策过程，陈述和表达其对行政决策的观点与建议。其次，基于重大行政决策影响力的多维性，公众参与主体应当具有代表性。在重大行政决策作出后，对不同社会群体的利益所产生的影响有很大的差异。由于各方利益主体所掌握的资源和能力的不同，他们对于政策制定和执行的影响力也各不相同。但是，在重大行政决策的公众参与中，不同利益群体的参与和表达机会应当是平等的。决策者需尽可能确保参与者中涵盖了各个利益群体的代表，并在决策中平衡不同社会群体的利益及诉求，避免由于利益相关者的"缺位"而导致政策在实施中受到目标群体的冷落、反对甚至抵制。在利益相关者代表的具体遴选过程中，政府可引入社会组织等第三方力量进行操作和执行，确保遴选结果的公正性，杜绝长期存在的"听证专业户"等现象。

在实际决策中，政府可根据公共决策的具体情况，采用随机抽样、自愿报名、关键代表邀请、利益代表推举等机制以增强公众参与公共决策的覆盖面和代表性，充分吸收各方民意和民智。例如，始于2005年的浙江省温岭市参与式预算，历经十多年实践，已经成为公共预算改革领域的一大特色。参与式预算主要涉及与民生相关的项目，诸如教育、就业、养老、环境改造等惠民工程，事关每一位普通民众的切身利益，理应让公众参与这些公共服务政策的制定。温岭市采用了公众自愿参与、随机抽取、科学抽样三种参与途径相结合，既保证了预算中公众参与的广泛性和代表性，维护了公众参与的公正性价值，也实现了由"政府预算"向"公共预算"的转变。① 又如，"上海2035"城市总体规划公众参与的实践，在以建设卓越的全球城市为目标的新一轮城市总体规划编制中，全面落实"开门做规划"目标，在社会上取得了较好的影响。在公众参与主体方面，城市愿景调查的意见来源在地域上覆盖了上海市全部16个区，

---

① 《温岭市参与式预算的做法与成效》(2016年6月3日)，中国人大网，http://www.npc.gov.cn/zgrdw/npc/bmzz/llyjh/2016-06/03/content_1991009.htm，最后浏览日期：2023年12月9日。

在人群上涵盖了各年龄层、收入段和多种工作性质的人口。同时,在规划编制过程中主动征询来自不同地域、行业的专业人士的意见,为总体规划建言献策。[①] 在我国目前的社会环境下,公众参与是在政府强有力的统筹与引导下开展的具有较强组织性的工作,需要避免由于公众过度参与带来的规划失控。整个统筹引导既保证了规划编制的正确方向,又保证了参与的广泛度。

2. 拓宽公众参与的渠道和途径

对于与自身利益息息相关的公共政策的制定,民众从不缺乏政治参与热情,只是现行参与渠道的狭窄和不畅,抑制了民众参政议政的热情。开明理性的政府,懂得倾听包容不同声音,善待民意,广纳民智,推动决策的科学化、民主化,促进以人民为中心的发展。

一要提高公共决策的透明度。参与以公开为前提,如果事先没有充分的信息公开与背景解释,公众的参与就只能是盲人摸象,而政府的开放参与也只能是一种走过场。因此,公众参与的实效性以政府信息公开制度的完备性为前提。为增强参与的实效性,公开的阶段需要尽可能提前,应尽量覆盖决策全程并前伸至议题选择与议程设定阶段。有些地方每年进行政府重大决策议题的海选是一种很好的做法,可以在最初阶段了解民意,抓住民心。重大公共决策的讨论情况和阶段性方案都应当及时对社会各界公布;凡是涉及公众利益的决策,都应当向社会公开;凡是涉及局部群体利益的,必须让有关群众知晓;凡是涉及行业领域的决策,都应事先通知有关方面。不应当在有关利益群体和公众不知情、未参与意见的情况下,就作出影响其权益的决策。各级政府和部门应当建立新闻发言人制度或设立政府信息咨询站点,制度化地公布政府决策信息,回答社会各界关注的热点、焦点等各种实际问题。2017年6月9日,国务院法制办起草的《重大行政决策程序暂行条例(征求意见稿)》规定,决策事项向社会公开征求意见的,决策承办单位应当通过政府网站、新闻发布会以及报刊、广播、电视等便于社会公众知晓的方式,公布决

[①] 张逸:《城市总体规划公众参与的创新性实践——对"上海2035"城市总体规划公众参与的思考》,《上海城市规划》2018年第4期。

策草案及其说明等材料,明确提出意见的方式和期限。公开征求意见期限一般不得少于30日。① 在实践中,大连市政府还把公众意见收集和采纳情况作为决策合法性审查的重要依据,没有履行公众意见征集的,政府法制部门不予合法性审查,不得进入集体讨论决定环节。②

二要拓宽公众参与的渠道。我国行政决策领域的公众参与最初主要通过听证会的形式实现。目前,公众参与的方式已经日益多元化。现有的多部地方性重大行政决策程序规定,主要明确了听证会、座谈会、问卷调查、书面征求意见、实地走访等不同的参与方式。随着互联网的兴起,"网络问政"成为公众参与政府决策的重要渠道。政府应走在时代潮流的前列,把握社会发展动向,掌握新兴技术手段,设计出更多成本更低、效率更高、吸引力更大的公众参与机制,从而使公众参与成为公众日常生活的一部分。2015年1月7日,武汉市上线全国首个城市"众规平台"(众人规划),参与者可登录"众规武汉"注册,参与问卷调查和提交建议,大大提高了公众参与城市规划的积极性。"上海2035总规"公众参与工作在公众参与渠道方面,通过问卷调查、论坛讲座、现场展示、官方网站、微信公众号、电子邮箱、热线电话、传统媒体等多种方式向市民发布规划信息并收集市民意见,有效拓宽了市民了解、参与城市规划的渠道,提升了总体规划的社会影响力。

三要合理选择公众参与的方式。重大行政决策涉及社会生活的方方面面,因此,公众参与方式的选择也并非一成不变,而是应当与具体决策事项的需求相适应,并将以下两方面因素作为确定具体参与方式时的参考标准。一是参与方式能否保证政府与公众之间沟通的顺畅性。在公众参与的过程中,参与者的意见应当能够得到充分表达,并与决策者进行公平、理性的交涉,得到决策者的充分回应。也就是说,这种参与不应当是公众单方面意愿的表达,而必须在决策者和参与者之间形成互动和辩论。特别是在那些涉及征收补偿或者环境污染等可能对公民权利带来重大影响的决策中,政府应当通过实地走访等形式主动听取和收集各方利害关系人的意见,并对相关意见给予及时

---

① 丁小溪、熊丰:《我国拟进一步规范重大行政决策程序 提升公众参与度》(2017年6月10日),人民网,politics.people.com.cn/n1/2017/0610/c1001-29330657.html,最后浏览日期:2023年9月20日。
② 杨璐:《大连:推行"五公开"畅通公众参与渠道》,《大连晚报》2017年2月7日。

反馈。例如,2013年,乐清市人大进行了4场人民听证会,副市长(或部门负责人)报告专项工作的时间和人大常委会委员调研发言的时间都受到了严格控制,目的是把更多的时间用于委员、代表、市民方面和政府方面的对话、沟通和协商,保证政府能够更加清晰地倾听民众的声音。[1] 二是参与方式是否兼顾公平与效率。公众参与程序的设置会使决策程序复杂化,导致支持程序运作的财政和人力资源有所增加,并使决策所欲实现的公共目标迟延。因此,应当在具体参与方式的选择中引入成本效益分析。参与程序并非越复杂越好,而是要取决于参与的目标和实际效果。例如,在教育医疗、食品安全等涉及基本民生的重大决策制定中,由于决策影响的群体范围较大,听证会这一参与者数量被严格限制的参与方式事实上很难对利益相关方的意见进行完整汇集和反映。在这些领域,运用信息化手段进行网络意见征集等方式显然更利于实现最大限度的民意汇集,同时也可以相对降低参与程序的成本。

3. 强化公众参与结果的制约作用

公众参与意见应对行政决策结果形成制约。行政决策的制定主要依赖行政权的实施,公众参与在其中仅处于从属地位,并不能取代行政机关行使最终决策权。但是,如果公众的利益诉求不能被政府决策所吸收和采纳,公众参与将流于形式,而这也是我国重大行政决策公众参与中长期面临的问题。不同的利益群体有着自身的利益取向,在决策过程中也就不可避免地存在着利益冲突,行政决策不可能对这些意见进行全盘吸收。因此,参与者意见在决策中的功能应当体现制约权而非决定权,这种制约具体可以通过以下三种方式实现。

一是建立对公众参与意见的回应机制。政府应通过民意调查报告、新闻发布会等形式对公众参与的结果予以公开反馈,并就意见的最终采纳情况作出说明。国务院法制办起草的《重大行政决策程序暂行条例(征求意见稿)》明确规定,决策承办单位应当对社会各方面提出的意见进行归纳整理、认真研究,对合理意见应当采纳。社会各方面意见有重大分歧的,决策承办单位应当

---

[1] 汪玮:《双轨协商:县级人大监督权改革研究——基于乐清"人民听证"实践探索的理论分析》,《浙江社会科学》2015年第3期。

进一步研究论证,完善决策草案。对社会各方面提出的主要意见及其研究处理情况、理由,应当及时公开反馈。① 这就从法律法规上保障了公众参与政府决策的权力,在现实中更利于操作和实施。

二是决策方案的可选择性。政府可以在不影响决策目标最终实现的前提下,公布两份或两份以上的决策草案供公众讨论和选择。例如,黑龙江省饶河县蛤蟆村在中央专项彩票公益扶贫目上提供了多个决策草案,具体上什么项目则由村民来评。饶河县为国家扶贫开发工作重点县和革命老区县,自然条件差、交通不便、经济发展滞后、投入不足的问题十分突出。2012年,中央专项彩票公益扶贫项目落户饶河县,把党和政府的关怀送到了革命老区百姓的身边,有效缓解了贫困老区建设资金短缺问题。中央专项彩票公益金姓"公益",但是把钱花到刀刃上不容易。是轰轰烈烈花钱,搞一堆中看不中用的"花架子"工程,让老百姓背后指指点点？还是从老百姓最期盼的地方入手,雪中送炭去解决事关百姓衣食住行最急需的难事？在中央专项彩票公益金项目实施过程中,项目组充分酝酿,梳理村里的建设项目,召开村民大会,让村里群众自己评选最希望解决的问题。在项目确定上,实行村民评选的方式,寻找"最大公约数",努力让大多数的群众满意,避免了决策主体与受益主体不一致的扯皮。②

三是赋予参与者一定限度内的否决权。对于公众参与中接受度很低、争议很大的事项,决策者应当及时终止决策程序,重新研究讨论新的决策方案。目前,政府已经从指导思想和地方行政法规上确立了公众参与刚性纳入决策体系的要求,但公众参与的结果还没有作为政府决策的刚性环节。因此,赋予公众"否决权"是真正实现公众有效参与的关键。如果公众没有否决权,则公众参与对政府决策的"刚性"要求将变得没有意义。当然,将公众参与"否决权"刚性纳入政府决策程序中,尚需要法律法规的合理规范。我们应该研究怎样让"合法程序内的参与"成为否决政府决策的有效步骤,或者研究怎样使"体制外的参与"成为否决政府决策的有效步骤。但不管如何,将公众参与刚性纳

---

① 丁小溪、熊丰:《我国拟进一步规范重大行政决策程序 提升公众参与度》(2017年6月10日),人民网,politics.people.com.cn/n1/2017/0610/c1001-29330657.html,最后浏览日期:2023年9月20日。
② 《踩准幸福生活的节点——中央专项彩票公益金托起黑龙江饶河人民的脱贫梦》,载中共中央组织部干部教育局、国务院扶贫办政策法规司、国务院扶贫办全国扶贫宣传教育中心:《新发展理念案例选·脱贫攻坚》,党建读物出版社2017年版,第36—37页。

入政府决策,特别是重大决策环节,有助于公众理性表达有关意见和建议,也能防止政府决策随意性现象的发生,从而确保以人民为中心的发展思想的顺利实现。

三、规范公共决策程序

程序严密规范是各级党委和政府实现科学决策的基本保障。规范公共决策程序,对提高政府决策的质量和效率,满足人民群众的期待和要求,都具有重要意义。然而,在我国目前的实践中,决策程序仍有不少问题需要进一步规范。如何从制度上规范行政决策作出、调整和履行的程序,使以人民为中心的发展思想体现于行政决策过程的各个环节之中,是摆在我们面前的一项紧迫任务。

(一) 规范决策程序是落实以人民为中心发展思想的可靠保证

公共决策科学合理要求政府机构在进行公共决策时必须遵循科学决策的原则、程序和方法,以保证决策的正确性。事实表明,决策程序严格规范,行政决策就正确,就能促进经济社会持续健康发展,人民群众就会有更多获得感;决策程序不完整、不规范,行政决策就容易失误,就会造成严重损失和危害,人民群众满意度就会下降。因此,规范程序是保障科学决策的有效方法,也是实现以人民为中心发展思想的现实需要。

1. 规范决策程序有助于提高政府决策的质量和水平

几乎所有的国家管理措施、公共政策、社会治理方式都必然通过决策来进行。诚如西蒙所说,"决策制定过程是理解组织现象的关键所在"。[①] 当然,西蒙的决策含义较广,与管理一词重叠。[②] 政府决策总是由人做出的,从有限理

[①] [美]郝伯特·西蒙:《管理行为:管理组织决策过程的研究》,杨砾、韩春立、徐立译,北京经济学院出版社 1988 年版,导言第 31 页。
[②] 西蒙的"决策"含义是较宽泛的,在很多时候其"决策"等同于"管理"。决策是西蒙分析问题的视野或前提。如此,才能理解西蒙的思想。参见 B. R. Fry, Herbert A. Simon, "A Decision-Making Perspective", in B. R. Fry(ed.), *Mastering Public Administration: From Max Weberto Dwoight Woldo*, Chatham House Publishers, 1989, pp.181—217。

性理论看,政府主导的公共决策问题是非结构性的,不同人有不同的可接受度,加之多元主体的价值——事实复杂性,政府出台的政策既不可能得到所有人赞同,也可能与现实有差异。而决策者往往是怀着良好动机制定政策,把自己偏好的可接受度当作唯一满意解,自以为惠及全民,但民众却不接受,由此引发诸多政治、经济和社会问题。这就是说,政府决策永远都存在问题。① 世界银行报告显示,中国"七五"和"九五"期间,投资决策失误率大约为30%,资金损失在4 000亿元到5 000亿元。依据《中国统计年鉴》(2005年、2006年),"十五"期间,公共决策的失误造成的损失每年估计1 000亿元人民币左右。516项由国债投资建设的项目中有136项未能按时完成,占到1/4。② 可见,政府决策失误问题是极大的社会和经济问题。如何在政府决策的形式程序上对政府决策进行质量监控,是政府决策管理的重大课题。

党的十八届四中全会提出,健全依法决策机制,把公众参与、专家论证、风险评估、合法性审查、集体讨论决定确定为重大行政决策的法定程序。2015年12月,党中央、国务院印发《法治政府建设实施纲要(2015—2020年)》,提出了推进行政决策科学化、民主化、法治化的具体目标和措施。近年来,广东省、上海市等地相继出台了规范重大行政决策程序的制度文件,科学民主依法决策水平在一定程度上得到提升,但在实践中,仍有不少问题需要进一步规范。比如,一些地方行政决策尊重客观规律不够,听取群众意见不充分,违法决策、专断决策、应及时决策而久拖不决等问题较为突出;一些关系国计民生的重大项目因当地群众不了解、不理解、不支持而引发群体性事件,导致项目无法落地或者匆匆下马。这些问题严重损害政府公信力,影响改革推进和经济社会发展,最终阻碍以人民为中心的发展目标的实现。正是在此背景之下,国务院制定出台了专门的行政法规——《重大行政决策程序暂行条例》。该条例分6章、共44条,对重大行政决策事项范围、重大行政决策的作出和调整程序、重大行政决策责任追究等方面作出了具体规定,并于2019年9月1日起施行。从此,重大行政决策程序不可再"任性",依法而为成为必选项。

---

① 景怀斌:《政府决策的制度——心理机制》,中国社会科学出版社2016年版,第7页。
② 转引自殷耀、黄豁、叶建平:《决策失误的调查报告》,《检察风云》2011年第9期。

政府在作出决策时,既要保证以人民为中心的方向、立场、出发点和落脚点,又要在程序上设计一些专家咨询论证和民众利益诉求表达的环节,经过这样的决策论证后,决策方案的优劣和选择,将会给政府决策提供更多的机会,从而大量减少"形象工程""污染工程""豆腐渣工程"的现象,让政府在一个竞争不足和难以严格监督考核的环境中,花纳税人的钱为广大民众办事,让政府花最少的钱、以最经济的手段、提供最优质的服务。正如司法部副部长熊选国所说,"就某个具体重大行政决策来看,规范程序确实有可能延长做出决策的周期。但是从长远和整体上来看,一方面通过规范程序,有助于提高决策的质量,降低决策风险,这样可以保证决策在执行阶段更加顺畅,执行更加有力,这样可以从整体上提高决策效率。另一方面,通过规范程序,有助于减少决策'朝令夕改''决而难行',决策实行不了,或者发现决策错了,又要去改,这样反而更加影响效率。所以从长远上来看,有利于政府全面正确地履行职能,提供优质高效的服务,促进经济社会持续健康发展"。[①]

2. 规范决策程序有助于满足人民的期待和要求

规范行政决策程序,有助于实现人民当家作主的权力。规范行政决策程序,是建设法治国家、法治政府的必然要求,也是实现人民当家作主权力的应有之义。我国宪法明确规定:国家的一切权力属于人民,人民依照法律规定,通过各种途径和形式管理国家事务,管理经济和文化事业,管理社会事务。公众的正当利益诉求,只有通过合法、合理的政治参与,才能最终实现。在政府的公共决策中,因为公众参与是最直接的利益表达形式,因此,在物质利益的驱动下,激发公众的政治参与热情,人们才会自觉地参与公共决策的活动。只有公众的参与,才会增强对政府的认同感和满意度,也才能更好地抑制政府权力的膨胀和谋求权力寻租。只有让更多公众参与政府决策,才会减少由于缺乏明晰的导向重复建设、漠视民生、牺牲环境、唯 GDP 至上等不良决策。例如,湖北省巴东县地税局干部在实施产业扶贫过程中,花了 20 多天时间进行村民走访调查,了解到村民对发展葡萄产业的积极性很高,特意以"屋场会"的形式,让村民提意见、当参谋,制订了富有特色的产业帮扶计划。目前,全县发

---

① 《重大行政决策程序不可"任性" 依法而为是必选项!》,《法制日报》2019 年 5 月 17 日。

展各类农民专业合作社1 324家,登记注册家庭农场174家,带动贫困户12 369户。① 又如,四川省巴中市在易地扶贫搬迁中,采取看区域环境、看扶贫成本、看房屋状况、院户评、村组评、村民大会评、乡镇初审、县区复审、市级审定的"三看三评三审"方式,精准确定搬迁对象,最大限度调动群众的积极性。② 可见,强调将公众参与作为行政决策的重要程序,既是坚持以人民为中心的体现,也是坚持以人民为中心的要求。

规范行政决策程序,有助于消除"公共焦虑"的社会心理。当前,我国一些地方"污染焦虑""拥堵焦虑""公益焦虑""生产安全焦虑""食品安全焦虑"合成一种典型的社会心态——"公共焦虑"。这些焦虑的纠结所在,正是社会大众对地方政府公共事务决策更加科学、民主和透明的强烈期盼。中央党校研究员曾业松认为,"'公共焦虑'的蔓延,表明作为社会情绪稳定器的公信力出现了问题。最直接的后果,就是公共决策环境恶化,政府部门和公共机构的社会管理能力被不断削弱,最终政府公信力和公众权益也会受到损害"。③ 政府公信力是公众基于个人利益的满足状况,以是否公平合理而对政府作出的评价。人们对政府评价的物质基础是以个人利益的满足为依据的,当然最根本的是公众自己觉得个人利益的满足是否公平,包括过程公平和机会均等。地方政府的管理,政府发挥主导作用,社会公众广泛参与共同治理,形成政府与社会团体、公众之间的协同、自律、互律,方能更好地推动社会和谐发展。说到底,解决社会的"公众焦虑心理",就是希望政府公共事务决策的程序更加规范,从而使公共资源、公共空间的使用和分配更加合理。

(二) 决策程序不规范的表现

在依法治国的大背景下,地方政府科学民主依法决策水平近年来有显著

---

① 《产业扶贫开拓发展新路径——湖北巴东县发展特色农业扶贫纪实》,载中共中央组织部干部教育局、国务院扶贫办政策法规司、国务院扶贫办全国扶贫宣传教育中心:《新发展理念案例选·脱贫攻坚》,党建读物出版社2017年版,第114—116页。
② 《巴山新居筑新梦——易地扶贫搬迁的四川"巴中模式"》,载中共中央组织部干部教育局、国务院扶贫办政策法规司、国务院扶贫办全国扶贫宣传教育中心:《新发展理念案例选·脱贫攻坚》,党建读物出版社2017年版,第151—155页。
③ 陈芳、王攀、叶前:《2011年终观察:"公共焦虑"催生社会管理新思路》(2011年12月21日),中国政府网,http://www.gov.cn/jrzg/2011-12/21/content_2025518.htm,最后浏览日期:2023年9月20日。

提升,但是实践中仍有不少问题需要进一步规范。

1. 决策程序不够严谨

决策程序不严谨,不是说地方政府在进行决策时没有相应的规定,而是说决策制度建设滞后,还存在一定漏洞,不够成熟和完善。有的重大公共决策未经严格的决策程序,或者决策程序走过场,对决策没有周密的事前审议和协商,便仓促作出。有的地方,"一个领导、一个决策、一个思路、一个程序",决策制度化和规范化程度不够。具体表现在以下四个方面:

第一,公共决策信息公开不足。许多信息公开侧重决策结果公开,回避满足公众需要和公众关心的实质信息公开、决策过程公开。近年来,由公共决策引发的群体性事件表明,信息不对称是造成事件的关键原因。政府没有及时向群众传递信息,保障群众的知情权;群众对事关自身利益的重大决策不知晓,最终造成了"群众有误会",酿成了群体性事件。

第二,重大决策程序中的公众参与形式化。尽管公众参与在政治层面和法律层面得到了高度重视,但是在实际操作上尚缺乏一套能使公众参与政府决策的权利得以实现的有效机制,重大公共决策领域中的公众参与仍存在诸多问题。有的决策者或者机构通过一定手段合理规避公众参与,例如,征求意见时间段表述不清楚、参与的广泛性不够等。

第三,专家咨询智力资源供给需求结构不匹配。从层级结构分布和配置来看,总体上,我国服务决策科学化民主化的专家资源呈"自上而下的倒三角形分布",越往县级(或以下)专家智力资源供给越少。但是在专家智力资源的需求结构上,决策科学化民主化需求呈"自上而下的正三角形分布",越往县级(或以下)专家智力资源需求越大。目前,主要的专家智力资源集中在中上行政层级,县级(或以下)区域很难吸引到有效的专家智力资源服务于决策,并就县级(或以下)公共决策问题给出专业判断。[①] 何况,有的领导者只是把向专家学者咨询作为彰显"公开化""民主化"的道具,为独自决策提供论据。

第四,领导者主观决策或滥用权力决策。一些领导干部在决策实践中,程序意识淡薄,仅凭自己主观臆断,一些主要的功能环节如目标的制定、备用方

---

① 赖先进:《推进县级公共决策科学化、民主化和法治化》,《中国党政干部论坛》2017年第5期。

案的拟制以及追踪评价等环节往往不能受到应有的重视甚至被忽略不计，"谋""断"不分家或不"谋"而"断"时有发生。有的领导干部为了追逐名利，好大喜功，心浮气躁，无视规则和程序，热衷于搞"形象工程""政绩工程""面子工程"，不仅使广大人民群众背上沉重的经济负担，而且产生了严重的社会和政治问题。如山西省某县在不到一年的时间，在全县200百多个行政村中建起了142个科技示范园区和268个科技示范点，上演了一出荒唐的"科技大跃进"。青海某县实施所谓"富民工程"，盲目投资200万元在某村兴建"名优"蔬菜基地，给菜农造成无可挽回的经济损失。此外，一些主要领导不遵守"一把手"末位表态制度，也是造成决策失误的重要原因。根据依法、民主、科学决策的基本程序，各单位研究重大事项实行"一把手"末位表态应严格遵循会前准备、会议讨论、会议表决、形成决议的程序，规范运作。从调研掌握的情况来看，有相当一些单位在研究重大事项实行"一把手"末位表态制度上没有严格按照上述环节规范运行，从而使研究重大事项实行"一把手"末位表态制度流于形式。这就造成了在讨论决定重大问题时缺乏民主讨论和平等协商的气氛，主要负责人抢先定调子、搞临时动议的现象。

2. 决策评估过程亟待规范

作为现代政府决策过程的重要环节之一，政策评估已成为政策科学理论与实践的一个基本主题。自改革开放以来，为推进政府决策民主化、科学化的步伐，确保政府决策的质量，减少重大决策的失误，各级政府特别是高层领导日益重视内部政策评估的重要作用，在这方面采取了一系列措施，如从中央到地方各级政府内部都设有专门的政策研究机构。近些年相继颁布的如国企改革、政府机构改革、金融体制改革、产业结构调整等重大决策方案，无一不是经过专家学者和权威人士无数次的调查研究和有关权威机构的评估论证之后才最终出台的。然而，我国的政策评估系统毕竟处于初创阶段，政策评估程序还很不规范，政策评估手段与方法较为落后，政策评估的作用尚不明显，具体表现在以下五个方面。

第一，对政策评估的重要作用未引起足够重视。目前，我国还没有形成科学的政策评估机制，决策主体（评估者）往往视政策评估为可有可无的工作，能不评估的尽量不评估；迫于需要进行评估的，往往缺乏科学的态度和方法，甚至经常夹杂着种种不良的动机,有意地夸大或缩小、掩盖或曲解政策评估中的某些事实,以求实现某种特殊目的和特殊利益,具体表现为五种形式:一是以研究取代评估。这在实践中表现为评估者借科学评估之名,故意拖延时间,使政策决定或政策终结迟迟不能完成。在此,评估研究是虚,不愿提供评估是实。二是以个人好恶取代科学态度。这在评估实践中表现为一些评估者进行政策评估的意图在于使效果不佳、绩效不良的政策合理化;有些评估者则利用评估来掩饰决策的失败或错误;有些评估者甚至运用不正当的手段以达到摧毁对手的目的。这种政策评估的目的不在于政策方案本身,而在于政策背后的利益。三是以评估作为沽名钓誉的手段。有些政策评估的目的在于证明政策的正面效果,对政策的负面效应则避而不谈。这种做法实质上是把评估当作炫耀工作绩效的手段和歌功颂德的工具。四是以表面形式取代政策评估。有时候,政策决定实际上早已作出,或者对某项政策的实践效果已形成定见,却要借政策评估的形式肯定其合法性。五是以获取资源取代政策目的。这在评估实践中表现为有些政策主体借政策评估来证明政策的重要性,同时证明客观资源是影响政策制定与实施的主要原因,从而要求更多地获取政策资源,尤其是财政经费等经济性资源。[①]

第二,评估信息和评估经费缺乏。获取真实而全面的第一手资料和数据,是进行正常评估的基础和前提。如果没有足够的统计资料和其他方面的信息,政策评估就成了无源之水、无本之木。在我国,政策信息还较落后,许多基层政府机关不重视信息管理,信息收集系统尚未形成,政策评估所获得的数据往往是残缺不全、杂乱无章的。再加上一些抵制评估的工作人员拒绝提供关键性资料,大大增加了政策评估的难度。此外,政策评估是一项复杂、系统的工作,需要投入相当的经费、设备和人力。但在现实中,评估工作及其价值尚未引起人们足够的重视和认可,很难指望人们占有过多的政策资源来为政策评估之用,因此,政策评估常常处于经费短缺状态。即使有的政府机构愿意提供评估经费,他们也总是千方百计地试图影响评估的结论。因此,评估资料欠缺和评估经费不足始终是困扰政策评估的两大难题。

[①] 陈振明主编:《公共政策分析》,中国人民大学出版社2003年版,第289页。

第三,缺乏独立的政策评估组织。政策评估组织一般包括官方政策评估组织和非官方政策评估组织,我国政策评估过程的显著特征是"行政的双规结构功能系统"①,即从中央到地方的各级党委与各级人民政府两个系统。我国从中央到地方各级政府内部均设有相关的政策评估组织,但在政策评估过程中,他们常常承受着来自上级领导的压力,无法独立、自主、客观、公正地开展工作,导致这些官方评估机构名存实亡,成为论证上级政策可行性的工具。非官方政策评估组织主要是民间政策研究组织和社会中介评估组织,在我国当前还相当缺乏,发育不够健全和成熟。目前,我国各级政府的政策研究组织承担了政府政策评估的大部分工作,而由专业人员组成的专业政策评估机构在很多地方尚未真正建立起来。

第四,政策评估受到有关机构和人员的抵制。所有政策评估都不可避免地涉及对政策绩效的评判,尤其是政府决策的评估往往是对一级政府领导和有关政府部门负责人"政绩"的一种评价,因此,政策评估实质上是对有关人员行为的一种价值判断和对其工作绩效的一种考核。政策评估本身就具有批判性,是借助批判手段实现建设性目的的活动。有关机构和人员既可以是政策评估最坚强有力的支持者,也可以是最坚强有力的反对者,而他们的态度取决于其对政策评估价值判断倾向的认同程度。② 在许多情况下,尤其是当评估主体来自政府体制之外时,作为"组织"的政府经常会持有怀疑的态度,因为他们害怕评估会打破现有的秩序,或者带来对政府部门利益的损害。这种怀疑和担心常常使他们最终对评估持反对、抵制的态度。评估通常意味着变革,而"惰性"正是官僚组织的特性之一。组织的"惰性"和明显抵抗形式一起成为政策评估的一种障碍。③

第五,社会公众未能广泛参与政策评估。目前,人民群众参与政策评估的热情日益高涨,他们通过各种途径,如通过领导接待日、市长电话、来信来访等信访渠道和广播、电视等新闻媒介以及街头巷尾的议论来对公共政策进行评议。人民群众是政策的直接作用对象,他们对政策执行效果有着最真实、最深

---

① 张国庆:《现代公共政策导论》,北京大学出版社1997年版,第200页。
② 同上书,第201页。
③ [美]詹姆斯·E.安德森:《公共决策》,唐亮译,华夏出版社1990年版,第194页。

刻的体会。人民群众参与政策评估,可以使政府提供的公共服务和公共产品符合他们的需要,改善和提高公共服务的质量。但是,传统行政管理的自上而下的金字塔形的等级模式限制了公民广泛参与政策评估,公民参与评估常常被当作额外负担和费力不讨好的事。因此,目前评估主体较为单一,大多是政府部门的自我评估,缺少其他涉及方的广泛参与,是不全面的。根据美国学者塔尔科特·帕森斯(Talcott Parsons)的研究,评估必须立基于项目的所有受影响者的广泛参与,受影响者包括转动者、受益者、潜在的适应者以及那些被排斥者,即"牺牲者"。社会公众参与政府决策论证与评估的政治热情未能得到充分的关注与重视,这是我国公共政策评估过程中的又一缺陷。

3. 决策责任追究制度缺失

责任追究制度体现了对决策的后续监督和管理,是党领导人民进行中国特色社会主义建设伟大实践的重要成果之一。在制度和监督还不完善的阶段,个别官员"拍拍胸脯保证、拍拍脑袋决策、拍拍屁股调离"的不负责任行为,不仅给区域经济社会发展带来了严重危害,而且极大损害了人民群众的利益。有专家认为,决策失误、管理不善造成效益低下、损失浪费,其带来的危害甚于贪污腐败。因此,构建完善的决策责任追究制度势在必行。这是因为:一是决策责任追究制可以有效督促决策者进行民主决策和科学决策。当一个决策者能够认识到其决策所带来的后果和责任将伴随终身时,必然会引起高度重视,经过充分论证和仔细推敲后才能实行。二是决策责任追究制可以有效实现权责统一。权利和责任是一体两面,行使权利就必须承担责任。只有把权利和责任有效地统一起来,才能真正规范权力的运行,使法律的威严得到彰显,使治理体系更加完善。三是决策责任追究制度可以有效维护政府公信力。政府公信力是社会对政府认可程度的直接反映,是各项政策落实的重要保障。通过责任追究制度,可以鞭策政府制定更加科学、正确的决策,从而提高政府的公信力,实现更高效的经济社会治理,增加人民群众的获得感。

我国的决策追责制度经历了漫长的发展完善过程,由于在相当长的一个时期内不能够实现有效追责,导致一些重大决策不够谨慎,不够科学全面,造成了无法避免的损失。回顾责任追究制度的发展,大体经历了三个阶段。第一阶段,新中国成立之初到改革开放前的基本空白阶段。在这一阶段,行政追责问责的重要性还没有被认识到,衍生了"大跃进""粮食亩产上万斤"等一系列问题。第二阶段,改革开放后到 20 世纪末的初创阶段。随着改革开放带来的经济飞速发展,我国开始逐步建立起了行政问责制度和体系。特别是 1990 年颁布实施的《中华人民共和国行政诉讼法》,是我国首个以法律形式对行政行为追责的规定,标志着追责问责正式纳入司法监督范围。第三阶段,从 21 世纪初期开始的跨越式发展阶段。在经历了 2003 年"非典"考验后,我国的责任追究制度开始进入跨越式发展的新阶段。党中央、国务院先后出台了《国务院关于特大安全事故责任追究的规定》等一系列文件。在法律层面,《中华人民共和国安全生产法》等法律法规开始把行政责任纳入法律体系之中,实现了重大决策责任追究的制度化、体系化建设。

但是,客观地看,虽然我国形成了相对完善和系统的重大决策终身责任追究制度,但是在法律执行层面,仍然存在着一些问题和不足,具体表现在以下三个方面:一是与之相配套的法律法规体系还不健全。虽然国家出台了一系列相关的法律法规,但是具体到实际执行中,如何启动追责程序,追责调查应该采取什么样的办案方式等,还没有一个完整、详细的规定和执行标准,这使得终身问责制度虽然有法可依,却很难判定和执行。二是在明确开展追责的主体上缺乏具体规定。重大决策终身责任追究,涉及时间跨度相对较长,被追责人可能出现多个岗位变化,甚至职务已经晋升,无论是调查还是取证都将面临技术和权限上的困难,这就对开展追责的主体提出了更高的要求。现阶段,还没有形成完善的开展终身追责的管辖、移交、调查权限设定的制度。三是对重大决策事项缺少统一的界定标准。对于"重大决策",我们可以判断为涉及国计民生、生态环保、国有资产处置等重大事项,但是具体到不同的行政级别和区域,对判定其是否属于重大决策的个人理解标准不尽相同,这就给执行带来了困难,造成无法追责的现象。①

(三)完善科学决策程序制度

从决策过程分析,比较规范的决策程序大体由下列五个步骤构成:提出

---

① 裘莉:《绝不能让"重大决策终身责任追究制"落空》,《人民论坛》2018 年第 14 期。

问题,明确目标;收集信息,制订方案;咨询论证,方案决断;贯彻执行,督促检查;反馈修正,决策评估。① 决策程序制度既要对整个过程的时序和环节作出相互衔接的制度性规定,又要对每个基本步骤作出具体的操作性规定,必须考虑决策前、决策过程中、决策后的合理程序、有效措施和多种制度机制。完善严密的政府决策程序可以规范公共权力的运作,防止行政决策的偏私和恣意,确保作出的决策是"以人民为中心"。

1. 健全调查研究制度

调查研究是政府决策的必经程序。政府决策的科学性在很大程度上表现为对决策实际情况的认识、了解、分析程度,这取决于调查研究的力度和质量。没有调查研究不仅没有发言权,也没有决策权。要作出以人民为中心的发展决策,就要进行深入的调查研究,切实了解民众的诉求。领导干部要作出的决策,往往关系着一个部门或一个地方的发展,关系着一个部门或一个地方许多人的切身利益。如果领导干部在作决策时不做充分的调查研究,不切实了解民众的诉求,就闭门造车作决策,"拍脑袋"作决策,或者仅凭经验作决策,不按科学规律办事,这样的决策就缺乏民主性、科学性,不能体现人民群众的意志和愿望,不能代表人民群众的根本利益和长远利益,往往会在经济上给国家造成重大损失,在政治上损害我们党和政府的威信与形象。因此,要避免这种情况,就要健全调查研究制度。

各级领导干部要主动深入群众,贴近群众,通过民意调查、信息公开、听证会、协商谈判等具体制度,拓宽社情民意的表达渠道,虚心向群众学习,倾听群众的呼声,了解群众的意愿和诉求;要经常深入基层,搞好周密细致的调查研究,掌握第一手资料,弄清本部门、本地区的实际情况。领导干部在决策过程中,要不断提高广大人民群众的参与度,进一步落实群众的知情权、参与权、监督权,坚持从群众中来,到群众中去,把我们党的群众路线真正贯穿到决策的全过程中去。特别是对那些牵涉面广、与人民群众利益密切相关的重大事项,决策之前更要广泛听取人民群众的意见,同时,咨询和征求各民主党派、无党派人士和社会各界的合理意见和建议,集思广益,群策群力,把决策建立在充

---

① 谢东江:《贯彻落实科学发展观需要建立科学的决策机制》,《广东党史》2004年第5期。

分发扬民主、科学论证的基础上,不断提高决策的科学化、民主化水平。例如,江苏省江阴市政府 2018 年 1 月下发申报政府重大决策事项通知后,经过广泛征集,全市 3 个镇街、22 个行政机关申报了 44 个事项,经会审确定了 21 个事项符合重大决策范围,包括调整交通运输业扶持政策、城乡居民基本医疗保险制度实施、现代农业发展奖励政策等涉及民生的诸多决策。[①] 江阴市通过民意调查,提高了决策质量,解决了群众关注的重大事项,为决策调研制度提供了启示。当然,从长远来看,为避免草率决策、重复决策、错误决策的发生,政府决策过程中的调查研究还需要规范化、程序化和制度化,对于调查研究的范围、内容、方法都要有明确的规定,对于那些未经调查研究的决策应谨慎表决或者不予表决。

2. 建立健全论证工作配套制度

论证选优,确定方案,是决策中的关键阶段,它直接关系到决策的效果,并将产生直接的后果和影响。因此,在此阶段一定要依据科学的标准,采用成本——收益的分析法、经验判断法、专家判断法等多种分析方法进行多方论证和评估分析,然后由政府决策主体依据社情民意原则,确定最终方案。具体说,可以从以下三方面着手。

第一,建立重大决策专家咨询论证制度,强化政府决策过程的咨询工作。重大决策前,在充分调研的基础上,通过咨询论证、协商对话、邀请座谈等多种形式,广泛听取社会各界人士和人民群众的意见,确保决策民主、科学,这样会减少"长官意志""随意性"和"盲目性",克服"官僚主义",有利于改善和提高决策质量,也有利于防范那些利用决策漏洞的腐败现象的发生。为保证专家咨询制度能发挥作用,使专家可以客观、公正地提意见,一方面要设立重大决策事项专家论证委员会,从相关领域选择一定数量的专家,对决策备选方案开展必要性、可行性、科学性论证,对重大决策事项,应提交三个以上可供比较的决策备选方案;另一方面在决策过程中,最好不要采取领导与专家直接面对面的形式,以避免专家在压力下说违心的话,杜绝领导先下结论,然后专家论证的

[①] 丁国锋:《重大决策实行合法性审查一票否决——江苏加大重大行政决策规范化法治化探索》,《法制日报》2018 年 9 月 27 日。

不良现象。此外,还要完善专家咨询的程序制度,使专家咨询进入决策论证—实施—监督—反馈的全过程,改变目前专家咨询一般停留在决策层面,而对决策的实施、监督、反馈缺乏应有的力度。

论证不同于咨询,它是对行政决策中遇到的重大问题、疑难问题,聘请相关专家在调查研究的基础上作出科学结论的活动。重大决策必须经过论证方可进入决定阶段。在行政决策论证中,应当明确在决策中遇到哪些情况时应当经过论证程序;具体规定参与论证人员的产生、构成及其回避。论证的内容包括决策目标是否明确、决策内容是否合法、决策方案是否切实可行、决策执行的预期效果等;对涉及面广、实践性强的问题,在论证的基础上还需经过实验才能做出论证。

第二,健全重大事项社会公示制度和听证制度,保障人民的民主参与。公示制度是指行政决策方案拟订之后,通过广播、电视、报刊或者互联网等方式向社会发布,听取人民群众意见和建议的制度,它适用于利益主体相对分散的一般行政决策。实行社会公示制度:一要以法规的形式明确社会公示的范围和原则;二要确定负责社会公示的具体部门和监察部门;三要规定社会公示的具体程序;四要把握公示的内容,主要是一些重大事项,特别是与人民群众切身利益密切相关的事项和热点、难点、焦点问题,公开办事过程和结果,定期或不定期组织服务对象,专业人员和监督人员参与议事、决策过程,听取意见,优化决策或加强监督;五要明确社会公示的方式,如广播、电视、政务公开等媒介,并形成规范。对公示中群众反映的问题要高度重视,认真研究,将其纳入决策的制定过程中。

听证制度是与重大事项社会公示制度相配合的一项制度,其目的是进一步听取社会各方面意见,以便在最后决策阶段吸纳新的建议,使决策方案更加科学和正确。听证适用于行政决策内容与相对一方联系密切并且利益主体相对集中的事项。很多重大事项公示后都要进行听证。在普遍建立听证制度的同时,应对听证制度的不足作进一步改进。一要尽快出台听证制度实施规范,明确听证人员构成的原则。科学合理地遴选听证代表,听证代表名单要向社会公示,保证各利益相关方有代表参加。二要明确听证制度的议事规则。决策方案如得不到听证会大多数人(三分之二)赞成的,应考虑暂缓决策或放弃决策。获取听证会大多数同意的方案，应吸纳听证会的意见，进一步修改和完善方案。三要建立听证意见的反映与反馈机制，听证意见采纳情况及理由应向社会公布，并要向提出意见、建议者作出反馈。四要加强听证监督。重大决策听证时，纪检监察机关应派员参与监督。重大决策方案应视情况征求下级党组织和政府部门意见，听取人大、政协及各人民团体的意见，并与民主党派、工商联和党外人士进行民主协商。

第三，实行重大决策审批制度，预防实施决策时"先斩后奏"。重大决策审批制度是指政府的重大公共决策必须通过国家权力机关的严格审批程序方能得到批准的制度。我国《重大行政决策程序暂行条例》将这一法定程序称为"合法性审查"。通过不断加大重大决策的合法性审查，筑牢法律"防火墙"，防范决策风险。为细化合法性审查工作，2018 年，江苏省江阴市实现部门法制机构和政府法制机构双重审查机制，并要求通过前期公众参与、专家论证和风险评估、廉洁性评价情况，出具审查意见。目前，江阴市已组建了一支以政府法制机构人员为主体、38 名专家和律师组成的政府法律顾问团队，全面介入政府行政管理各个领域和环节。无独有偶，2018 年，南通市政府法律顾问团队参与 PPP 项目、环境整治生态修复等近 100 件决策事项，有效降低了决策风险。为避免"走过场"，南通市确定了合法性审查的提前介入、全面审查、一票否决、跟踪保障机制，尤其是在审查范围上，不局限于重大政策举措，而是涵盖了重大规划计划、重大政府合同、投资项目、国有资产处置等全部重大事项。① 南通市政府赋予合法性审查对重大行政决策的"一票否决"权，对未经合法性审查或者未通过合法性审查的决策方案，一律不上政府常务会议讨论，一律不作出决策。

根据江阴市、南通市等地的启示，实行重大决策审批制度，可采取如下措施。一是政府重大问题的决策必须提交同级人民代表大会及其常委会认真讨论和审议。如将政府重大活动、重大项目的财政支出的审批纳入重大公共决策审批的内容范围，使各级人大对政府财政预算的审核，由程序审核变为实体

---

① 丁国锋：《重大决策实行合法性审查一票否决——江苏加大重大行政决策规范化法治化探索》，《法制日报》2018 年 9 月 27 日。

审定,由大纲审核变为细目审定,切实改变"政府领导签字,财政部门买单"的做法。二是完善有关监督法规建设,实现重大公共决策审批制度的法治化。强化人大对政府监督的刚性,使人大对政府各种急功近利的短期行为在决策阶段就行使否决权,有助于杜绝政府"先斩后奏",人大事后"给予认可"的程序性的形式主义现象。三是建立有力的违规决策行为的惩处制度。人大在对政府重大公共决策"先斩后奏"行为实行否决权的同时,也要启动询问、特定问题调查、问责、罢免和撤职等刚性监督手段,追究公共决策者的相关责任,确保公共权力的健康运行。

3. 建立健全决策评估与责任制度

决策评估是对决策进行定性、定量分析,对决策正确与否予以回应,同时也为决策失误责任追究提供依据。完善的决策评估制度是促进政府决策科学化的重要途径。决策评估制度不仅要评估政府决策结果的有效性,也要评估政府决策本身的科学性,还要评估决策过程的科学性和决策方法的科学性,为提高以后政府决策的科学性提供经验和教训。这就很有必要就决策的评估标准、组织、方法、程序、结果等问题作出规定,形成制度。[①] 完善决策评估制度要提高决策评估人员的专业性,借鉴西方发达国家完善的决策评估指标体系,以促进决策评估的科学性。对于决策评估的结果要充分利用,并同决策目标相比较,以提高决策评估的有效性。

近年来,为使我们的各项工作真正做到以人民为中心,我国在建立完善落实重大项目、重大决策风险评估机制上已取得实质性进展。上海市、江苏省、浙江省、四川省等地纷纷推进重大项目、重大决策社会稳定风险评估的"试点",在此基础上,党的十八大作出全局性部署,要求在作重大行政决策前都要进行风险评估,形成了全覆盖的格局。[②] 2019年9月1日开始施行的《重大行政决策程序暂行条例》进一步明确了风险评估的范围和方式。尽管目前该暂行条例并非十分完美,尚有进一步改进和完善的空间,比如,风险评估的范围和评估的方式问题,关于风险评估的范围,该条例主要规定了生态环境和社会

[①] 王金炳:《我国政府决策科学化的思考》,《法制与社会》2012年第29期。
[②] 朱德米:《进一步建立健全决策风险评估机制》,《学习时报》2019年5月6日。

稳定两个方面；关于风险评估的方式，该条例主要规定了舆情跟踪、抽样调查、重点走访等。但这个范围和这些方式都略显不够，需要增加。就评估范围而言，决策对经济运行的影响和对民生的影响都很重要，需要纳入评估的范围。就评估方式而言，应该加入大数据分析，很多风险光凭舆情跟踪、抽样调查、重点走访等方式难以准确把握，必须运用互联网大数据分析，定性与定量相结合，才能最大限度保障评估的科学性和准确性。①

决策权限与决策责任相一致，这是一条重要原则。过去由于缺少必要的决策责任制，往往把决策责任以"交学费"推脱了事。为了促进决策者慎重决策、减少失误，或失误后能及时接受教训，建立健全决策失误责任追究制度十分必要。我国《重大行政决策程序暂行条例》明确规定，对决策机关违反规定造成决策严重失误，或者依法应当及时作出决策而久拖不决，造成重大损失、恶劣影响的，倒查责任并实行终身责任追究。

建立决策失误责任追究制度，就是从法律的角度规范和约束政府决策者，以提高政府的责任和效率，它是政府决策责任机制得以实现的最核心和最直接的制度基础。构建决策责任追究制度应涵盖四个方面的内容：一是通过制度明确责任主体。这是建立重大决策终身责任追究制度的前提。由于追责往往是经过相当长的一段时间后启动的，这就影响了准确寻找当时的决策主体，亟须通过建立重大决策备案制度来规范决策行为。同时，在明确责任主体过程中还要充分考虑上级对下级的不当干预行为，做到真正对实际决策者追责。还要正确区分个人决策和集体决策，落实行政首长负责制，避免个人决策事项通过集体决策的手段进行避责的情况。二是通过制度明确重大决策范围。要确定"重大决策"的衡量标准，根据不同的行政级别、经济规模、区域实际等，合理确定纳入终身追责的重大决策范围。另外，进一步明确追责的范围，有效剔除那些基本科学，没有造成社会危害或严重后果的决策。尤为重要的是，要加强把那些不决策、不作为等行为纳入终身追责范围，避免决策者为了避责而懒政、怠政。三是通过制度明确追责程序。在建立重大决策终身责任追究制度时，必须把构建追责规范程序放在首要位置。要对进行追责的机构、队伍、权

---

① 姜明安：《规范决策程序，大数据评估不可少》，《新京报》2017年8月18日。

限等方面都作出明确的规定。发挥党委、人大、上级机关等追责主体的作用,广泛听取社会公众和媒体的意见。建立重大决策备案制度,通过规范的程序启动追责,依法依规开展调查和取证行为,充分了解当时的政策规定和现实状态,力争全面还原决策时的情形,找到真正的决策责任人。同时,要采取多种形式对责任人进行追责。通过党纪和政纪处分,民事和刑事责任追究等不同的方式达到应有的追责效果。四是通过制度明确奖惩激励机制,将决策评估结果和决策者的奖惩直接联系起来,对于那些没有经过深入调查、没有公开咨询、没有进行事中和事后评估的决策,以及那些背离实事求是精神、搞形式主义,或以决策评估为名,推脱决策失误责任的决策评估者,要坚决追究决策者责任;对于认真执行决策评估的决策者,要给予精神上和物质上的奖励,真正实现决策过程的权责利的统一。责任追究制度的安排过程实质上就是一个交易成本考量的过程,政府必须通过这种制度的设计使公众对政府及其官员决策的监督达到最优化,从而约束政府决策者慎重决策,最大限度地避免失误,绝不能让重大决策终身责任追究制落空。

第四章
优化以人民为中心发展思想的实施机制

一分部署,九分落实。习近平总书记反复强调,党和国家事业发展,离不开全党脚踏实地、真抓实干。任何一项行政决策,只有通过执行这一环节才能得到实现。决策的意义就在于要付诸实施,如果没有准确有效的执行活动,再好的决策也只是一种美好的设想。美国著名行政管理学者丹尼尔·埃利森(Daniel Ellsberg)指出:"在实现公共政策目标的过程中,方案确定的功能只占10%,而其余的90%取决于有效的执行。"[1]因此,政策失败也被认为是政策执行失败。坚持以人民为中心的发展思想,必须优化实施机制,明确实施主体责任,提高执行效率,完善信息反馈机制,确保以人民为中心的各项决策付诸行动,让惠及人民群众的各项工作落实起来。

一、明确实施主体责任

深入贯彻落实党中央重大决策部署,坚持以人民为中心的发展思想,必须针对各项具体举措制定任务清单和时间表,做到分工明确、责任清晰、任务到人、考核到位,以多种形式督促检查,一项一项抓落实。

(一)压实主体责任

1. 贯彻以人民为中心的发展思想,全党同志必须干在实处,走在前列

习近平总书记近年来多次讲"幸福不会从天降,梦想不会自动成真""樱桃

---

[1] 转引自丁煌:《政策执行》,《中国行政管理》1991年第11期。

好吃树难栽""好日子是干出来的",告诫全党实现奋斗目标、开创美好未来,必须依靠真抓实干。他要求"全党同志要时刻把人民的安危冷暖放在心上,把中央的要求与人民的期待紧密结合起来,出实招、办实事、求实效,把心思和精力都用在为群众谋利益、谋福祉上,不断让人民群众得到实实在在的好处"。① 这是对新时代共产党人主体责任的新诠释、新要求。

干在实处、走在前列,首先要有"落到实处"的紧迫感。今天,我们距离实现全面建成小康社会目标的时间日益迫近,时间不等人,形势不等人。无为懈怠,丧失的是宝贵的发展机遇;轻飘虚浮,到头来必将大业难成。放眼全局,每一项出台的改革措施都得铆足了劲往前推,才不至于成为拖后腿的环节;每一个地区、行业和部门都要积极作为,事事有着落,招招见实效,才能为未来赢得主动。必须拿出只争朝夕的不懈干劲、马上就办的雷厉风行,将每一项工作落细落小落实,人民在看着我们,历史在看着我们。

干在实处、走在前列,必须保持"从严从实"的过硬作风。凡事严中实,实中取。既定的发展蓝图、改革任务、法治目标,莫不需要全党同志以"严"的精神去推进,以"实"的作风去落实。以"三严三实"为修身之本、为政之道、成事之要,校准"心中有党、心中有民、心中有责、心中有戒"的政治坐标,就不怕自身不强、不愁民心不聚。补足精神钙质,上紧作风发条,织牢制度笼子,紧握法纪戒尺,做事不应付、做人不对付,我们才能挺得起脊梁、经得起考验,对得起共产党人这个庄严称号。

干在实处、走在前列,务必锤炼敢于担当、勇于任事的品格。"其作始也简,其将毕也必巨。"改革如何啃下"硬骨头"、经济新常态下如何实现动力转换、发展面临的新问题新课题如何破解,作风建设如何治顽疾除病根,都需要广大党员干部身先士卒、冲锋陷阵。"既然党和国家前途命运交给了我们,就要担当起这个责任。"担当起这个责任,就得有忧国忧民、夙夜在公的忧患,就得有为官一任、造福一方的肝胆,就得有在岗勤勉、敬业奉献的状态。我们的事业不追求显赫一时,一代又一代不避艰险地接力奋斗,这就是我们这个党、这个民族、这个国家薪火相传、蓬勃发展的活力之源。②

---

① 习近平:《胡耀邦作出了彪炳史册的贡献》,《新京报》2015年11月21日。
② 郑永年:《干在实处 走在前列——热烈祝贺中国共产党成立九十四周年》,《人民日报》2015年7月1日。

2. 贯彻以人民为中心的发展思想，必须警惕决策执行中的"上有政策，下有对策"现象

决策与执行是相互联系又相互区别的辩证关系。决策是执行的基础，没有决策做依据，执行就是盲目乱干；没有正确的决策，执行也是失败的执行。决策指导执行，但这并不等于说有了正确的决策就会有良好的结果，决策不等于执行，更不等于执行效果。在贯彻人民为中心发展思想的过程中，"上有政策，下有对策"的现象时有发生，值得引起足够的重视。

一是政策执行中的官僚主义。官僚主义是阻碍政策执行的大敌。所谓官僚主义，一般来说有三种表现形式：一种是乱作为的官僚主义，即该不该管的都管，乱下指示，到处插手；另一种是不作为的官僚主义，即该管的也不管，在执行政策时，能推则推，能拖则拖，甚至弄权渎职；还有一种是慢作为的官僚主义，即一些地方行政干部素质低下，对所担负的职责力不从心，对上级政策难解旨要，在执行过程中要么憋足走样，偏离方向，要么无所适从，不知所措。[1]

二是政策执行中的形式主义。一些领导干部存在错误的政绩观、价值观、工作观，工作责任制缺乏有效执行，求真务实良好氛围无法落到实处。一些党员、干部不真正把心思用到干事创业上，不把功夫下到察实情、出实招、办实事上，而热衷于做样子、搞花架子。一些领导机关和领导干部讲空话、套话、废话，热衷于以会议落实会议，以文件落实文件。各类评比达标表彰活动、节庆剪彩泛滥，一些领导干部活动热衷于露脸、作秀，搞劳民伤财的"形象工程"和沽名钓誉的"政绩工程"。

三是政策执行中的部门主义。公共政策的执行绝不是一件容易的事，它需要多个部门的通力合作，需要受政策影响的有关部门、地区和人员的理解和支持。但在现实中，由于相关部门间职责不清、职能交叉和互相扯皮，严重影响了政策的执行效率。当一项决策涉及重大利益时，便会有许多部门同时插手干预；而当一项决策要求承担重大责任时，则没有任何部门愿意负责。相关部门之间因管辖范围、权限、责任发生纠纷和矛盾甚至是利益冲突的现象，这些都增加了下级部门执行政策的难度。

---

[1] 李占才、蒯正明、运迪：《科学发展的体制机制保障》，人民出版社2014年版，第157页。

3.贯彻以人民为中心的发展思想,必须建立党政主导、多方协同的责任机制

贯彻以人民为中心的发展思想,必须强化责任意识。要始终保持对事业的忠诚、对本职的热爱、对工作的激情,自觉以任务为牵引,以使命为动力,集中精力干事业,履职尽责出政绩。要把经常性基础性工作作为固本工程、保底工程和基础工程,始终以"燕子垒窝"的恒劲、"蚂蚁啃骨头"的韧性和"九牛爬坡"的拼劲抓经常抓反复。做到无论形势怎么发展,抓经常性基础性工作的思路不能变;无论班子怎么调整,抓经常性工作的频道不能换;无论任务多么繁重,抓经常性基础性工作的力度不能减,不断夯实基础,积蓄力量,推动以人民为中心的发展思想走深、走实。

浙江"千村示范、万村整治"工程是这方面的示范案例。"千村示范、万村整治"工程,是习近平生态文明思想在浙江省结出的硕果,被当地农民群众誉为"继实行家庭联产承包责任制后,党和政府为农民办的最受欢迎、最为受益的一件实事"。其成功的秘诀之一,就在于明确实施主体责任,建立起了党政主导、多方协同的责任机制。"千万工程"千头万绪,点多面广,涉及城乡全方位各领域。2003年,省委拿出方案:成立由12个部门组成的工作协调小组,一方面合力推进,另一方面从城市管到农村,一竿子插到底。各级建立"千万工程"领导小组,由农业农村工作职能部门抓总协调、组织推动,相关部门各负其责、分工协同,人大、政协和社会各方积极参与,实现了"千万工程"的点定到哪里,相关部门的扶持政策、项目资金、指导服务就配套到哪里。事,由这些部门干;钱,由公共财政出。这样,管城市的部门第一次管到了农村,建城市的资金第一次用到了农村。

仅有部门来协调还不行,一把手还得挂帅出征。习近平同志在浙江省工作期间,一直亲自抓"千万工程"的部署落实和示范引领,每年都召开一次全省现场会进行专项部署。此后,这也成为浙江省历届省委每年都雷打不动的惯例,历任省委书记都把"千万工程"抓在手上。在省委带头引领下,浙江省各地建立了一把手责任制,党委书记直接抓,党政主要领导还联系一个村,抓点做样板。习近平同志曾将淳安县下姜村作为基层工作联系点,多次进行蹲点调研、了解民情,引导下姜村实现了脱胎换骨的变化。曾经"土墙房,烧木炭,一

年只有半年粮,有女不嫁下姜郎"的穷山村,成为了如今"绿富美"的村庄,"农家乐、民宿忙,游人如织来下姜"。2006年1月,习近平同志到海盐县于城镇调研时勉励大家,实施"千万工程",越往后越难,靠一家一户解决不了,只靠干部的力量也不够,必须由党委和政府牵头,各部门广泛参与,也要充分调动广大农民群众的积极性。为此,浙江省明确"千万工程"关键在县、重点在乡、基础在村,实行分级负责制,把"千万工程"纳入党政领导绩效考核。省级主要是顶层设计、指导服务、督促落实;市县主要是统筹协调、整合资源、组织实施;镇村主要是落实政策、具体实施、建设管护。同时,发挥农民主体作用,把村庄整治建设的主动权、话语权交给农民,尊重民意、维护民利、强化民管,引导千百万农民为建设自己的美好家园和幸福生活而共同努力。

浙江省"千村示范、万村整治"工程的案例告诉我们,只有做到分工明确、压实责任,充分调动各方面的积极性,才能把以人民为中心的各项政策逐项落实,取得扎实成效,否则,再好的政策也是好看不中用。

(二)制定时间表和路线图

1. 抓落实要有时间表和路线图

抓落实是以人民为中心的发展思想落地生根的关键,也是各地区、单位、部门完成好各项目标任务的决胜举措。在具体抓落实工作中就是要分解好任务,细化好路线图和时间表,把路线图式管理和时间表式推进贯穿各项工作的全过程。实行路线图式管理、细化责任,就是建立健全"工作项目化、项目责任化、责任具体化"的工作管理机制,制定任务分解书和完成工作具体的路线图,实行定量、定性、定岗、定责管理,构建横向到边、纵向到底、衔接紧密、环环紧扣、责任清晰的执行链条。实行时间表式推进、限时办结,就是建立"一项工作、一名领导、一套班子、一个方案、一抓到底"的工作推进机制,制定工作推进"时间表",把工作任务细化阶段节点目标和完成时限,实行挂图作战,倒排工期,以目标倒逼进度,以时间倒逼程序,使各项工作任务可报告、可量化、可核实,确保各项任务全部按预定计划不折不扣顺利完成。

要着力践行以人民为中心的发展思想,不能纸上谈兵,而要拿出实际行动,为人民办好事办实事,让人民获得幸福感,积少成多,带领全体人民共同富裕。当前,坚持以人民为中心,要打好"三大攻坚战":一是必须坚持社会公平,重点打好脱贫攻坚战。实现全体人民共同富裕,是党和政府的奋斗目标。"蛋糕"要做大,更要实现公平分配。所谓"让改革发展成果惠及全体人民""让人民群众有更多获得感",重点是做好脱贫攻坚工作,解决好困难群体的生活问题。各级政府要按照党中央国务院确定的时间表和路线图,以及精准扶贫精准脱贫基本方略要求,咬定目标、苦干实干、因地制宜、分类施策,切实打赢这场脱贫攻坚战,确保到2020年所有贫困地区和贫困人口一道迈入全面小康社会。二是要着力推进民生制度的建立和完善,织牢民生保障"安全网",特别是养老、医疗、教育这三张世界最大的"全民保障网"。实现城乡并轨,使全体人民公平地享受基本养老保障,退休人员共享发展成果;引导和鼓励社会资本进入医疗卫生领域,缓解群众看病难的矛盾;以增加城乡居民收入、缩小分配差距为重点,改革收入分配制度,推动形成合理有序的收入分配格局;以发展带动就业,以改革调整就业,积极改善民生,逐步实现人民共同富裕。三是推进生态文明建设,打好污染防治攻坚战。2018年6月24日,新华社播发了《中共中央国务院关于全面加强生态环境保护坚决打好污染防治攻坚战的意见》,该意见对打好污染防治攻坚战画出了最新时间表、路线图,也标志着我国全面打响了蓝天、碧水、净土三大保卫战。

2. 制定时间表和路线图要积极回应人民群众重大关切

制定落实以人民为中心发展思想的时间表和路线图,要积极回应人民群众的重大关切。各级领导干部要发扬密切联系群众的优良作风,时刻把群众的安危冷暖放在心上,及时准确了解群众所思、所盼、所忧、所急,把群众工作做实、做深、做细、做透。真诚倾听群众呼声,真实反映群众愿望,真情关心群众疾苦。想问题、办事情,必须时时为群众考虑,处处为群众打算,以群众满意为第一标准。每一项新政策,都要首先考虑群众高兴不高兴、赞成不赞成、答应不答应、拥护不拥护。每开展一项工作,都要少考虑点个人利益,多思考些群众意愿;少琢磨点上面知道不知道,多考虑些群众需要不需要。

保障和改善民生是造福广大人民群众的根本途径。民生连着民心,民心关系国运。在制定时间表和路线图时,要坚持从维护最广大人民根本利益的高度,千方百计帮助群众解决最关心的教育、就业、就医、养老和住房等方面的现实问题,在学有所教、劳有所得、病有所医、老有所养、住有所居上持续取得新进展,努力让人民过上更好的生活。要始终坚持民生为先、民生为重、民生为本,坚持把有限的资源向困难民众倾斜、向农村倾斜、向基层倾斜、向社会事业倾斜,使发展成果更多更公平惠及全体人民。

在我国社会主要矛盾转化为人民日益增长的美好生活需要和不平衡不充分的发展之间的矛盾的今天,更要坚持人民立场,不断促进人的全面发展,以保证全体人民在共建共享发展中有更多的获得感。"获得感"一词诠释着全面深化改革的价值底色,更诠释着中国共产党始终坚持的以人民为中心这一永恒不变的执政理念,这是进入中国特色社会主义新时代的"幸福感",也是决胜全面建成小康社会的"充实感",更是开启全面建成社会主义现代化强国新征程的"目标感"。因此,贯彻以人民为中心的发展思想,要紧紧围绕日渐丰厚的收入、不断完善的制度保障、更加美好的生活、充分选择的机会和不断接近的梦想等方面解决问题,推进工作,列出改革时间表,绘就发展路线图,让人民有越来越多的获得感。

3. 绘就落实以人民为中心发展思想的时间表和路线图

习近平总书记指出:"人民为中心的发展思想,不是一个抽象的、玄奥的概念,不能只停留在口头上、止步于思想环节,而要体现在经济社会发展各个环节。"①这要求各级领导干部在认识上到位,在行动上践行,让以人民为中心的发展思想落地生根。具体到一个地方、一座城市,怎么样落实以人民为中心的发展思想是一篇大文章。一个地方的领导唱唱高调、喊喊口号是比较容易的,做一些实在的、长远的、本质上有利于最广大人民的事情,却是需要练出真党性、献出真感情、拿出真功夫才能办到的。着力以人民为中心的落地环节,就要按照各地各部门全面建成小康社会的路线图和时间表,保证完成和落实各项具体的经济社会发展任务,切实回应广大群众所需所盼。

推动高质量发展,既有时间表,又有路线图。据《科技日报》报道,宜兴成为首批通过省级城市总规改革试点城市。宜兴市按照江苏省委、省政府提出的要求,结合江苏省城镇体系规划、全省"1+3"重点功能区战略、锡宜一体化

---

① 《习近平谈治国理政》(第二卷),外文出版社2017年版,第213—214页。

战略,未来发展确定了"中国陶都、国家历史文化名城、文化生态国际旅游城市、宁杭生态经济带新兴中心城市"的战略定位。宜兴市规划局局长朱乾辉说:"宜兴将坚持一张蓝图绘到底,进一步完善规划体系,细化规划目标任务,精心部署组织实施,将通过全面保护市域各类历史文化资源和历史城区整体格局,持续做好文化深耕、保护和利用工作,不断提升城市文化自信。通过充分利用优越的历史人文资源和自然生态环境,注重旅游发展的个性化、品牌化和国际化,建设具有影响力的国际旅游目的地。通过积极贯彻落实'锡宜一体化'战略,更好地融入环太湖城市圈和长三角城市群,进一步放大宜兴在宁杭生态经济带中的地位优势,带动城市综合协调发展。"①当前,宜兴市确立了"争当全省高质量发展领跑者"的目标,明确了依托产业强市主导战略,全力推进经济发展、改革开放、城乡建设、文化建设、生态环境、人民生活"六个高质量"的任务,把宜兴市建设成为生态宜居、产业兴盛、特色鲜明的现代化大城市,全力争当全省高质量发展领跑者。今后一个阶段,宜兴市将坚持质量效益,深入推进产业强市、创新驱动、人才引领战略,推动经济发展高质量,为建设"强富美高"新江苏作出新的更大贡献。

坚持和落实以人民为中心,带领人民群众创造幸福生活,是一个复杂而艰巨的系统工程,而其中的重点就是保障和改善民生。因而,绘就保障和改善民生的时间表和路线图至关重要。例如,天津市在棚户区改造中,明确责任分工,细化岗位职责,制定时间表、路线图,确保各项工作按照时间节点如期完成,为贯彻落实以人民为中心的发展思想提供了实践样本。2017年,天津市深入贯彻习近平总书记系列重要讲话精神和对天津市工作"三个着力"的重要要求,坚持以人民为中心的发展思想,切实把棚户区改造、老旧小区和旧管网改造提升作为民心工程办实办好,用心用情用力保障改善民生。天津市加快棚户区改造进程,保质保量如期落实到位。注重统筹协调,分步实施,积极稳妥依法拆迁,保障工程质量、建设工期和群众合法权益,确保拆迁户如期入住,真正让群众满意。②又如,2017年,南通市将"以人民为中心"的发展思想落实到

---

① 过国忠、姜树明:《高质量既有"时间表",又有"路线图"》,《科技日报》2018年10月21日。
② 王东峰:《坚持以人民为中心发展思想 用心用情用力保障改善民生》,《天津日报》2017年2月24日。

生态环保工作之中,按照省市相关工作部署,瞄准年度目标任务,全力以赴抓好各项生态环保重点工作落实,以过硬举措打赢生态环保攻坚战,取得了预期的成效。①

(三) 完善目标责任制

目标责任制是集激励、约束、利益于一体的科学管理机制。将党和政府的决策落实到相关部门,明确目标与责任,就比较容易做到事事有人管,件件抓落实,就能使党和政府的决策达到预期效果。可以这样讲,实行目标责任制,是关系党和政府决策落实状况的重要工作机制。它以目标为考核标准,以责任制为推动力量,能够使党和政府决策部署一以贯之。

1. 实行目标责任制的价值和意义

目标责任制是通过工作目标设计,将组织的整体目标逐级分解,转换为单位目标最终落实到个人的分目标。在目标分解过程中,权责利明确,而且相互对称。这些目标方向一致,环环相扣,相互配合,形成协调统一的目标体系。每个个体目标的完成,是组织完成整体目标的前提。有关考评机构将对目标完成情况进行考核,并对考核结果进行运用。我国于 20 世纪 80 年代,将目标责任制引入我国政府的管理中,直到今日还一直是我国绩效评估的重要手段。引入初期由于对目标责任制管理的作用认识不一致,没有形成统一的管理运行体制,目标责任制的效用一直得不到发挥。21 世纪初期,为了进一步提高政府工作效率、转变工作作风、探索新时期新形势下改进党的领导方式、完善政府管理模式的新途径,目标责任制开始在政府管理中全面被运用。

目标设定是目标责任制的最重要环节。以落实绿色发展理念为例,党的十八届五中全会提出了"创新、协调、绿色、开放、共享"的新发展理念,其中绿色发展理念对政府主体责任提出了新要求。要求政府以整体性思维看待绿色与发展的关系,将绿色与发展有机结合起来,以绿色引领发展,用发展促进绿色;要求政府树立绿色执政观和政绩观,将经济发展建立在不以牺牲生态环境

---

① 朱文君:《要将"以人民为中心"的发展思想落实到生态环保工作之中》,《南通日报》2017 年 1 月 31 日。

为代价的基础上,以满足人民对良好生态环境及安全生态产品的需要;要求政府切实转变职能,增强政府在环境公共产品和服务供给上的责任。以往我国政府主要承担经济调节、市场监管、社会管理和公共服务"四项职能"。面对日益严峻的生态环境问题,作为公权力代表的政府理应承担环境保护的主要责任。《中共中央关于全面深化改革若干重大问题的决定》首次将"环境保护"作为一项政府职能明确提出,从而将政府"四项职能"丰富为"五项职能"。绿色发展理念对政府的环保职责提出了新要求,强调"要增强政府在公共服务供给上的责任",关注经济发展的"绿色化",为人民提供环保公共产品和服务。在政府责任机制的诸环节中,明确责任是基础。责任不明确,职责不清、无法履职,更无法问责、追责。长期以来,我国生态环境保护管理体制机制中存在权力和责任边界不明的现象,包括政府各部门职能划分不清、责任不明以及党委和政府之间分工不明,党委的环保责任虚化等问题。2015 年 7 月发布的《党政领导干部生态环境损害责任追究办法(试行)》,在中央文件中首次明确了环保党政同责的责任范围和分工。但从 2017 年第三批中央环保督察的情况看,至今仍有些干部对"党政同责、一岗双责"认识模糊,环保部门单打独斗的现象依然存在。因此,要通过制定和完善法规明确责任,并要制定配套的法规和实施细则将其落到实处。对涉及多个职能部门的环保工作,要细化职责,分工合作,同时要明确党政分工,真正做到"党政同责、一岗双责"。①

2. 目标责任制缺失的表现

贯彻以人民为中心的发展思想,就要肩负为民之责,常怀敬畏之心。但是,由于在实践中还没有建立明确、规范的目标责任制,一些政策在执行中"走了形""变了味",坚持以人民为中心的发展思想遇到了现实梗阻。

据 2015 年 4 月《人民论坛》的调查报告显示:"71.7%的调查对象表示自己在与政府部门打交道的过程中经常遇到政府官员'为官不为'的情况。"②中国知网检索结果显示,1992—2012 年总共仅有 5 篇文献讨论"为官不为"的问题,而 2014—2016 年分别增加到 89 篇、198 篇和 160 篇,这似乎印证了反腐败高

---

① 邓翠华:《落实绿色发展理念与政府责任机制》,《福建日报》2017 年 6 月 27 日。
② 王丰枫:《官员懒政原因调查》,《人民论坛》2015 年第 15 期。

压态势下"为官不为"现象多发的事实。关于"为官不为"现象的滋生,学界也有多种归因:一是政治生态趋紧,促使部分官员由"邀功"向"避责"行为转变,同时,反腐败高压态势对以往的一些胡乱作为具有挤出效应。二是激励弱化与追责困难,一方面授权不明,导致工作激励不强;另一方面责任不明,导致难以界分"为官不为"的属性和程度。三是免责机制不健全,不利于强化干部担当动力,当出现不可避免的失误时,难解干部被追责的后顾之忧。四是缺乏合理的干部报酬体系,使得勇于担当的可持续动力过于依赖精神获得。①

目标责任制的缺失,不仅体现在政府官员"为官不为"上,还体现在政府官员乱作为、慢作为上。以扶贫政策的执行为例,这些年,一些地方搞形式主义、数字扶贫、弄虚作假、徇私舞弊、扶贫不力,严重制约着"精准扶贫"政策目标和功能的实现。精准扶贫、精准脱贫,贵在精准、重在精准、成败之举在于精准。"精准扶贫"政策实施以来,广大干部群众在党中央、国务院的坚强领导下,通过明确"六个精准",坚持"分类施策",扶贫工作由原来的"粗放""漫灌"向"精细""精准"逐渐转变。但随着"精准扶贫"政策的深入实施,扶贫工作进入啃"硬骨头"阶段,政策执行中存在的不足和弊端逐渐显现。无论是在扶贫对象的纳入、退出环节中,还是在"脱贫"帮扶环节中,许多地方均存在一些变通执行扶贫政策的情况。从扶贫对象的纳入环节来看,存在着扶贫对象识别不精准、识别过程不规范的现象。如有的村民因与村干部存在密切利益关联或人情交往,即使不符合纳入条件或标准,也能通过村干部的"徇私"行为而成为"贫困户"。从扶贫措施的实施环节来看,扶贫政策的功能被不合理、不科学的帮扶措施所冲击甚至消解。如部分地区的扶贫工作,盲目跟风,违背经济发展规律,推广一些不符合当地实际的扶贫方法,导致扶贫措施的可行性、有效性很低,而无法帮助"贫困户"如期脱贫。从扶贫对象的退出环节来看,受制于政策运作场域及治理技术条件的限制,某些地区未能形成"进出有序"的扶贫动态退出机制。扶贫工作因缺乏有效监管,一些已达到脱贫标准的"贫困户",因

---

① 黄其松、刘升:《〈政治学研究〉2017 年中青年作者座谈会会议综述》,《政治学研究》2017 年第 6 期;文宏、张书:《官员"为官不为"影响因素的实证分析——基于 A 省垂直系统的数据》,《中国行政管理》2017 年第 10 期;刘宁宁、郝桂荣:《新常态下如何科学构建容错机制》,《人民论坛》2016 年第 11 期;刘重春:《"为官不为"成因及治理:基于等报酬原理》,《中国行政管理》2016 年第 1 期。

村干部的"特殊照顾"而未能予以及时退出,导致"精准扶贫"政策"寻租空间"的形成。① "精准扶贫"政策实施过程中存在的上述问题,不仅导致国家扶贫政策的目标和功能无法有效实现,部分贫困人口无法真正脱贫,而且还因扶贫政策的灵活变通执行恶化了干群关系,增加了社会不稳定因素,扰乱了基层社会治理,损害了党和政府权威。

3. 建立和完善目标责任制

建立和完善目标责任制,不仅是提高政府管理效能的需要,也是贯彻以人民为中心发展思想的必然选择。为了更好地推动以人民为中心的各项政策落地,有必要建立责任明确、层层负责的目标责任体系。

首先,细化责任清单内容。地方政府责任清单编制的意义在于将文本上的责任变成现实责任,而不仅仅是为了公开而公开,仅仅追求完成编制。责任清单的内容规定较为原则,会阻碍责任落到实处。因此,责任清单的编制不能机械重复任务条文,应结合地方和部门实际,细致地规定到位。在责任清单编制时,应对任务条文中所体现的责任主体、责任事项,以及履责步骤等作出清晰、具体的规定。下级政府部门应因地制宜,编制有针对性的责任清单。现实中的责任清单制定过程,下级部门往往会效仿上级部门,以上级制定的责任清单做模板来编制本部门的清单,出现上下级及政府部门的责任清单各方面都统一的情况。可想而知,乡镇政府和县级政府更接近基层、接近群众,管理事项更为基础,与市级或省级管辖范围和管理事项大有不同,因此,在编制责任清单时,各级政府应根据本政府或部门的职权范围层层分解、清晰明确各自权限,做到事项规定具体、到位,这样才能实现责任清单编制的目的。

其次,明确责任主体。根据我国法律对行政主体责任的规定,责任主体主要有行政机关、主管人员和其他直接责任人。对行政机关追责,一般是责令改正或纠正不当行为,对工作人员追责是行政处分。此外,根据党政同责的追责方式,生态环境损害时,国家强调追究党政领导干部的责任,重点将党委主要负责人作为被问责的对象,而且对负有对生态环境损害的领导干部实行终身追责制。根据不同标准有不同的责任主体,责任清单中对责任主体的列举应

---

① 王福强:《着力创新精准扶贫实施机制》,《学习时报》2019年4月10日。

该具体到位,由粗到细分层次列举,依次是责任处室、处室主管人、责任事项的具体承办人。习近平总书记在谈到生态文明建设时指出:"生态环境保护能否落实到实处,关键在领导干部。一些重大生态环境事件背后,都有领导干部不负责任、不作为的问题,都有一些地方环保意识不强、履职不到位、执行不严格的问题,都有环保有关部门执法监督作用发挥不到位、强制力不够的问题。要落实领导干部生态文明建设责任制,严格考核问责。对那些不顾生态环境盲目决策、造成严重后果的人,必须追究其责任,而且应该终身追责。"[1]

最后,完善责任监督体系。在行政管理活动中,通过对主体进行监督、问责,能够起到引导规范和威慑的作用,督促政府公务人员积极行使权力,认真履行职责。要想把以人民为中心的发展思想落实,就要将监督机制贯穿其中。针对责任监督存在的问题,一要增加权力机关的监督。人大是最佳的审查者,责任清单公布后,应实行动态监督。全国人大应通过立法活动,将对权责清单的监督写入监督法。二要强化行政机关的监督。既包括主体自我监督(往往通过完善事中事后监督来实现),也包括上下级之间的监督,无论是自我监督还是上下级监督,都应跟随时代步伐,创新监管方式。此外,还要吸引社会公众参与。盖伊·彼得斯(B. Guy Peters)指出,参与式政府是未来政府的治理模式之一。[2] 应加大责任清单的透明度、公众知晓度,搭建政府与社会公众沟通的桥梁,提供切实可行的平台,形成责任监督合力,确保以人民为中心的发展思想在实践中得到有力贯彻和彻底执行。

二、提高决策执行效率

落实以人民为中心的发展思想,不仅要明确实施主体责任,解决"谁来做"的问题,还要提高决策的执行效率,解决"如何做"的问题。这就要求在"五位一体"总体布局中统筹考虑将以人民为中心的发展思想落实于行,抓好民生工

---

[1] 中共中央宣传部:《习近平新时代中国特色社会主义思想学习纲要》,学习出版社、人民出版社 2019 年版,第 175—176 页。
[2] [美]盖伊·彼得斯:《政府未来的治理模式》,吴爱明、夏宏图译,中国人民大学出版社 2013 年版,第 14 页。

程和精准扶贫等重点任务落实,努力提高领导能力,并不断完善工作机制。

(一)把以人民为中心的发展思想融入"五位一体"总体布局

"五位一体"总体布局,是中国共产党以人民对美好生活的向往为出发点,对新时代"往哪儿发展、发展什么、发展成什么样"等重大问题所作的科学系统回答,为贯彻践行以人民为中心的发展思想提供了行动指引(图4-1)。

图 4-1　以人民为中心的发展思想融入"五位一体"

1. 经济建设着眼于满足人民日益增长的美好生活需要

贯彻以人民为中心的发展思想,就要在经济发展的各个环节贯彻新发展理念,做到老百姓关心什么、期盼什么,就抓住什么、推进什么,通过改革发展给老百姓带来更多实惠。

首先,通过改革创新满足人民日益增长的物质文化需要。习近平总书记指出:"通过深化改革、创新驱动,提高经济发展质量和效益,生产出更多更好的物质精神产品,不断满足人民日益增长的物质文化需要。"[①]全面深化改革不是搞形式、走过场,只做表面文章,必定会触及一些人的"奶酪",只有勇于突破利益固化的藩篱,敢于打破现有利益格局,才能以小的损失换取大的利益,让更多的人尝到全面深化改革带来的甜头,让人民更有满足感。全面深化改革的重点在于经济体制改革,而经济体制改革必须坚持以经济建设为中心。以经济建设为中心本质上就是以人民为中心,把人民作为经济建设的出发点和落脚点,其最终目的是要实现全体人民共同富裕,以更好满足人民日益增长的物质文化需要,让人民过上幸福美满的生活。如果离开人民中心,只谈经济中心,经济发展就会失去价值引领,容易偏离正常发展轨迹。当然,如果只谈人

---

① 中共中央宣传部:《习近平总书记系列重要讲话读本》,学习出版社、人民出版社2016年版,第129—130页。

民中心，不抓经济中心，人民的美好生活就会缺少物质基础。因此，在经济建设中，要以改革创新为驱动力，坚定不移落实以人民为中心的发展思想，全面深化供给侧结构性改革，实现经济的高质量、高效率、可持续发展，让经济发展成果更加公平地惠及全体人民，有效提升人民的获得感和满足感。人才是创新的根基，创新驱动实质上是人才驱动。要牢牢把握新时代的历史机遇，深入实施创新驱动发展战略，通过创新发展，更加尊重人民在经济发展中的主体作用，激发亿万群众的智慧与创造力，促进大众创业、万众创新，提高经济发展的质量和效益，不断夯实发展基础，让人民对美好生活的期望早日变为现实。

其次，推进城乡一体化发展以提高全民获得感。近些年，我国取得了长足的发展，但不可否认还存在不平衡、不充分、不可持续的问题，仍面临稳增长、促改革、调结构、防风险、惠民生等多重挑战。其中，城乡二元结构已经成为影响我国经济发展的制约因素和主要瓶颈。要想改变这种结构，就必须坚持以人民为中心的发展思想，推进城乡协调发展，加快城乡一体化建设步伐，让更多的人参与社会主义现代化建设，促进社会公平，提高城乡人民福祉，以增强全民获得感。要进一步健全城乡一体化发展体制机制，加快推进城乡一体化发展进程，坚持工业反哺农业，城市支持农村，加大对农村建设的人才支持和财政投入，推动城乡要素配置合理化和基本公共服务均等化，真正实现城市与农村在资源上的互通共享；在保证城市高质量发展的同时，统筹城乡经济发展，促进农民就业创业，全面推进乡村振兴战略，加强农村和农业基础设施建设，提高农业现代化水平，多渠道增加农民收入，缩小城乡居民收入差距，提高人民总体生活水平。

2. 政治建设着眼于有效实现人民群众当家作主

以人民为中心发展社会主义民主政治，就必须坚持中国特色社会主义政治发展道路，保证人民当家作主落实到国家政治生活和社会生活之中，巩固和发展生动活泼、安定团结的政治局面。

首先，切实尊重人民主体地位。习近平总书记指出："尊重人民主体地位，保证人民当家作主，是我们党的一贯主张。"[①]在政治建设中认真落实以人民为

---

① 习近平：《在庆祝中国共产党成立95周年大会上的讲话》，《光明日报》2016年7月2日。

中心的发展思想,首先就要肯定人民群众创造历史的决定作用,尊重人民主体地位,真正将其落实到我国政治生活中。在价值层面,始终把人民作为推动政治建设的主力军,关切人民的感受,充分保障人民所拥有的政治地位和政治权利,激发人民参与政治生活的积极性,发挥人民首创精神。在治国理政具体实践中,坚持群众路线不动摇,把人民在政治上的新要求新期待作为政治建设的目标,为我国政治发展提供正确的方向和指引。在建设路径层面,大力推进政治体制改革,用制度体系更好地保证人民当家作主。完善和健全各种政治制度,拓宽民主渠道,丰富民主形式,扩大人民有序参与政治生活,创造更加公平公正的政治环境,增强人民的主人翁意识,有效行使各项政治权利,真正把尊重人民主体地位落到实处,推动国家治理体系和治理能力现代化,巩固和发展生动活泼、安定团结的政治局面。在重要保障层面,要始终坚持党的领导,加强和改进党的领导方式,全面推进从严治党。以党的政治建设为根本,全面落实党的建设新要求,不断提高党的执政能力和领导水平,为各项事业的发展提供坚强政治保障。

其次,不断完善基层民主建设。基层是社会的细胞,是产生各种社会问题的源头,同样也是解决问题的突破口。基层民主建设的不断完善,有利于促进民主政治建设,保障人民当家作主,有利于充分调动人民的积极性,促进社会发展。以人民为中心夯实基层民主建设,最根本的就是要坚持党的领导,以党内民主引领基层民主,充分发挥党内民主的引领、示范、保障作用,提高党员的民主意识和民主素质,增强为人民服务的本领,提高民主集中制运行的质量和水平,使其真正落地生根。以党内监督带动基层民主监督,构建风清气正的政治生态,不断提高基层民主法治化水平。要加强基层群众自治制度建设,与时俱进,深化基层体制机制改革,加快职能转变,建立健全各项规章制度,深入基层,切实解决群众疾苦。要加强基层党组织建设,提升组织力,反映民意,关注民生,发扬民主,让基层党组织成为坚强的战斗堡垒,真正保证党中央的各项决策部署落实到"最后一公里",不走形式、不打折扣、不搞变通、不出偏差,让改革发展的红利惠及全体人民,最大限度地让最广大群众从中受益。

3. 文化建设着眼于满足人民群众对精神生活的需求

以人民为中心促进文化发展,就必须坚持为人民服务、为社会主义服务,坚持百花齐放、百家争鸣，坚持创造性转化、创新性发展，为人民群众提供丰富的精神食粮，努力满足人民群众不断增长的精神文化需求。

首先，坚持以人民为中心的创作导向。"社会主义文艺，从本质上讲，就是人民的文艺。"①人民是历史的创造者和见证者，也是"剧中人"和"剧作者"。人民需要文艺，文艺也需要人民。在市场经济大潮中，一些文艺创作与人民群众的根本文化权益相背离、与社会主流意识形态背道而驰，价格虚高，文艺领域腐败现象屡见不鲜。因此，要坚持以人民为中心进行艺术创作，以满足人民群众多样的文化需求为立足点。一是深入人民生活、扎根人民实践，面对面、心贴心，在行动上自觉融入人民，在情感上真心贴近人民。广大文艺工作者在进行文艺创作时，要走出方寸天地，深深植根于人民，反映社会现实，而不是闭门造车、黄粱一梦。只有真正视人民如同自己的亲人，才能真正站在人民的立场，书写人民的真情实感，传达人民的情怀，才能创造出直指人心的好作品。例如，热播的电视剧《谷文昌》《一个也不能少》《一诺无悔》等就是从现实中挖掘题材、反映人民心声的精品佳作。二是文艺作品的创作应追求真善美，弘扬社会主旋律，传播更多的正能量，更好地服务人民、服务社会。广大文艺创作者应深入挖掘人性美、点赞真精神、传播正能量，从人民的现实生活点滴中汲取智慧和力量，同时也应该对于现实生活中的问题给予客观公正的评价，从而推动文艺的良好发展，促进社会全面进步。

其次，深入实施文化惠民工程。文化惠民是党和政府亲民、爱民的重要体现，也是党执政为民的执政理念在文化上的具体反映。牢固树立文化民生思想，深入实施文化惠民工程，是新时代我国经济社会发展的新要求，也是人民对于美好生活的新期待。文化惠民是以人民为中心，做到文化乐民、文化育民。深入实施文化惠民工程就要做到观念先行，提高文化惠民意识。在人民群众生活中，要大力普及文化知识，培育和增强人民的文化涵养与气质，激发其参与基层文化建设的积极性和热情，为深入实施文化惠民工程提供精神力量和智慧支持。足额发放文化惠民工程专项资金，做到专款专用，用在实处，大幅提升公共文化服务水平。加强公共文化基础设施建设，加快推进农村书

---

① 《习近平谈治国理政》(第二卷)，外文出版社2017年版，第314页。

屋、社区图书室建设步伐,让人民更加便捷地获取相关知识,为其生产生活提供科学有益的帮助。加大各方面投入力度,全力实施村文化室、镇文化站建设,充分发挥文化资源共享的作用,提供更多样的文化舞台,持续为人民群众的文化生活增添色彩。开展丰富多彩的文化惠民活动,充分依托各种节假日和一些重要活动,精心组织和努力发展与之相应的文艺演出活动,因地制宜,充分考虑不同地方的历史文化基因和风土人情,开展村文化活动。建立健全相关体制机制,加强法治管理,为文化惠民工程的贯彻落实提供更好的保障,同时,要适时对基层文化建设进行科学指导,开展欢乐颂下基层的活动,为人民提供更多高质量的精神食粮。

4. 社会建设着眼于保障和改善民生

以人民为中心促进社会发展,就要紧紧抓住人民最关心最直接最现实的利益问题,从人民群众关心的事情做起,从让人民群众满意的事情做起,使人民获得感、幸福感、安全感更加充实、更有保障、更可持续。

首先,努力实现人民脱贫梦。习近平总书记在党的十九大报告中强调,坚决打赢脱贫攻坚战,这是党对全国人民的庄严承诺,也是人民对于美好生活的殷切期许。贫有百样,困有千种。当前,"贫困"成为民生的突出短板,成为全面建成小康社会的"绊脚石"。着力解决贫困问题,"确保到 2020 年贫困地区和贫困群众同全国一道进入全面小康社会,为实施乡村振兴战略打好基础"。[1] 解决好贫困问题,让贫困群众过上好日子,是社会建设的重点和难点,更是逐步实现共同富裕的必然要求。要想真正摆脱贫困,如期全面建成小康社会,实现共享发展,必须坚决贯彻落实以人民为中心的发展思想,把人民群众的利益置于首位,集中一切力量,着力改善贫困地区的现实发展条件,尤其是一些深度贫困地区的交通、饮水、电网等基础设施建设,加大力度推进贫困地区土地整治、生态保护综合治理等重大工程建设;深入贫困地区,关心困难群体,加大贫困地区政策倾斜力度,增加扶贫专项资金投入,确保贫困地区和人口的良好发展;加大产业扶贫力度,顺时而变、因地制宜,发展贫困地区特色产业,努力开拓集农产品加工、商贸流通、休闲旅游于一体的发展模式,多渠道

---

[1] 中共中央国务院:《关于打赢脱贫攻坚战三年行动的指导意见》,《人民日报》2018 年 8 月 20 日。

拓宽农副产品的营销渠道,不断增加农民收入;大力推进就业扶贫,充分了解人民就业意愿,提供多样化的就业岗位,加强劳务输出,支持职业技能培训,实现精准扶贫;加强生态扶贫,立足于当地生态实际,加大对贫困地区的生态修复力度,在改善生态的同时,合理利用和开发自然资源,吸纳更多的贫困人口在参与生态建设中受益;做好教育和健康扶贫工作,加快推进农村危房改造和易地扶贫搬迁,强化综合保障性扶贫;加快补齐贫困地区基础设施短板,完善偏远贫困地区交通网络,解决贫困人口饮用水安全问题,推进农网改造升级,深入推进"互联网+"扶贫模式,创建舒适宜人的人居环境,切实解决贫困地区出行难、用电难、饮水难等实际问题,改善人民生活条件,提高人民生活水平;开展扶贫扶志教育活动,通过教育提高贫困群众的脱贫意识,改进脱贫方式,增强群众参与意识,鼓励贫困群众自立自强,通过劳动脱贫致富,真正将"要我脱贫"转变为"我要脱贫",进一步激发贫困群众脱贫的内生动力,让脱贫可持续,致富有干劲。

其次,努力实现人民健康梦。健康,是人民幸福和社会发展的基础。党的十九大报告以更高的定位和要求提出"实施健康中国战略",这就把人民健康问题提升到了前所未有的新高度,为广大人民群众带来了更多的健康福音。坚持以人民健康为中心,全面实施健康中国战略,一要全方位加强组织领导。各级党委和政府要深入贯彻十九大精神,以《"健康中国 2030"规划纲要》为行动纲领,加强顶层设计,做好整体规划,坚持以人民为中心加快健康中国建设步伐,优先发展人民健康事业,统筹推进各项相关政策的有效落实,为实现健康中国提供强有力的保障。二要坚持人民在健康中国建设中的主体作用,保障人民的健康权益。全面普及健康生活知识,提高人民群众的健康意识和素养,鼓励人民群众广泛参与"全民健康"系列主题活动,增进健康行为,营造"我运动、我健康、我快乐"的良好社会氛围,鼓励全民参与,激发社会活力,凝聚社会合力,助力健康中国建设。三要以改革为动力,切实提升人民群众身心健康水平。深化医药卫生体制改革,努力解决人民群众看病就医难题;以基层为重点,着力改善医疗卫生服务条件,提升医疗卫生服务质量,为人民群众提供安全、有效、便捷、廉价的基本医疗卫生服务,切实满足人民群众的健康需求,改善看病就医感受,增强实际满足感。四是要深入推进健康扶贫惠民工程,增加对贫困地区的健康服务供给,加强对老少妇幼等重点人群实施健康精准干预,综合防治重点疾病,建立健全农村贫困人口的兜底医疗保障政策,有效解决因病致贫、返贫,切实提高人民健康水平;大力发展健康产业,推动医疗卫生服务与互联网、休闲旅游、体育文化、食品等多种行业的深度融合发展,从而更好满足人民群众多样化的健康需求。以人民为中心,以健康为根本。大力度、高质量、多举措加快实施健康中国战略,让"健康中国"真正走入寻常百姓家,全方位全周期地为人民群众提供更加优质的健康服务。

最后,建立健全全民社会保障体系。党的十九大报告提出,"按照兜底线、织密网、建机制的要求,全面建成覆盖全民、城乡统筹、权责清晰、保障适度、可持续的多层次社会保障体系"。① 这为新时代加快推进社会保障体系建设指明了方向。一是社会保障体系作为一项利国利民大计,要覆盖全体人民,让各行各业、各类人群都能公平公正地享受到社会保障的福利,将其普惠性真正落实到有需要的人身上,让人民的各项合法权益得到切实的社会保障,真正让人民无后顾之忧。二是从制度层面上进一步完善社会保障体系。全面实施全民参保计划,提高覆盖率;完善疾病养老保险制度,为退休、年老者提供疾病生活保障;完善统一的基本医疗、大病城乡居民保险制度,确保人民身心健康;完善最低生活保障制度和社会救助制度,兜住底线,解决人民群众的实际生活困难和问题;逐步完善失业、工伤保险制度,维护失业人员和工伤人员的基本权益,促进失业人员再就业;建立健全全国统一的社会保险公共服务平台,为人民提供更加优质、高效的服务。三是立足于现阶段经济社会发展现状,以满足人民群众的基本生活需求为导向,不能过高,以避免滋生"等靠要"等福利腐败现象,产生负面效应。同时,应坚持权利义务相统一,动员全社会的力量参与其中,共同努力改善生活,全面满足人民美好生活需要,实现社会保障体系的可持续发展,更好造福全体人民。

5. 生态文明建设着眼于促进人与自然和谐共生

习近平总书记在全国生态环境保护大会上指出:"生态兴则文明兴,生态

---

① 习近平:《决胜全面建成小康社会 夺取新时代中国特色社会主义伟大胜利——在中国共产党第十九次全国代表大会上的报告》,人民出版社 2017 年版,第 47 页。

衰则文明衰。"①坚持以人民为中心是新时代我国生态文明建设的价值导向和基本遵循,将其充分践行于生态发展的方方面面,就是坚持以人民的根本利益为中心,实现好、维护好、发展好人民的生态利益,以满足人民群众日益增长的优美生态环境需要,促进人与自然和谐共生,为人民群众提供更多优质生态产品。

首先,着力解决关乎人民切身利益的突出生态环境问题。加强生态文明建设的顶层设计。各级党政相关部门要落实好主体责任,因地制宜,制定科学合理的环境保护和防治的政策措施,逐步完善生态环境监督管理机制,认真落实生态环境目标评价和考核办法,加强生态文明法治建设和保护,加强制度创新与执行,有效遏制和惩戒关乎人民切身利益的重大突出生态环境问题,严守生态红线,突出生态建设的民生属性。坚持"全民共治、源头防治",继续实施大气污染防治行动,突出精准治理雾霾、着力解决冬季清洁取暖、大型工业企业排放和机动车超标排放等问题,坚持绿色发展思想,大力倡导绿色生活,鼓励人们低碳出行,逐步改善空气质量,打赢蓝天保卫战,让人民乐享蓝天白云;加强水污染防治,加强水源保护,保障人民饮水安全,努力消除城市恶臭水体,让人民尽享清水绿岸;全民落实土壤污染防治行动,加强土壤管控和修复,让人民吃得放心、住得舒适;深入推进农村环境整治,打造生态宜人田园风光,让人民看见山水、记住乡愁;深入推进垃圾分类处理和固体废弃物的无害化处置,为人民营造洁净、舒适的生活工作环境。

其次,为人民提供更多的优质生态产品。进入新时代,我国生态文明建设已经进入发展的关键期和解决问题的窗口期,人民日益增长的美好生活需要更多地体现在生态领域,人民更加渴求能够拥有优美的生态环境,享受更多优质的生态产品。要想更好地解决这个问题,就必须将以人民为中心的生态建设思想落实到位,在确保现有的优质生态资源不被破坏和过度消耗的基础上,着力从生态产品的种类和供给力两方面入手。一是要提升优质生态产品的供给能力,进一步加强对湿地、湖泊和风景名胜区的保护力度,积极构建生态走廊和生物多样性保护安全网,统筹协调城乡生产资源,秉承以人为本的思想,

---

① 习近平:《出席全国生态环境保护大会并发表重要讲话》,《人民日报》(海外版)2018年5月21日。

突出特色，打造生态精品，拓展生态幸福家园；以生态环境的承载力为标尺，优先考虑其带来的环境效益和社会效益，提高生态环境污染防治的精准性，增加生态产品的实际供给能力。二是进一步拓展新的、更为丰富的生态产品，科学合理地开发利用生态资源，挖掘生态财富，高站位、高标准、高质量地为人民提供更多的旅游观光、休闲娱乐、生态康养等多功能为一体的服务和产品，利用生态优势和特色，打造绿色产业链条的升级版，不断扩大优质生态产品的供给总量。此外，还要全面从严加强对生态产品和服务的监管力度，切实提高生态产品的供给质量和效益，努力增加生态产品的附加值，不断提升生态服务质量，把人民是否真正满意和认可作为第一评价和检验标准，把优质贯穿生态产品的全过程，加强生态文明建设，回应人民对良好生态的殷殷期盼，为美好生活提供更多更优质的生态产品。

最后，坚持绿水青山就是金山银山。习近平总书记在党的十九大报告中指出："必须树立和践行绿水青山就是金山银山的理念"[①]，这也是新时代的基本方略之一。环境就是民生，绿水青山就是最普惠的民生福祉。要牢牢坚持以人民为中心的生态建设思想，在全面保护生态环境的同时，促进绿水青山和金山银山科学、合理、适度地相互转化，让生态福祉惠及全体人民。一是全民推动绿色发展。必须进一步调整经济结构，坚持保护和改善环境就是保护和发展生产力，摒弃以牺牲环境为巨大代价来换取经济快速增长的错误做法，促进经济绿色低碳循环发展，倡导绿色 GDP，坚决避免"生态赤字"和"环境透支"，给人民创造良好的生态环境，共享最普惠的民生福祉；以科技创新和产业变革引领绿色发展，培育壮大节能环保、清洁生产和新能源产业，进一步节约能源资源，加强循环利用，推进"两型"社会建设，让人民在享受物质财富的同时，也能更好地享受生活环境的宜居性；主张科学绿色消费，避免铺张浪费和过度消费，大大提升人民的生活质量和水平，提升幸福指数。二是以系统工程思路严抓生态建设。坚持人民利益至上，强化生态红线意识，牢固树立底线思维，以民生工程为重点，在生态环境保护问题上真正做到不敢越雷池一步，保

[①] 习近平：《决胜全面建成小康社会　夺取新时代中国特色社会主义伟大胜利——在中国共产党第十九次全国代表大会上的报告》，人民出版社 2017 年版，第 23 页。

护生态安全,保障人民安宁;加大环境保护力度,解决人民群众关心的突出环境问题,为人民群众创造良好的生产生活环境;加强生态文明制度建设,完善生态治理体系,全面提高生态治理能力,进一步改革生态环境监管体制,让生态建设有法可依,有章可循。三是把建设美丽中国,植根于人民心中,外化为人民自觉行动。树立科学的生态文明观,增强环保意识,亲近自然、珍爱自然;激发人民的积极性和主动性,形成社会合力,共同投身于生态建设;倡导绿色低碳、文明健康的生活方式,坚持理性绿色消费,节约适度,为青山绿水贡献人民力量。

(二) 努力提高领导能力

"政治路线确定之后,干部就是决定的因素。"[①]能不能把以人民为中心的发展思想落到实处,很大程度上还取决于各级领导干部的领导能力和水平。

1. 提高领导能力是抓落实的关键

领导能力是提高执行力的关键。马克思认为:"一切规模较大的直接社会劳动或共同劳动,都或多或少地需要指挥,以协调个人的活动,并执行生产总体的运动——不同于这一总体的独立器官运动——所产生的各种一般职能。一个单独的提琴手是自己指挥自己,一个乐队就需要一个乐队指挥。"[②]一个乐队没有指挥,就不可能演奏出和谐、美妙、动听的乐章。决策执行活动没有正确、有效的指挥,就会各自为战、各行其是,使整个决策执行活动陷入混乱之中。

贯彻落实以人民为中心的发展思想,既要政治过硬,也要本领高强。习近平总书记指出:"全党同志特别是各级领导干部,都要有本领不够的危机感,都要努力增强本领,都要一刻不停地增强本领。"从总体上看,与今天我们党和国家事业发展的要求相比,我们的本领有适应的一面,也有不适应的一面。"很多同志有做好工作的真诚愿望,也有干劲,但缺乏新形势下做好工作的本领,面对新情况新问题,由于不懂规律、不懂门道、缺乏知识、缺乏本领,还是习惯

---

① 《毛泽东选集》(第二卷),人民出版社 1991 年版,第 526 页。
② 《马克思恩格斯全集》(第四十四卷),人民出版社 2001 年版,第 384 页。

于用老思路、老套路来应对,蛮干盲干,结果是虽然做了工作,有时候做得还很辛苦,但不是不对路子,就是事与愿违,甚至搞出一些南辕北辙的事情来。这就叫新办法不会用,老办法不管用,硬办法不敢用,软办法不顶用。"[①]如果不抓紧增强本领,久而久之,我们就难以胜任领导改革开放和社会主义现代化建设的繁重任务,难以把以人民为中心的各项工作做好。

绳短不能汲深井,浅水难以负大舟。人民群众对美好生活的需要越增长,对领导干部的能力要求就越高。党的十九大提出了全面增强执政本领的明确要求。要增强学习本领,在全党营造善于学习、勇于实践的浓厚氛围;增强政治领导本领,科学制定和坚决执行党的路线方针政策;增强改革创新本领,善于结合实际创造性推动工作;增强科学发展本领,善于贯彻新发展理念,不断开创发展新局面;增强依法执政本领,加强和改善对国家政权机关的领导;增强群众工作本领,善于组织动员广大人民群众坚定不移跟党走;增强狠抓落实本领,以钉钉子精神做实做细做好各项工作;增强驾驭风险本领,勇于战胜前进道路上的各种艰难险阻。这些本领,说到底就是各级干部的领导能力。只有全面增强执政本领,努力提高领导能力,才能牢牢把握工作主动权,更好地落实以人民为中心的发展思想。

2. 提高领导能力的原则和方法

通常我们说"部署"与"落实"同样重要,二者缺一不可,那为何又有"一分""九分"之分呢?其实,这一说法原是习近平总书记的重要见地。他认为,所谓"任务",就是统一部署并协调一些重大问题,然后再把工作任务分解下去逐一落实。由于"部署"与"落实"的层级结构不同,习近平总书记将其生动地概括为"一分部署,九分落实"。

对于"落实",有三个原则需要把握。第一,落实之道,贵在求实。精神上讲求务实,行动上讲求实干,结果上讲求实效,从内而外,自然而然,将落实融入心中,才能真正干出实事。第二,落实之贵,重在坚持。坚持是一个沉重的概念,落实工作更需要坐得住冷板凳,持之以恒,把该做的工作做好。尤其对于干事创业的先行者来说,每一项工作都需要坚持,既需要把手头的工作做

---

① 习近平:《各级领导干部都要有本领不够的危机感》,《人民日报》2013年3月3日。

好,还要有意识地跟进,有目的地反馈,甚至主动自觉地自查,让工作一项一项地完成,一件一件地落实,一年一年地见效。第三,落实之重,见于灵活。落实工作不能照抄照搬,而要把部署与执行综合起来考虑,结合创业实际来创造性地开展工作,要善于从落实中学习、开拓、发散、反省,让原本死板的落实工作"活"起来。总之,只有求真务实,真抓实干,才能真正干出有益于党和人民事业发展的实事,真正做出经得起历史检验的实绩。①

对于真正的实干者而言,抓落实是一个"技术活",是体现我们党和国家管理能力与组织能力的重要指标。大多数人认为,决策部署作出以后,剩下的工作就在于"狠"抓落实,但在实际工作中,却往往出现抓不具体、抓不到位、抓不出实效的情况,到头来是有力无处使,有手无处抓。归根结底,这个问题可以划分为两个层次:一是缺乏"真抓"的工作作风,二是缺乏"会抓"的本领方法。对于这个问题,习近平作了一个深刻的类比,他认为:"抓落实就好比在墙上钉钉子:钉不到点上,钉子要打歪;钉到了点上,只钉一两下,钉子会掉下来;钉个三四下,过不久钉子仍然会松动;只有连钉七八下,这颗钉子才能牢固。""逢墙乱钉,碰到容易脱落或者开裂的墙面时,还要想办法修补墙面,打好敲钉子的基础。"②

首先,"钉不到点上,钉子要打歪",这说明抓落实要抓到点上、以点带面,盯住事关全局的重点工作,把力量凝聚到点上。对于干事创业的先行者来说,可供取用的精力与资源并不多,这更说明仅有的力量应该用在刀刃上,着力解决涉及全局的突出问题,以点带面,推动全局,避免这里抓一下,那里敲一下,浅尝辄止、朝三暮四。

其次,"钉到了点上,只钉一两下,钉子会掉下来;钉个三四下,过不久钉子仍然会松动;只有连钉七八下,这颗钉子才能牢固"。这说明抓落实要一抓到底,常抓不懈,更要一步一个脚印,步步为营,有板有眼。抓落实要成为新常态,要成为工作作风;抓落实不能满足于牵着别人走,而要鼓励在具体工作中自觉地践行落实;直到"落实"成为一种文化。

---

① 董振华:《中国道路的成功密码》,北京联合出版公司2018年版,第168—169页。
② 习近平:《之江新语》,浙江人民出版社2007年版,第241页。

最后,抓落实还要结合实际,因地制宜。这就是说,敲钉子不能靠蛮力,碰到墙面开裂要知道补墙,碰到墙内钢筋要知道换地方,碰到墙面易碎要预想到有裂缝,未雨绸缪,三思而后行。如果没有考虑具体情况一意孤行,依葫芦画瓢、生搬硬套,难免会增加落实的难度,甚至威胁到正常工作的顺利进行。

总之,用习近平总书记的话说,抓落实就要有"咬定青山不放松"的韧劲、不达目的不罢休的狠劲,真正把各项工作落到实处、抓出实效。

需要指出的是,落实以人民为中心的发展思想,除了要掌握抓落实的本领和方法,还要求领导者具备多方面的指挥才能,并遵循科学的原则。第一,统一指挥。一个或数个下级只能接受一个上级的指挥,不能政出多门、多重领导,否则下属会无所适从。第二,领导的指示要具体、明确。指示要有针对性,有的放矢;各项指令要具体、确切,不能模棱两可、含混不清。第三,不能越权指挥。应由下级处理的问题上级不能包办,更不能越级处理;应由上级处置的问题下级不能专擅。第四,指挥要坚定、果断。在执行过程中,如果决策方案和行动计划是正确的,基本情况未变,就应坚决执行,不被困难和阻力所吓倒;即使在危急时,也要指挥若定,不乱方寸。

(三)健全完善工作机制

贯彻落实以人民为中心的发展思想是一项系统工程,必须进一步健全和完善相应的工作机制。因为,机制是一个健全的动力系统。有了良好的机制,就能产生动力,形成活力,激发创造力,形成内在的制约力量,并经常、稳定地发挥作用。因此,要想使以人民为中心的工作深入开展,就要在以下三个方面健全和完善工作机制。

1. 完善动员宣传机制

马克思指出:"批判的武器当然不能代替武器的批判,物质力量只能用物质力量来摧毁;但是理论一经掌握群众,也会变成物质力量。理论只要说服人,就能掌握群众;而理论只要彻底,就能说服人。所谓彻底,就是抓住事物的根本。但是,人的根本就是人本身。"[1]无产阶级政党十分注意发动人、说服人

---

[1] 《马克思恩格斯选集》(第一卷),人民出版社1995年版,第9页。

的工作,在推进每一项工作时,首先考虑的就是能否吸引足够的人民群众参与进来,充分发挥人民群众的积极性、主动性。

一个政党的行动纲领再好,许下的诺言再好,如果不能为人所理解、所执行,就会落空。在革命、建设和改革的关键时期,不管出台和实施任何一项重要方针政策,都需要事先做深入细致的思想政治工作,发挥种种舆论工具的作用,凝聚人心,统一思想和步调。我们党一直非常重视也非常善于做这项工作。1945年4月,毛泽东同志在党的七大预备会议上强调:"要知道,一个队伍经常是不大整齐的,所以就要常常喊看齐,向左看齐,向右看齐,向中看齐。我们要向中央基准看齐,向大会基准看齐。看齐是原则,有偏差是实际生活,有了偏差,就喊看齐。"①

毛泽东此时提倡的"看齐意识"是对党的领导的长期历史经验的深刻总结,同时具有强烈的现实针对性。我们经常看到,政策供给与执行之间出现错位,重政策设计、轻政策执行,政策难以落实到位。有时候是政策大而化之,抽象的原则多,具体的措施少,在实际操作中很可能难以体现。有时候是政策上都有规定,从上到下逐级传达到位,但执行效果却无检查、无反馈,甚至无人过问,无人负责,客观上导致政策的"空转"或低效率。久而久之,政策就会成为一种可有可无的"摆设品"。现在,一些地方、一些部门,部署缺少政策和措施,只是挂在墙上和嘴边,实际工作中却是另外一套,这样的政策和措施没有丝毫约束力和威信,这样的地方和部门的工作质量和效率也是可想而知的。其中的原因有很多,但最根本的恐怕还是缺乏人民群众的支持和参与,无论是政策和措施的制定,还是执行监督,都没有充分发挥人民群众的主体作用,也就使人民群众对其不关心,当然难以取得预期的效果。

任何一项伟大事业要成功,都必须从人民中找到根基,从人民中凝聚力量,由人民共同来完成。贯彻以人民为中心的发展思想,是一项为了人民、依靠人民的艰巨工作,需要全社会方方面面同心干,需要全国各族人民心往一处想、劲往一处使。习近平总书记指出:"如果一个社会没有共同理想,没有共同目标,没有共同价值观,整天乱哄哄的,那就什么事也办不成。我国有13亿多

---

① 《毛泽东文集》(第三卷),人民出版社1996年版,第297—298页。

人,如果弄成那样一个局面,就不符合人民利益,也不符合国家利益。凝聚共识工作不容易做,大家要共同努力。为了实现我们的目标,网上网下要形成同心圆。什么是同心圆? 就是在党的领导下,动员全国各族人民,调动各方面积极性,共同为实现中华民族伟大复兴的中国梦而奋斗。"① 正因为如此,广泛的动员宣传工作不仅是对决策程序的完善和回归,而且也为决策的有效执行奠定了群众基础。如果决策是从群众中来的,是为群众服务的,并且主动向群众做了宣传和解释,群众自然而然会实心实意拥护,就不怕得不到执行。只有这样,才能从根本上解决一些地方决策执行不力的问题。

2. 完善组织协调机制

小学课本上有一则故事《天鹅、梭子鱼和虾》。池塘边,一辆满载的小车陷进淤泥,天鹅、梭子鱼和虾打算共同把车拉出淤泥,拉到大路上。它们找来绳索,开始拉车。天鹅拼命往天上飞,梭子鱼用力往水里游,虾使劲往后拖,结果小车纹丝不动。这个故事说明,如果没有组织性,大家各做各的,只会做无用功。

以人民为中心的各项决策的落实具有系统性,涉及党的各级组织和政府的各个部门,如果缺乏统一的组织协调,就极易出现扯皮、推诿等工作不扎实的现象。通过完善组织协调机制,可以把各个部门、单位及各个阶段的活动纳入统一的计划之中,使行政决策执行者明确所需的组织结构、人员配备及各人的具体职责,以利于发挥人员、组织、设备的整体效能,从而使整个行政决策执行活动有条不紊地进行。

一是抓好外部的组织协调。各地方、各部门要主动加强联系,平等协商,健全完善重大工作联席会议制度,定期向成员单位通报贯彻落实以人民为中心发展思想的情况,研究安排一个时期的重点工作,协调解决工作中出现的问题。要利用座谈会、通报会、项目制、协调会等多种形式,打破"条块分割""不相往来"的工作局面,互通有无,资源共享,最大限度地把各个地方、部门的积极性调动起来、发挥出来,共同为落实以人民为中心的发展思想献智出力。例如,2019 年 5 月 13 日中共中央政治局会议通过的《长江三角洲区域一体化发

---

① 习近平:《在网络安全和信息化工作座谈会上的讲话》,《人民日报》2016 年 4 月 26 日。

展规划纲要》,就是由国家发展和改革委员会牵头,会同国家有关部委和上海市、江苏省、浙江省、安徽省作出的重大决策部署。该纲要提出加强各领域互动合作,扎实推进长三角一体化发展。未来3—5年,将在长三角三省一市实现规划一张图、交通一张网、环保一根线、市场一体化、治理一个章、民生一卡通、居民一家亲七个目标。这对深入推进长三角重点领域一体化建设,强化创新驱动,建设现代化经济体系,提升产业链水平,以及方便长三角地区2.2亿人民的生活都具有重大意义。在老百姓眼中,不管是交通的对接,还是医疗的共享,社会民生资源共建共享是民众最质朴的愿望。如何打通更多的民生"断头路",给百姓更多的幸福感与获得感,让百姓感受最直接的实惠,这是长三角高质量一体化发展中的定位。

二是抓好内部的组织协调。以人民为中心的发展思想的每一项工作任务都离不开各地各部门的贯彻落实,要确保不折不扣地完成各项任务,就要及时传达中央和上级精神,把思想统一到中央精神上来,并加强工作指导和督察,形成一级抓一级、层层抓落实的工作局面。在督促完成"规定动作"的同时,要鼓励下级结合本地区、本部门实际,积极开展"自选动作",提高工作的针对性、实效性和惠民效果。例如,宁波市按照"构建党委全面统一领导、政府负责、党委农村工作部门统筹协调的农村工作领导体制"的要求,着力构建多部门协同联动的综合推进工作体系,使其在行动上同向发力,形成乡村振兴的强大动能。在实施农村品质提升行动中,由市委农办总牵头,相关部门积极参与,市文明办牵头开展农村环境卫生大整治;市美丽办牵头开展农村生态环境建设行动;市住建委牵头开展农村"三居"行动,此外,住建、规划、国土、民政等部门都积极参与美丽乡村规划、建设、管理。工会、共青团、妇联、科协等社会团体也积极参与乡村振兴,市妇联组织开展"乡村振兴巾帼行动",扶持创建巾帼创业创新示范基地,开展"美丽庭院"女主人、巾帼护河志愿者、垃圾分类达人、最美河嫂等评选。团市委扶持打造"青创农场"品牌,创建建设市县级"青创农场"10家,共吸引185名青年返乡创业,安排农业就业青年700多人。市委统战部发挥统战优势,倡议成立"同心共建美丽乡村"专家库、项目库和资金库,引导各民主党派、党外知识分子、海内外"宁波帮"积极参与,投身乡村振兴运动。宁波市教育局引进国内首个农村社区(CLC)终身学习研究所,推进农村社区教育改革，提高农民科学文化素质和农业生产技能。①

总之，通过健全组织协调机制，有利于更加有效地协调各方力量，整合各方资源，形成整体合力，推动以人民为中心的各项政策的贯彻落实。

3. 健全工作落实机制

抓落实，既要有良好的精神状态、过硬的能力素质、扎实的工作作风，还必须建立科学管用的工作机制。只有形成刚性约束、层层传导压力，才能从根本上解决"不落实、落不实"的问题。我们要以更多的精力、更大的力度抓落实，特别是要建立健全抓落实的工作机制，为贯彻以人民为中心的发展思想提供强有力的机制支撑。

一是健全责任分解机制。明确责任是抓好落实的重要基础。在实际工作中，类似"踢皮球"的问题，很多就在于责任不清，导致推诿扯皮。因此，保证工作不缺位、不越位、不错位，避免干部不作为、慢作为、乱作为，必须有更清晰、可追溯的责任体系和责任链条。对中央和省委的各项决策部署，要及时进行责任分解，切实把任务分解到部门、具体到项目、落实到岗位、量化到个人，形成目标清单、任务清单、责任清单，确保事有专管之人、人有明确之责、责有限定之期。要实行台账式管理，逐项建立台账，定期督查台账，务求各项目标任务落到实处、取得实效。坚持以人民为中心的发展思想，是为了让人民过上幸福生活。"要在抓好脱贫攻坚这个第一民生工程的同时，统筹做好就业、收入分配、教育、社会保障、医疗卫生、住房、食品安全、生产安全、公共治安等各项民生的保障和改善工作，确保人民安居乐业、社会安定有序。推出的每件民生实事都要一抓到底，一件接着一件办，一年接着一年干"②，不断增强人民群众的获得感、幸福感、安全感。

二是健全督促检查机制。落实之法，贵在督查。督促检查是抓好落实的重要保障。没有严格督查就难以保证落实到位。目前，我们的督查工作还存在不少问题，如确定主题时抓不住要害，督查进行时"悄无声息"，督查结果很

---

① 《形成推动乡村振兴的强大合力》（2018 年 5 月 29 日），中国宁波网，http://www.cnnb.com.cn/nbzfxwfbh/system/2018/05/29/008755940.shtml，最后浏览日期：2023 年 12 月 9 日。
② 《习近平在山西考察工作时强调　扎扎实实做好改革发展稳定各项工作　为党的十九大胜利召开营造良好环境》，《人民日报》2017 年 6 月 24 日。

多"石沉大海",该释放的信号释放不出去,该解决的问题没有解决多少,该传下去的压力督查过后就荡然无存。对此,要认真学习借鉴中央开展督查的经验,改进督查方式,用好督查结果,特别是对督查中发现的问题,不能只说"有的"地方怎么样、"有些"单位怎么样、"部分"干部怎么样,必须具体到哪个地方、哪个单位、哪个干部,做到见人见事、有名有姓。督查以人民为中心的各项政策的落实情况,要从本地区本单位典型案例、重大事件、信访积案中查找问题,把问题找准找实,并针对工作中存在的堵点、痛点、盲点问题,进行分析点评,集智聚力做好补"短板"、强"弱项"、还"欠账"工作,确保各项工作按序时进度、按质量要求完成。要坚持普遍检查和重点抽查相结合,根据年初确定的目标任务,逐项进行检查考核和经验交流,实现督查工作全覆盖,推动各项工作扎实有效开展。

三是健全考核激励机制。健全考核评价机制。考核评价是抓好落实的重要导向。工作谁优谁差,成绩孰大孰小,考评结果一目了然。以严格公平的考评为"度量仪",充分发挥好"指挥棒"作用,必须完善考核体系、健全考评制度。在具体实践中,既要突出普遍性、同类同考,也要突出差异性、提高专项权重。要因地制宜、精准施策,聚焦地方的重点任务,有针对性地进行分类考核,不能搞"一刀切"。要注重专项考核,切实推动专项要求、专项指示落地、落实。同时,各地各部门也要围绕考核指标,找差距,补短板,使考核评价的过程,成为抓落实、促发展的过程,将考核评价的压力,转化为抓落实、促发展的动力。健全正向激励体系。着力强化敢于担当、攻坚克难的用人导向,把那些想改革、谋改革、善改革的干部用起来。通过树立典型,激发人们顽强拼搏、奋发向上的精神;通过评选先进,评出方向,评出凝聚力、战斗力,评出奋发向上的工作劲头,进一步调动广大干部的积极性和创造性,形成想干事、会干事、能干事、干成事的良好氛围。健全激励机制,务必要建立工作晾晒机制。对抓落实成效显著的单位和个人予以通报表扬;对敷衍塞责、推诿扯皮、落实不力的要严肃追责问责。只有如此,才能真正用好考核评价这根"指挥棒",充分发挥考核评价对干部的激励鞭策作用。

"井无压力不出油,人无压力轻飘飘。"筑就严密的"防火墙",增强制度的"约束力",是抓落实、促发展的长久之计。各地各部门要着力健全工作机制,充分形成人人抓落实、事事抓落实、时时抓落实的生动局面,有力推动以人民为中心的各项措施落在实处,取得实效。

三、完善信息反馈机制

党和政府决策的执行是否符合民众的需要,人民满不满意,这都需要完善信息反馈机制。在许多情况下,决策者所作的决策是否符合客观实际,只有在方案实施的过程中才能检验出来。由于现代决策的复杂性、多变性和决策者个人能力的局限性,即使是经过认真调查研究、精心设计、慎重选择的方案,也不可能保证在实施过程中没有问题,决策方案不符合或不完全符合客观实际的情况时有发生,这要求决策者在决策实施过程中,密切注意监察实施情况,对决策不断调控,以便及时发现决策的偏差和失误,尽早地进行调整、修改和完善。为此,必须建立一个健全有力、灵活有效的反馈调控机制。这不仅是实现决策科学化的进一步延伸,同时也是决策有效实施的保证。因为不顾实际情况的盲目实施,不仅违反党的实事求是的思想路线,更是对人民的不负责任,也必然导致发展的曲折和失误。

(一)建立决策执行跟踪的反馈机制

当决策执行之后,执行的效果如何,是否需要对原有的决策进行修正,所有这些都需要反馈机制发挥作用。建立决策执行跟踪的反馈机制,需要做到如下两点。

第一,强化调查研究。调查研究是我们做好工作的基本功。政策的决策离不开调查研究,正确的贯彻落实同样也离不开调查研究。决策执行后,党委和政府要对决策实施的效果进行调查,通过调查评判群众的满意度,对群众反映的问题要认真考虑、研究,加以梳理和讨论。

领导干部下去调查研究,是为了掌握第一手材料。焦裕禄讲,吃别人嚼过的馍没有味道,就是说掌握真实情况,形成真知灼见,以利于正确下决心、指导工作。但是,现在调查研究好像还有一个"功能",就是让别人知道我在调查研究,我在忘我工作,我在接触群众。而这个"功能"在一些人那里似乎渐渐变成了调查研究的主要功能,调查研究的本来目的倒变成次要的,甚至可有可无的了。显然,其中有个导向问题。有的人觉得无声无息、埋头苦干,最后得不到认可。要想得到认可就要出头露脸,最后变成出头露脸就是工作、就是政绩,这是私心杂念在作怪,与以人民为中心的工作要求相去甚远,甚至背道而驰。从现实来看,有的领导干部下去调查,实际是走过场,群众将此形象地比喻为"井里的葫芦,从上面看在下面,从下面看仍然还浮在上面"。领导下来调查,下边往往"精心"安排,选"景点",画"路线",指定座谈对象,甚至"预演预练",这样就难以保证第一手资料的真实性,也就难以获得真正的民意,掌握决策实施的真实效果。

把以人民为中心的发展思想落到实处,迫切需要广泛深入开展调查研究,把决策执行中存在的矛盾和困难摸清摸透,把各项工作做实做好。各级领导干部要以人民利益为重,积极开展调查研究,要扑下身子、沉到一线,迈开步子、走出院子,到车间码头,到田间地头,到市场社区,亲自察看、亲身体验。调查研究要紧扣人民群众生产生活,紧扣经济社会发展实际,紧扣全面从严治党面临的现实问题,紧扣贯彻落实以人民为中心的发展思想需要解决的问题。既要到工作局面好和先进的地方去总结经验,又要到群众意见多的地方去,到工作差的地方去,到困难较多、情况复杂、矛盾尖锐的地方去研究问题,特别是要多到群众意见多的地方去,多到工作做得差的地方去,既要听群众的顺耳话,也要听群众的逆耳言,这样才能听到实话、察到实情、收到实效。① 习近平指出:"调查研究千万不能搞形式主义,不能搞浮光掠影、人到心不到的'蜻蜓点水'式调研,不能搞做指示多、虚心求教少的'钦差'式,不能搞调研自主性差、丧失主动权的'被调研',不能搞到工作成绩突出的地方调研多、到情况复杂和矛盾突出的地方调研少的'嫌贫爱富'式调研。"② 各级干部特别是领导干部要结合贯彻落实以人民为中心的发展思想,真正动起来、深下去,全面了解情况、深入研究问题,把准事物的本质和规律,找到破解难题的办法和路径。要实事求是,有一是一、有二是二,既报喜又报忧,特别要力戒形式主义、官僚

---

① 习近平:《在党的十九届一中全会上的讲话》,《求是》2018年第1期。
② 习近平:《推进党的建设新的伟大工程要一以贯之》,《求是》2019年第19期。

主义,坚决反对在调查研究中走马观花、浅尝辄止、一得自矜、以偏概全,草率地下结论、做判断。

第二,建立决策实践反馈信息系统。在执行决策过程中,领导机关和领导干部还要做好决策的追踪、检查和反馈工作,根据群众实践的效果,及时总结成功的经验,对原决策进行补充和完善,对决策执行中出现的问题应及时了解和掌握,出现偏差要及时纠正,遇到重大问题,应当提出处理意见,及时向组织或上级报告,以便组织或上级采取相应的处理措施,避免因小错酿成大错、短时间的失误延误为长时期的失误,防止重大失误的发生。

实践反馈信息是正确决策的重要依据。从马克思主义认识论来看,实践反馈信息是正确决策过程和得到一个正确决策的前提和重要环节。决策从实质上看也是一种认识,但这种认识更具可操作性、实践性和权威性,"人的意识不仅反映客观世界,并且创造客观世界"[①],在这种认识中,更为凸显和鲜明。由于"世界不会满足人,人决心以自己的行动来改变世界"[②],才能满足人的各种需要。人的行动要能真正改变世界,就要凭借决策这样一种认识。一个正确的认识,往往需要经过由实践到认识、由认识到实践这样多次的反复才能完成,因此,一个正确的决策也必须从实践到决策、再从决策到实践这样多次反复才能完成。在这样多次反复的过程(决策的过程)中,领导者必须尽力认真仔细地搜集实践中的实践反馈信息。经过分析,这些实践反馈信息便能告诉我们,在一定时间、地点、条件下,怎样的决策是正确的、可行的,并能带来最佳的效益。所谓"摸着石头过河","石头"好比实践反馈信息,"过河"的路线即正确决策,这种正确决策只能产生在不断"摸石头"的过程中。

实践反馈信息还是决策实施后获得最佳效益的保证。同一个正确的决策,在不同地方实施后,并不见得都能获得最佳效益。正如老百姓常说的:这些年,为什么同是实行一样的政策,有些地方就搞得好,有些地方就搞得差?究其原因,应该说是多方面的。但不懂得通过抓实践反馈信息,来保证正确决策在实施过程中谋取最佳效益,则是一个重要的方面。这里说的效益,即在前

---

① 《列宁全集》(第三十八卷),人民出版社 1986 年版,第 228 页。
② 同上书,第 229 页。

面所讲的决策效果信息。它能够告诉我们正确决策实施后,取得了怎样的效益;如果效益不好,那我们就应根据决策效果信息即决策的实践反馈信息,去调整决策的指令信息,直到真正谋求到最佳效益时为止。无论经济决策的实施,还是民生决策的实施,都有个谋取最佳效益的问题,即在改变自然和社会以及人们的主观世界方面是否得到了实在的进展,满足了人自身存在和发展的某些需要,否则就是形式主义官僚主义的领导。对此,习近平一针见血地指出:"在形式主义方面,主要是知行不一、不求实效、文山会海、花拳绣腿、贪图虚名、弄虚作假。"[①]领导者应通过敏锐捕捉实践反馈信息,调整决策目标和措施,去获取最佳效益,这就是建立决策实践反馈信息系统的巨大价值所在。

建立决策实践反馈信息系统,应同决策系统和决策指令信息的信道分开。决策实践反馈信息是指决策在实施过程中产生的决策效果信息。这种信息跟决策指令信息,若经同一个信道和放在决策系统之内,势必引起该系统的混乱,出现"两败俱伤"的局面,既使决策指令信息明确性减弱,权威性受干扰,又使决策效果信息的反馈受其影响而失真。效果信息受决策者或指令信息影响时,会发生以下情形:投其所好,指鹿为马,报喜不报忧;看风使舵,风吹两边倒,不一而足。这样就失去了建立决策实践反馈信息系统的重要作用和价值。

建立决策实践反馈信息系统应做到民主化、科学化、法治化。第一,民主化。鉴于以上所述之理,实践反馈信息的信道、网络和系统的建立只有走非行政化之路,才可解决决策指令信息和决策效果信息因相互干扰而彼此走样的问题。以人民为中心的决策指令信息覆盖面广大,信宿所及之地必然产生广泛的效果信息,对此广大人民群众有着深切的直接感受。因此,所要建立的决策实践反馈信息系统,只有充分表达了民意的,才是不失真和最有效的,才能如实向各级决策部门和领导反馈百姓有价值的感受。另外,从我们党的性质、宗旨,我国宪法的根本精神以及建设切实的民主政治的要求来看,决策实践反馈信息系统也必然是民主化。这也就为老百姓参加各级政府的决策,提供了一个可行的途径,也为各级政府决策的实施,能获得最佳效益提供了有力保证。第二,科学化。所谓科学化,从软的方面要求,决策效果信息的信道、网络

[①]《习近平谈治国理政》,外文出版社2014年版,第368页。

和系统,应该是灵敏、可靠、公正、快捷、畅通和高保真的;从硬的方面要求,应该有一套现代化的信息收集、整理、分类、加工、储存、检索、传输的网络和系统的设备。在具体方法上,可以运用个体的、群体的访谈方法或采用文件资料阅读、抽样问卷等方法采集整理决策执行信息;也可以采取定性、定量分析相结合的方法统计分析信息;同时,还可以运用成本效益统计、抽样分析法、模糊综合分析法等政策评价方法得出结论并加以分析,最终得到综合评定结论。第三,法治化。决策实践反馈信息系统的重要作用和价值,是通过它的特殊要求才能实现。因此,如果不从制度和法规上给予保障,在具体操作和运转过程中,这种特殊要求必然会受到这样那样的干扰而无法完成,就会使决策实践反馈信息系统的重要地位和巨大价值受到伤害。有了法治保障,局部范围或地区如果出现了上述情况,也就可依法及时处理和解决,使网络和系统的正常运作较快地恢复起来。① 此外,信息的收集和调查研究也不能仅靠领导者的重视,还要形成制度化的工作态势,以此保证这项工作的可持续性。

(二) 完善领导干部联系基层和倾听群众诉求的反映机制

以人民为中心的发展思想在实践中贯彻得如何,人民是否真正得到了实惠,人民生活是否真正得到了改善,群众最有发言权。为了及时了解掌握决策执行的效果,需要进一步完善领导干部联系基层和倾听群众诉求的反映机制。

第一,创新领导干部联系群众的方式。密切联系群众,功夫在平时。"干部平时不进群众的家门,群众有事就会堵政府的大门。"创新联系群众方式,充分发挥领导干部在联系服务群众中的带头、推动、督促、保证作用,要求机关工作重心下移,基层干部坚守一线,领导干部要定期深入基层,特别是深入经济落后、问题较多的地方调查研究,了解群众疾苦,倾听群众呼声,帮助解决困难。

一是联系结对。当前干部考核激励制度尚不够健全完善,对党员干部做好群众工作的绩效衡量缺乏有效手段和科学规定,导致群众工作"干多干少一个样、干好干坏差不多"。在各级党员干部中还一定程度存在着回避矛盾、侥

---

① 郑祚尧:《加速建立有效的决策实践反馈信息系统》,《云南师范大学学报》(哲学社会科学版)1994年第1期。

幸过关的"鸵鸟"心态，不愿直面群众矛盾，信奉"多一事不如少一事"，只要没有群众上访压力，对群众工作采取能躲则躲、能拖即拖策略。少数干部在实际工作中还存在推诿塞责的现象，过于依赖信访、政法等部门，对群众工作不是主动安排部署，而是疲于被动应付。这些现象导致无法及时了解以人民为中心的各项工作的落实情况。为了改变这种状况，2016年，浙江省湖州市吴兴区"局长驻点工作室"推行一村（企）一名局长，实现联系结对全覆盖。按照"一人一村一企业一项目"的原则，由45个区级机关部门和12个乡镇、街道机关党组织派出281名科局级领导干部联系结对165个行政村、281家企业和142个重点项目，主要承担"加强基层党建、联系服务群众、理清发展思路、办好惠民实事"等职责。按照"有场所、有牌子、有制度、有台账"的"四有"标准，设立"局长驻点工作室"，作出公开服务承诺，每月定期驻点服务。同时，推行"一人一个团队"，开展组团服务，将联系干部所在单位年轻干部纳入联系结对工作，实现了联系结对全覆盖。①

　　二是定期走访。领导干部要坚持深入实际、深入基层，带着感情、带着责任进村入社，通过走访座谈，掌握平时难以听到、不易看到、意想不到的真实情况，真正把群众最烦心的问题摸准、摸透，找准需要共同探讨和着力解决的突出问题。要结合实际，有针对性地与党员、干部、群众个别谈心，做到在工作中谈，在串门入户时谈，及时了解他们的真实想法，分析影响现实行动的主要原因，着力解决思想认识不统一、支持发展不齐心的问题，为贯彻落实以人民为中心的发展思想奠定良好基础。浙江省湖州市吴兴区按照"局长驻点工作室"制度要求，各级机关党组织要求每名科局级领导干部每月驻点办公不少于2天，实地调研不少于1次，每年要对联系村农户走访一遍。在走访调研中，做到基层党建情况必问、阵地必看、责任必讲，群众诉求必听，困难群众必访，群众托付事情必办。2016年，各工作室收集到各类基层民情信息12 474条，上报紧急舆情信息293条，及时反映了基层动态，有效发挥了"社情民意调研室"的作用。

---

① 沈佳文：《健全领导干部联系服务群众长效机制的创新实践——以浙江省湖州市吴兴区"局长驻点工作室"为案例》，《人民日报》2016年8月1日。

三是分片督导。为进一步压实责任,扎实推进以人民为中心发展思想的重点工作,需要将辖区划分为若干个片区,集中利用一段时间,由领导直接召集片区内负责人进行专题调度,确保各项重点工作扎实推进,落实落细。针对督导中发现的问题,列出问题清单,提出整改意见和建议,要求及时认真整改,并对整改情况进行跟踪督办,对发现问题未及时进行整改、整改不到位、故意隐瞒工作推进情况等依纪依规严肃追责,以铁的纪律确保重点工作取得实效。例如,2019年,云南省宣威市纪委监委围绕服务脱贫攻坚大局,强化扶贫领域监督执纪问责工作,成立6个脱贫摘帽督战指导工作组,围绕政策落实、责任落实等12个方面,进行每月分片督导,为脱贫攻坚保驾护航。① 又如,南通市通州区卫生和计划生育委员会为实施农村户厕改造提升工程,开展农村人居环境整治,确保其按计划分步骤有序实施,决定由委领导班子成员带队,委机关各职能科室(单位)负责同志共同参与,组成6个专项督导组,建立农村户厕改造提升工程分片联系与跟踪督导制度,既便于掌握农村户厕改造提升工程的进展情况,又能保证工程的组织程度。②

四是善用网络。以互联网为代表的新媒体,具有"反应迅速,成本低廉,公众参与,实时在线"的特点,如何运用新媒体和大众沟通,是党员干部应该立即补的课。当前,一些地方建立"民心网"、开设《市民心声》《行风热线》《在线投诉》等栏目,收到了良好效果。我们看到一些领导干部运用微博,和大众进行"微访谈",这是互联网时代干部与时俱进、密切联系群众的创新方式。社会的发展,要求党员干部不但能够到田间地头和老百姓倾心交流,也能够运用诸如微博这类新型工具与群众进行"微访谈"。这对及时了解决策执行中的问题,发现群众面临的问题,反映群众提出的意见,总结群众创造的经验,都有很大帮助。习近平总书记指出:"各级党政机关和领导干部要学会通过网络走群众路线,经常上网看看,潜潜水、聊聊天、发发声,了解群众所思所愿,收集好想法好建议,积极回应网民关切、解疑释惑。善于运用网络了解民意、开展工作,是

---

① 张岩:《分片督导护航脱贫攻坚》,《中国纪检监察报》2019年11月11日。
② 《关于建立农村户厕改造提升工程分片联系与跟踪督导制度的通知》(2019年1月29日),通州政府网,http://www.tongzhou.gov.cn/tzqwjw/bmwj/content/1d2ea9f3-01b2-457e-8a8a-f743e0b0c37b.html,最后浏览日期:2023年12月9日。

新形势下领导干部做好工作的基本功。各级干部特别是领导干部一定要不断提高这项本领。"①

第二,建立完善民意沟通机制。民意沟通是贯彻落实以人民为中心发展思想的重要条件。建立和完善民意沟通机制,需要进一步拓宽和畅通民意沟通的渠道,让群众诉求有地方表达。要广泛开辟信息来源渠道,开展民意调查,了解民众需求,把工作的范围扩展到社会的各个角落,形成民意反映的情报网络。

一是健全信访工作制度。当前,群众表达自己的利益诉求、权利诉求和政治诉求,用各种方式反映自己的意见建议,不论在数量上、程度上,还是在深度上、广度上,都呈上升趋势。尽管我们采取各种措施拓宽利益表达诉求渠道,但渠道狭窄乃至缺失的问题在一定程度上仍然存在。必须积极拓宽社情民意表达渠道,建立畅通、方便、快捷、高效的群众诉求表达机制,真正让群众有苦能诉、有理能讲、有话能说。要带着对群众的深厚感情狠抓源头问题的解决。群众反应比较强烈的信访问题,主要集中在土地征收征用、城市建设拆迁、企业重组改制、干部作风、劳动关系、医患纠纷、涉法涉诉、环境保护等方面。信访难点很多都是民生热点。必须设立信访日制度和领导干部接待日制度,通过下访、接听热线电话等途径,直接倾听民声、了解民意,减少信息传递过程中的过滤和失真,畅通社情民意,密切党群关系,形成有效的信访格局。针对信访中存在的责任不清、敷衍塞责、效率低下的问题,应该结合《信访条例》的规定,落实信访责任制度。对因工作原因引发的信访工作中的失职和渎职等重大信访问题,必须严格依照有关法律和行政法规追究有关人员的责任,根据情节轻重对领导班子给予通报批评,责任单位主要领导要向上级党委、政府作出检查,对负有主要责任的领导应给予党纪和政纪处分。

二是加强和改进人大工作。人大的党组织和人大代表中的共产党员,应密切联系非党的代表和选区群众,及时了解、反映群众的呼声。为此,需要进一步做到:(1)建立联系活动方式制度。如目前有些地方以"人大代表之家"为主要活动载体,组织开展接待人民群众等活动,使联系活动有相应固定的场

---

① 《习近平谈治国理政》(第二卷),外文出版社2017年版,第336页。

所，方便了人民群众与人大代表的联系对接，保证了联系活动的连续性。(2) 规范人民群众意见的办理程序。明确代表在处理人民群众意见的方式上以做好解释疏导工作为主。反映的问题属现有条件一时还无法解决的，应引导人民群众做好解释工作；反映的问题属法律调整范围的，可引导人民群众通过法律途径寻求解决；反映的问题确属通过努力可以解决的，应以代表意见、建议和批评的方式向人大会或人大常委会提出，并积极跟踪督办。(3) 加大督办力度，提高代表意见、建议办理的成效。代表联系人民群众不仅要向人民群众宣传政策法规，回答人民群众的询问，还要根据人民群众提出的一些具体困难和问题，结合实际情况，督促和推进"一府两院"予以解决。

三是强化政协的利益表达功能。充分发挥人民政协的政治协商、民主监督职能。政协委员联系人民群众，要发扬政协的民主团结精神，始终把体察民情、反映民意作为长期性、经常性的工作。建立委员联系群众的固定点，使政协委员按分工范围，深入群众、深入社区和乡村。采取调查研究、走访座谈讨论、设立委员信箱等多种方式，听民声、解民忧、集民智，深入了解人民群众最关心、最直接、最现实的利益问题，积极反映社情民意，提出提案、调研报告、建议案，通过与人民群众的联系沟通，进一步增强委员参政议政的针对性和实效性。

四是发挥人民团体的桥梁纽带作用。工青妇等人民团体都是中国共产党领导下代表不同群众的群众性组织。党的十八大明确提出，要支持工会、共青团、妇联等人民团体充分发挥桥梁纽带作用，更好反映群众呼声，维护群众合法权益。具体来说，一要进一步健全工青妇等人民团体。要大力推进人民团体的基层建设，努力做到哪里有人民群众，哪里就有人民团体；哪里有不同群众的诉求，哪里就建立相应的人民团体，努力实现工青妇等人民团体全覆盖。二要充分发挥桥梁纽带作用。要按照密切党同人民群众血肉联系的要求，努力把工青妇等人民团体建设成为党委政府联系广大人民群众的桥梁纽带。积极宣传党的各项政策，及时反映群众诉求，做到上情下达、下情上达，特别是要把群众对贯彻落实新发展理念、扶贫脱贫、生态环境保护、实施乡村振兴等方面的意见和建议、看法和想法反馈给党委政府，为落实以人民为中心的发展思想提供咨询。三要切实代表和实现好人民群众的合法权益。工青妇等人民团体都要把代表好和维护好所代表阶层群众利益作为重要职责,自觉维护各阶层群众合法权益,为群众办实事、解难题。通过依法维护各阶层群众利益,增强工青妇等人民团体的凝聚力,更好发挥社会协同作用,为推动以人民为中心的工作的落实贡献力量。

第五章
强化以人民为中心发展思想的监督机制

　　加强对行政决策和执行活动的监督,是堵塞决策、执行漏洞,克服利用决策和决策执行"寻租"的重要途径。欧文·E.休斯(Owen E. Hughes)在《公共管理导论》中提到,"对政策的关注要求在政策和计划执行过程中实施监控,以确保不会出现意想不到的变化,检测它们的影响,确定它们是否会产生预期的影响,或者决定是否继续执行、修正还是终止它们"。[①] 可见,政策执行监控的目的有两个:一是从政策规定到最后实现政策目标之间存在着许多不确定性,监控的目的就是减少这些不确定性,以确保预期政策目标的实现。二是当政策执行出现新情况新问题时,能够及时采取措施进行调整补救和再决策。本章基于公共管理理论,从监督制度设计上有效防止违背以人民为中心发展思想的不良行为,确保决策和执行环节始终坚持"以人民为中心"。

一、加强对行政决策的监督

　　行政决策监督是指党、国家机关、社会团体和人民群众对行政决策活动进行监督和督导,包括对信息收集、方案设计、方案论证、方案选择、决策反馈等活动过程进行监督。高效合理的行政决策监督是确保行政决策科学民主制定的重要保障。目前,我国还存在一些不甚科学的行政决策,妨碍了以人民为中心发展思想的推行,深入分析这些问题及其背后的原因,并提出相关的完善对

[①] [澳]欧文·E.休斯:《公共管理导论》,张成福、王学栋等译,中国人民大学出版社2007年版,第162页。

策,有利于我国行政决策的科学制定。

(一) 我国行政决策监督存在的主要问题

现代化的行政决策系统应是一个有信息、参谋咨询、决断和监督等子系统组成的分工合作、密切配合的有机系统。长期以来,决策部门既是决策的制定者,又是决策的执行者,以同一人员群体、同样的思维方式和知识结构从事这两个环节的操作,表面上看保持了连续性,实际上不利于形成他们各自的优势,影响了效率的最大化。本部分将就决策监督问题作专门探讨。

1. 行政决策监督主体方面的问题

第一,监督意识不强。首先,从行政监督机关自身来看,一些行政监督人员,不能忠于职守、尽职尽责,不履行监督义务的现象时有发生。究其原因:一是部分行政监督人员监督的积极性不高,存在"不告不理"的现象。其工作目的,不是从国家和人民的利益出发,而是一己私利,搞庸俗关系,怕得罪人,缺少监督勇气。二是在行政监督工作中,监督好、监督坏一个样,监督多、监督少一个样,没有建立相应的监督责任追究机制。其次,从人民群众角度来看,受传统"官本位"思想的影响,一些群众尤其是弱势群体,主人翁意识模糊,不敢对行政决策的好坏"品头论足",加之行政权的行使对个人短期内不会产生立竿见影的影响,所以遇事往往"事不关己,高高挂起",认为"多一事,不如少一事",自然就不愿意通过监督手段行使当家作主的权力。

第二,监督人员素质参差不齐。行政决策监督人员是行政决策监督工作的具体承担者与实施者,行政决策监督效能的提高,在相当大的程度上取决于监督人员的素质。目前,我国行政监督人员,特别是基层行政监督人员素质不高,知识结构不合理,缺乏现代监督管理的实践经验和专门培训,不善于运用马克思主义的立场、观点、方法分析和解决问题。有的行政监督人员不能坚持原则,在工作中,怕得罪人,不想也不敢实施过硬的监督;有的则是因领导的干预而放弃监督,甚至在维护党纪政纪,保护人民利益等一些重大原则问题上,分不清是非界限,严重影响了监督的效能。

第三,监督主体缺乏独立性。从我国实际情况看,监督主体受制于甚至从属于监督客体的现象还比较常见。监督主体缺乏必要的独立性和权威性,导致监督效果大打折扣。例如,作为我国行政监督主体之一的司法机关,客观上由于人员编制、财政预算等一系列问题受制于同级政府机关,在监督同级政府时感到力不从心,有畏难情绪。行政监察和审计机关是同级政府的组成部门,实行上级职能部门和同级政府的双重领导,只是在业务等方面受上级职能部门领导,而更多的受到同级政府的领导和制约。因此,行政监察机关经常受到其他职能部门的左右和制约,难以独立地开展工作。同级纪委虽然属于党委领导,但在财务方面也受到政府的制约,使其在面对违纪的政府官员时难以放开手脚,顾忌较多。目前,我国的行政监督主体主要是人民代表大会及其常委会,但人大理论上应有的权力与现实中实有的权力尚有差距,监督工作仍然是人大工作的薄弱环节。由于监督主体缺乏相应独立性,其对行政决策监督的有效性也会受到影响。

第四,监督体系未形成合力。在我国目前的行政监督体系中,监督主体多,这既是优点,也是缺点。政府机关内外各种监督之间的关系还没有完全理顺,各种监督主体又都程度不同地存在监督权限、方式、程序、范围等不够明确具体的问题,彼此之间缺少必要的联系和沟通,工作中往往各自为战,尚未形成一个严密有序、分工合理、协调互动、运行高效的有机整体。此外,在监察工作中,对那些界限不清的疑难问题,有时还会出现各监督部门互相推诿扯皮、无人监督的状况,从而削弱了行政监督的整体效能,导致了监督机制弱化,缺乏监督合力。

2. 行政决策监督过程方面的问题

第一,监督法制不健全。行政监督是一种法制监督,即行政监督应依法进行,有关监督的法律法规既是对行政监督权力及其行使的规范,又是这种权力及其形式的保障。近年来,我国在建立健全行政决策监督规则方面做了大量工作,但还不够完善和配套。如对国家行政机关的决策监督缺乏具体可操作的法规和制度,容易导致监督的随意性,不利于准确判断和及时纠正监督客体的越轨行为。加之现行体制的缺陷,政务公开的广度和深度不够,权力的行使和运行缺乏足够的透明度,人民群众对行政活动、政策规范缺乏了解,监督的渠道不甚畅通,使得人民群众对政府决策的监督受到较大限制。

第二,监督信息缺少有效性。政府监督渠道不畅,信息不通,缺乏开放性和透明度。在我国现行的行政监督体系中,公民个人、社会团体、社会舆论等方面的社会监督仍较为薄弱。公民的批评权、知情权在很大程度上有名无实,压制群众,甚至打击报复群众的现象仍然存在。社会团体、社会舆论的监督由于不具有国家权力的性质,监督没有权威性,实效性较低,尤其是社会舆论的监督作用仍难以发挥,许多行政机关及其工作人员发生行政失误或出现偏差事件时,往往捂盖子,拒绝社会舆论的采访和曝光。正是由于监督信息缺乏有效性,导致公众知情权缺失,给社会的政治经济生活和人民群众利益带来了不利影响。

第三,监督的干扰阻力较大。调查发现,监督主体在对行政决策进行监督时,时常面临一些人为的压力,如人情、利益等方面的干扰。例如,新闻舆论在对政府决策进行监督时常常遇到尴尬,一方面,受到地方保护主义、部门主义对舆论监督的阻碍,有时政府部门不接受采访、不提供决策相关材料,使得新闻工作者很难发现存在的真实问题;另一方面,即使发现问题,有些政府部门抱着"家丑不可外扬"的心理,极力阻挠新闻媒体对外公布。对于发现的问题,政府部门经常采取拖、挡、推的办法,使得新闻舆论监督只开花不结果。

3. 行政决策监督考核方面的问题

第一,监督考核方法单一。行政决策监督活动是一项经常性、连续性的活动。根据监督主体对监督客体进行监督的不同发展阶段,行政决策监督可分为事前监督、事中监督、事后监督三个前后相继的阶段。现实中,我们一直把监督工作的重点放在"纠偏于既遂"上,偏重追惩性的事后监督,忽视了行政行为发生前的预防和行政行为过程中的控制。由于事前预防和事中控制不完善,以致行政偏差出现过多,行政监督机构整天忙于应付"差错纠偏",陷入消极被动的不利局面。这是一种"马后炮"式监督,这种监督实际上纵容了对行政决策责任的背离,一定程度上也助长了腐败现象。

第二,监督结果反馈不客观。良好的政策评估制度能够优化政策运行过程,从而防止政策执行梗阻和促进政策目标的顺利实现。目前,我国的政策评估机制还不够科学、完善。首先,缺少信息公开的相关法律制度。公众知情权不够充分,暗箱操作在一些地方、部门和领域还不同程度存在。政务不公开成为行政决策监督的最顽固的症结。其次,评估的动机不良。要么借助评估作为展示工作绩效、沽名钓誉的手段，要么借评估来掩盖政策执行失误和推卸责任。最后，缺少正确的评价标准和评价方法。政策评估倾向于用价值判断代替事实分析，用定性结论取代定量结论，评估结果难以作为政策执行的考核依据，"上有政策，下有对策"难以及时认定。

第三，监督考核结果运用不当。绩效考核的结果一定程度上反映了在一定时期内的行为、表现及结果。行政机关在实施绩效考核中，通过各种资料、相关信息的收集、分析、判断和评价等流程，会产生各种中间考核结果和最终考核结果。这些考核结果本可以被充分运用到人事决策、被监督者的职业发展、薪酬管理等多项工作中去，使被监督者通过绩效考核结果，正确认识到自己的差距和不足，更加努力地改进工作，从而做出更多有利于人民的决策。但是，由于对绩效考核结果的运用缺乏明确的概念和思路，把绩效考核的结果仅仅作为奖惩手段或鉴定性档案，对考核结果的综合运用尚未开展起来（后文将对这一问题作专门分析）。

4. 行政决策监督问责方面的问题

第一，监督责任主体不明确。谁是监督的主体，这是开展行政决策监督工作必须回答的问题。明确行政决策监督工作是在党委统一领导下，由纪检监察部门组织协调，相关业务部门密切配合。也就是说，监督是纪检监察部门和相关业务部门共同的职责，但在实际工作中，普遍存在责任不清、分工不明的情况，往往是纪检监察部门孤军作战，相关部门则以被监督者自居，参与配合不够，影响了监督效果。

第二，监督责任种类及条件不清晰。在现行的行政决策监督机制中，对监督责任的条件规定不够清晰、明确，对具体的行政监督责任没有很合理的判断标准，很难为具体的监督工作提供现实可行而又公正合理的解决方案及标准。对行政决策监督的责任，如行政责任、经济责任和法律责任的判定，缺乏可供参考的标准，没有合理的界限，三者重复运用的现象比较严重。此外，我国现行的行政决策监督机制，对行政决策监督责任主体的认定，以及对其责任运用的追究机制和程序常常流于形式，难以有效运行。行政决策监督大多是行政机构内部解决，难以保证行政决策监督的责任主体承担相应的职责，消除行政相对人的疑虑，避免不公正因素的干扰。

第三,监督问责缺少必要的配套机制。行政领导决策的重大失误,与现行责任机制不健全有较大关系。行政领导决策在实施民主集中制、首长负责制的同时,还要健全决策责任追究制度。十届全国人大二次会议通过的《政府工作报告》指出:"加快建立和完善重大问题集体决策制度、专家咨询制度、社会公示和社会听证制度、决策责任制度。"①其中,集体决策制度、专家咨询制度、社会公示和社会听证制度属于决策行为的事前制衡机制,是对行政决策的一种约束,已经或正在建立起来;而事后的责任追究机制则是采用"秋后算账"的方法,从法律的角度来规范和制约决策者,是行政决策体制中比较关键的一环。行政决策失误的领导责任追究机制作为现代行政决策制度的重要组成部分,可以对行政决策活动的运行过程、工作方式和实际成效进行有效的制约、保障、监督和评估。目前,正在推行的领导推荐干部责任制和干部离任审计制度,为健全行政领导责任追究制度提供了一些制度保证,但行政领导决策责任追究制度还只是处于起步阶段。

综上所述,行政决策监督中存在的种种问题,不仅影响了监督的有效性,而且影响到以人民为中心的决策的科学制定,必须引起高度重视并进行彻底纠治。

(二) 完善行政决策监督机制的思路

基于在贯彻以人民为中心发展思想的过程中存在的上述问题,下面将从行政决策监督主体、行政决策监督过程、行政决策监督考核、行政决策监督问责四个方面有针对性地提出相应的解决方案,借此为完善我国行政决策监督机制、推动以人民为中心发展思想的落实提供学术性意见。

1. 优化行政决策监督主体

第一,增强监督意识。美国行政学家埃利诺·奥斯特罗姆(Elinor Estrom)指出:"在每一个群体中,都有不顾道德规范、一有可能便采取机会主义行为的人;也都存在着这样的情况,其潜在收益是如此之高以至于极守信用的人也会

---

① 《温家宝总理在十届全国人大二次会议上的政府工作报告(摘登)》,《人民日报》2004年3月6日。

违反规范。因此,有了行为规范也不可能完全消除机会主义行为。"[①]因此,必须树立明确的监督理念,设立常设监督机构,建立行之有效的监督机制,才能保证决策的科学性。一是树立公开监督的理念。要监督就应当先知情,要知情就要求行政公开,不知情的监督只能是怀疑。因此,行政活动公开接受监督,同时监督也应该公开进行。列宁曾指出:"没有公开性而来谈民主制是很可笑的,并且这种公开性还要不只限于对本组织的成员公开。"[②]二是树立分权监督的理念。我国遵循的是"议行合一"的政治体制,而不是"三权分立"的政体,但这并不意味着在现行政体下不研究行政部门之间和行政部门内设机构的权力分解和权力制衡问题。事实上,实行分权监督是最有效的监督办法。因此,把不同的权力分解到不同的部门或机构,既可以避免相互制约超过限度,又能防止相互合谋或制约,导致监督失灵。

第二,提升监督人员素质。行政决策监督的职能主要是通过行政决策监督人员的工作来完成的,而提高行政决策监督人员的素质就成了完成行政决策监督职能任务的重要保障。提高我国行政监督人员的整体素质应从三个方面着手:一是选拔一批坚守党的基本路线、实事求是、秉公执法、有较强业务素质和较高文化素质的工作人员充实到各级监督队伍中来,并使之成为骨干。二是针对目前监督人员理论和业务水平较低的状况,注重通过培训来提高他们行政监督的政策水平、工作能力等基本素质。三是尽可能地创造条件,保证监督人员的政治社会地位和经济待遇,使之能够全身心地投入监督事业,自行杜绝不作为的意念和低效监督行为。

第三,保障监督主体独立性。我国现有的绝大多数监督机构都隶属于其应行使监督职能的行政机构,其监督的职责与自身的利益相矛盾,难免会出现监督不力或包庇决策失误者的情况,因此,首先应使监督机构与被监督对象相对分开,树立监督机构的独立性和权威性,建立起一种能够使领导责任追究落到实处的权力制衡机制。其次,建立从中央到地方的平行行使监督权力的监督机构,中央和地方各级党政监督机构由同级党的代表大会、人大选举产生,

---

① [美]埃莉诺·奥斯特罗姆:《公共事务的治理之道》,余逊达、陈旭东译,上海三联书店2000年版,第61页。
② 《列宁选集》(第一卷),人民出版社1995年版,第347—348页。

并对其负责。平行监督机构实行垂直领导体制,平行监督机构由上级监督机构领导,其人员编制、工资福利、财政支出均由国家权力机关审批。最后,强化群众监督。通过制定专门法律,确立群众监督的法律地位,明确群众监督的权限和程序,使之能够依法行使监督权,并受到法律应有的保护。要完善群众监督的有效途径,推行群众评议,实行政务公开,确保群众对各项重大决策的有效监督。

第四,加强监督主体的分工和合作。合理划分各监督部门的职责权限是各部门有效发挥监督职能的重要前提。针对不同的部门赋予不同的权力,给予不同的责任,使各个行政决策监督部门明白自己的职权范围和相应责任,减少各监督部门之间的重叠部分和空白地带,使各个监督主体更好行使自己的监督责任,确保以人民为中心的各项决策顺利出台,并从根本上消除"漏监"和"重复监督"。明确各个监督主体的职责范围,并不是让他们各自为政,而是应该加强交流,优势互补,增强监督合力。因为有些决策极为复杂,涉及面非常广,牵涉的利益关系比较多,并不是一个监督部门能够独立完成的,需要联合办案才能解决。这就要求各监督部门在案件的受理、处理、调查过程中加强协调、互相配合,充分发挥自身的特长,及时交流所发现情况,实现信息资源共享,形成决策监督的有机整体。在监督协调机构的牵头和领导下,尝试建立重大事件协商制度、定期交流制度等,共同研究解决监督中存在的问题,集思广益,取长补短,增强实际工作能力。

2. 整合行政决策监督过程

第一,完善监督法律。一是将分散的程序立法适时地提升为统一适用的程序性法,如《信息公开法》《招投标法》等,一旦权力行使违反法定程序,有关监督部门、司法部门就可以裁定其违法行为,中止行政违法行为,停止对人民利益的侵害。2019 年 9 月 1 日起施行的《重大行政决策程序暂行条例》,填补了我国行政程序立法空白,对重大行政决策事项范围、重大行政决策的作出和调整程序、重大行政决策责任追究等方面作出了具体规定。二是要加大法律威慑力,加快制定《监督法》《行政监督程序法》《反贪污贿赂法》等惩治权力腐败的法律法规,对各种权力腐败行为以法律法规形式给予明确。三是完善公民知情权的法律法规,如《新闻法》《政务公开法》,改变公民权只处于一种"抽象的宪法典阶段"。

第二,利用信息资源。一是建立信息网络平台。现在各级政府部门都在积极开展上网工程,推行电子政务。通过完善的行政监督情报信息网,政府可以及时了解各个部门的情况,对其决策行为进行有效监督。二是健全群众举报制度。群众举报是公民行使监督权利的一条重要渠道。建立和完善群众举报制度,可以充分发挥人民群众的作用,减少不利于人民的决策行为。监督机关应重视群众举报,而不要把群众的举报工作看成给自己添麻烦,要建立保密制度,确保举报人的安全。例如,四川省珙县结合当地实际,积极探索建立基层信访举报办理"三三"机制(即"三化"夯基、"三分"提效、"三维"治源),有效打通群众监督"最后一公里"。[①] 三是充分发挥新闻媒体的监督功能。马克思恩格斯曾指出:"报刊按其使命来说,是社会的捍卫者,是针对当权者的孜孜不倦的揭露者,是无处不在的耳目,是热情维护自由的人民精神的千呼万应的喉舌。"[②]新闻媒体要充分发挥其具有表达群众意愿、执行社会监督的重要功能,加强对事关人民群众切身利益的重大决策的监督。

第三,改善监督方式。目前,行政监督主体对政府的决策监督大多仅限于事后监督,监督的内容也仅限于对政府官员的廉政监督,很少对决策效能进行监督。这些监督的方式、内容仅仅是消极被动的监督,缺乏积极主动的监督。因此,应当积极引入事前监督、事中监督机制,采用定期或不定期检查或抽查的方式进行监督。监督主体努力在整个决策过程的初期就找出可能导致决策失误的条件,采取积极的措施加以避免。当然这种监督不是干涉政府行政决策过程,只是起到防止决策失误的作用。此外,监督主体还可采用结合效能监督的方式,客观、公正地对政府行政加以监督,把听取、审议专项工作报告和检查法律法规实施情况作为开展监督工作的基本方式,坚持先学法、培训,再检查、视察,后审议、表决制度,注重提高常委会审议质量,着力加大跟踪监督力度,积极推动自行整改和依法纠正相结合,努力在推动解决问题、促进提高工作上狠下功夫,较好地增强监督工作的实效性。

---

① 王兆伟:《"三三"机制 打通群众监督"最后一公里"》,《四川党的建设》2019 年第 11 期。
② 《马克思恩格斯全集》(第六卷),人民出版社 1961 年版,第 275 页。

3. 完善行政决策监督考核

第一，系统考核。一是坚持领导考核与群众考核相结合。"以人民为中心"的决策具有科学性、程序性、实效性，既要做到以领导考核为主，体现行政首长负责制，提高考核效率；又要走群众路线，进行多层次、多视角的考察，要注意杜绝领导个人说了算或极端民主化的倾向。二是坚持定性考核与定量考核相结合。要把行政决策的内容、程序、效果等分解为若干不同的要素，通过具体的指标来加以表示，同时给每个指标确定有关适当的分值，尤其要注重实绩。参评人员根据考核对象完成工作的情况，在各项考核指标及其等级上进行评定，然后进行综合，得出考核结果。实行定量测评不仅能提高考核的科学性和考核效率，而且能减少许多人为的矛盾。

第二，客观反馈。孟德斯鸠说过："单有知情权，而没有信息公开的法律制度，知情权就会落空。"①"阳光是最好的防腐剂。"解决行政监督层次的问题必须完善政务公开制度，奠定有效行政监督的制度基础。为避免暗箱操作，在决策前或决策过程中，把准备决策或正在决策的事项向人民群众公开，以征求群众的意见，让人民群众参与决策。在决策后，将决策的最终情况向人民群众公开，让人民群众知情，便于群众实施监督。只有在公开的环境中，才能有效保障各种决策主体做出有利于人民的决定。要本着对人民负责的态度，客观对待监督结果，及时反馈决策及其执行情况，确保以人民为中心的发展思想落到实处、取得实效。

第三，有效运用。科学运用考核结果，健全奖惩机制。对存在问题的工作人员，做好教育工作，在肯定其成绩和优点的同时，不要回避矛盾和问题，应如实指出被考核人存在的缺点和不足，帮助他们总结经验教训，找出产生问题的原因，指明改进的方法。要加强与被考核人的沟通，及时掌握其对考核工作的意见和建议，使考核工作走上科学化、规范化的轨道。在明确行政领导决策失误的责任追究的同时，对带来良好效益的正确决策也要实行奖励。因为各种迹象表明，行政领导在决策中的"失误"往往和腐败联系在一起，行政领导是因"腐败"而"失误"，但由于目前行政部门缺乏对行政领导决策的行之有效的绩

---

① [法]孟德斯鸠：《论法的精神》(上册)，张雁深译，商务印书馆1982年版，第154页。

效评估办法,对其"失误"的真正原因难以进行详尽的区分。针对这种问题,有些地方政府正积极进行探索。

4. 强化行政决策监督问责

为了提高决策的正确率、成功率,使决策更加合理或避免重大失误,必须建立健全行政决策监督责任制。

第一,厘清监督责任主体。行政决策监督责任主体的确定是责任追究机制的前提和基础,只有明确了实施决策监督权的责任主体,才能够开展责任追究。为此,必须明确责任主体。一方面,要合理划分政府内部各监督机构之间的权责,解决各部门职能交叉、权责不清的问题,防止行政决策监督者相互推诿责任的现象,而且必须明确"谁监督、谁负责;个人监督、个人负责,集体监督、集体负责",避免出现监督者以"集体监督"为幌子逃避责任追究;另一方面,要严格按照权责一致的原则,根据权限范围划分相应的责任义务,明确哪些监督责任由上级领导承担,哪些监督责任由下级领导负责,特别是要处理好正副职之间的权责关系。

第二,明确监督责任种类。行政领导者除了必须明确承担的政治责任、行政责任、法律责任和道义责任之外,还必须承担选人用人责任,"用人的腐败是最大的腐败"。必须加强对行政领导者使用人事权的责任监督,如果一定时期内被选用提拔的人出现问题,领导者要承担连带责任。此外,行政领导者还必须对所管辖的部门及下属的工作进行监督和管理,包括对其政策、方针执行情况,如因监督不力而出现问题,也必须承担相应的责任。只有如此,才能追根溯源,依法追究相关责任人因决策失误而必须承担的责任。

第三,健全相应配套措施。为有效发挥行政决策责任追究机制的功能和作用,必须完善与之相对应的各项制度措施。要明确追究责任的主体、机制、程序,以避免责任制度流于形式,具体做法可参考人民法院错案追究办法。但追究主体应以和决策者没有直接隶属关系的部门为宜,这样可以保证责任追究者客观公正地履行职责,避免外在因素的干扰和影响,消除行政相对人的疑虑。完整的责任追究程序应当包括以下五个步骤:一是立案调查,由专门的责任追究部门正式立案,并根据相关程序收集有关资料、文件和会议记录,并对相关责任人进行问询,令其交代当时决策的有关情况,查明责任人是否有主观过错、导致决策失误原因、是否承担法律责任、承担何种法律责任等。二是宣布处分决定,责任追究部门根据第一阶段调查结果,宣布对相关责任人的处分决定。三是受理申诉,如果相关责任人对处分决定不服,可以在规定期限内向责任追究机关或法律规定的机关进行申诉,并提交有关申诉材料。四是受理申诉并宣布执行最终裁定。责任追究机关在对申诉材料进行调查研究后,根据最终调查结果,给出最终裁定,并宣布执行最终裁定。五是向全社会公布责任追究结果,接受社会大众监督,消除错误决策对社会带来的不利影响。

二、加强对执行活动的监督

政策执行是政策过程的中心环节,是实现政策目标、解决政策问题以及实现以人民为中心发展思想的主要途径。自"以人民为中心的发展思想"提出以来,各地党委和政府先后制定并出台了一系列正确的政策,也正是由于这些政策的有效实施,广大人民群众的获得感、幸福感、安全感不断增强。但与此同时,我们也应看到,在贯彻落实以人民为中心的发展思想的过程中,还程度不同地存在着"有令不行、有禁不止""上有政策、下有对策"以及"政策走样"等不良情形。尽管影响政策执行效率的因素是多重的,但从我国目前的情况来看,监督机制不健全是造成某些政策执行效率不高乃至出现偏差的根本原因之一。因此,要从根本上提高政策执行效率,必须完善监督机制,加强对执行活动的监督。

(一) 政策执行监督的困境

政策执行监督是指政策执行监督的主体、客体、程序、手段等要素所构成的有机统一体。在这个统一体中,各要素相互依存、相互制约。对政策执行监督的目的是减少失误,确保政策执行沿着既定的目标方向发展。当前,政策执行监督面临的困境表现在以下 3 个方面。

1. 政策执行监督对象片面化

第一,重廉政监督,轻效能监督。长期以来,我国对权力进行监督的意识比较淡薄,理念滞后,随着全面从严治党向纵深推进,对权力的监督意识日益增强。但这种监督仍然偏重廉政监督,而对于政策执行方面的效能监督重视不够。如对政策执行主体在贯彻以人民为中心发展思想的过程中有没有利用手中权力谋取私利进行"政策寻租"监督比较到位,但对政策执行的质量和效果缺乏应有的监督。高质量的政策执行及其效果,能够提高公众的社会福利,从而赢得公众的欢迎和支持;相反,则使公众的利益受损,也影响党和政府的声誉。公众是政策直接作用的受体,政策执行的效果关系到他们的切身利益,因此,公众最有发言权和评判权。吸收和听取公众对政策执行效果的评判,不仅有助于提高监督效能,也有助于执行部门改进政策执行的方式和途径。

第二,重事后监督,轻事前监督和事中监督。政策执行监督对象的片面化的另一个表现是,重政策执行事后监督,轻政策执行事前监督和事中监督。在对政策执行活动进行监督时,缺乏防患于未然的意识,重视对政策执行结果的检查和事后责任追究,但对政策执行过程中可能出现的"政策规避"现象及其后果缺乏提前预判,对政策执行不力的行为监督整改不到位,致使监督出现"断层"。这种现象越往基层越严重,以至于上级出台的利民政策难以在基层得到贯彻落实,其危害性不仅在于影响政策的有效实施,降低政策的执行效率,而且严重损害政策对象的利益,损害党和政府的形象和权威。

2. 政策执行监督机制不健全

第一,信息透明度低。公共政策能够被很好地执行,关键在于公众的接受程度和了解程度。而在现实中,监督主体与监督对象缺乏沟通,一些监督客体不愿意把所有的信息都提供给监督主体,甚至觉得没有必要这么做,认为监督主体完全是在摆功、搞"政绩",这在很大程度上反映了监督主体力量的虚弱,因为尚缺乏一种强制性的约束力量,使监督客体向监督主体提供相关信息成为一种应尽的义务与责任。

第二,执行评估机制不健全。执行评估即执行评价。执行评价是依据一定的标准和程序,对政策执行的效果、效益、效率和公众满意度作出判断和评定的活动。政策执行评价是检验政策执行效果的重要环节,是监督政策执行的重要手段。目前,对政策执行者大多只注重结果的"验收"式考核,对平时考核不重视,使平时考核流于形式,同时由于考核的指标不具体、不明确,缺乏可操作性。考核主体中对群众考核不重视,只强调领导考核,而领导又不能对一个政策执行的公务人员进行全面的观察和判断,更多的是听取别人的汇报,不掌握第一手资料。评价属于公共管理动力机制的范畴,正确运用评价结果,既可以起到正面激励作用,又可以起到负面激励作用。但现实中考核结果未被有效运用,没有发挥有功则赏、有过则罚、奖罚分明的功能。

3. 政策执行责任追究机制不完善

第一,问责制中主体缺位。作为政策执行监督的一种形式,多数情况下,监督主体不知道向谁问责,由谁来承担责任,承担责任的方式是什么,是一种直接责任,还是间接责任,给人的印象不清不楚,很难具体地界定这个"责任"。问责制的主体应该是人民群众,但是在现实的公共政策执行监督中,往往是因下级失误影响了政策执行而被上级要求降职,并不是因为人民群众的"问责"而辞职,造成了"问责"主体无权问责而缺位的局面。

第二,"问责"的范围较窄。从目前情况看,"问责"的范围还比较狭窄,仅限于重大责任事故、专项治理行动等方面,而对其他关乎人民群众切身利益的领域,如教育、医疗、卫生、住房、公共交通等领域则没有明确的界定。因此,这一不足对于完善政策执行监督机制是一个制度上的瑕疵,对于政策执行监督效率的提高有很大的影响。

第三,问责制缺乏可行性。虽然法律赋予了政策执行主体特别是行政首长全面、具体的各项权力,但对政策执行主体应承担的责任却鲜有规定,即使有规定,也是既抽象又模糊。由于缺乏一部系统明晰的行政责任法典,政策执行主体的责任范围、大小、承担方式等均难以认定,问责的定位还不清楚。因此,作为监督的一种方式,如何问责,仍是模糊的、界定不清的。在现实的政策执行监督中,"问责"的实际操作还缺乏可行性。

(二)政策执行监督的优化路径

针对在落实以人民为中心发展思想的过程中存在的政策规避行为和监督困境,需要进一步优化政策执行监督的路径,从强化监督意识、健全监督机制、完善责任追究等方面多管齐下,多措并举,切实把"以人民为中心"的决策落实到具体行动中。

1. 拓宽政策执行监督对象

一是强化政策执行事前监督和事中监督。从政策制定到政策目标的实现,其间有一段相当长的执行距离,正如克鲁斯克(Kruschke,Earl R.)所言,"从政策的起始到最终执行政策的各个不同阶段之间的距离使政策过程在一系列级别上出现差错,也给出现差错提供了机会"。① 因此,政策执行远远不是有些人所想象的那样简单。"有时政策制定出来了,获得了批准,但执行政策的人却将它引向完全不同的方向,达到完全不同的目标。有些政策则根本没有得到执行。"② 调研发现,一些地方虽然出台了以人民为中心的发展政策,但在实际执行过程中仍存在着消极规避行为,如政策敷衍、政策损缺、政策附加、政策替换、政策误用、政策投机、政策停滞、政策违背等现象。如果对其没有事先预判,就可能出现"虚监""弱监""漏监",加剧政策执行的风险。因此,必须树立防患于未然的意识,充分考虑到政策执行过程中可能出现的规避行为,强化政策执行事前监督和事中监督,不能局限于事后监督,搞"马后炮"。

二是加强对关键环节和重点领域的监督。强化政策执行监督力度,明确监督重点。一是对重点工作目标进展情况,由党委、政府督查室实行月报告、季调度、半年督查和随机抽查制度,并利用目标管理考核软件系统,对各单位重点工作目标进展情况进行分析、监控和预警。二是建立通报见报制度,对各单位目标完成情况定期通报,通过新闻发布会或在新闻媒体上定期综述。三是不断创新督查方法,增强督查工作的实效性。强化暗访机制,设立《暗访专报》,采取不打招呼、明察暗访、一查到底的办法,深入基层了解第一手资料,向党委、政府报告,并纳入日常监控结果。四是加大对纳入目标体系的大项目和人民群众关心的热点难点问题的督查力度,有针对性地采取组合推动式督查、专题调研式督查、协调推进式督查等方式,实施全过程跟踪监控督查制度,并建立大项目进展情况定期公开披露和责任追究制度,加大全社会监督力度。③ 例如,天津市通过健全监督检查机制,促进了强农惠农政策的落实。严格把握落实责任、规范程序、科学决策、过程监督、阳光操作、严格问责六个关键环节,制定《农业重点项目管理办法》《资金和项目审批程序》等规定,各区县全部制定强农惠农建设项目和资金监督管理制度,如资金项目公开公示、专家

---

① [美] E.R.克鲁斯克、B.M.杰克逊:《公共政策词典》,唐理斌等译,上海远东出版社1992年版,第65页。
② [美] 希尔斯曼:《美国是如何治理的》,曹大鹏译,商务印书馆1990年版,第114页。
③ 张泽忠:《积极推进决策执行监督机制创新》,《秘书工作》2004年第1期。

评审、专项资金报账以及村务监督委员会会签等制度。开展自查自纠。连续8年组织涉农区县对强农惠农政策落实情况进行自查自纠，重点围绕落实设施农业建设资金、文明生态村建设资金、农机补贴等情况开展自查，真正做到还权于民，还利于民，为农村经济社会健康发展创造了良好环境。①

2. 加强对政策执行主体的约束

一是增强政策执行的透明度。监督是以行政公开为前提的。要真正实现政策执行监督的功能，就必须增强政策执行监督的透明度。这就要求提高政策执行过程中公共权力运行的公开化程度，以便监督主体对其执行活动有所了解，否则这种监督也就无从谈起。在政策执行过程中，执行者出于自身利益需求，搞"上有政策、下有对策"等不正当行为，钻了政策执行过程中权力运用不透明的空子，从而使得公共权力运用因缺少约束而出现缺位或越位。因此，政策执行活动除涉及党和国家的机密外，其余都必须依据法律程序和规章制度，在一定范围内公布于众，接受社会公众的监督，避免因公共权力运用的缺位或越位而导致政策执行的偏差。要健全信息公开平台，加大信息公开力度，让人民群众看得见、感受到公平正义。充分运用传统报纸的主阵地以及"两微一端"等新媒体，主动撕下"神秘外衣"，让党务、政务、司法等各领域的工作融入百姓的"朋友圈"。当然，要从根本上解决政策执行中的行政公开问题，还需要健全相关制度，在这方面，发达国家的成功经验值得借鉴。例如，美国早在1966年和1976年就分别制定了《情报自由法》和《阳光下的政府法》，这些法律要求政府的政务活动向公众公开，以此来监督政府行为。实践证明，它们对于有效防止政策执行过程中的权力错位起到了很明显的积极作用。

二是完善政策执行监督考核机制。组织开展绩效考核和社会评估，促进科学的激励机制和正确的政绩导向的形成。在总结实践经验的基础上，制定出台关于加强目标管理绩效考核的意见，将经济发展和民生工作一起考核；年度考核结果主要由目标考核、日常监控和群众测评三大部分构成，考核的标准着眼人民群众的美好生活需要。主要做好以下三方面工作：一是组织开展日常监控。制定地方目标管理绩效考核日常监控办法，由党委、政府督查室牵

---

① 纪农伟：《天津健全农村基层决策执行监督机制》，《中国纪检监察报》2013年3月29日。

头,组成若干个考核督查组,负责对各地区、各部门贯彻落实以人民为中心的重大决策情况、会议出勤情况、领导批示件及党委、政府交办事项的办理情况等进行实时监控。二是组织开展半年督查和年终考核。半年督查是带有考核性质的综合性督查(有时还可采取现场观摩的方式),督查结果连同日常考核情况一起加权到年度考核结果中。年终考核是整个绩效考核工作的重要环节。在充分准备的基础上,各考核组请党委、政府领导一起听取地方、部门重点工作目标完成情况和党风廉政建设情况汇报,然后由党委、政府相关秘书长(为组长)带领各考核组到各地方、部门进行实时督查、考核,得出考核结果。三是加大对考核结果的奖惩兑现和使用力度。党委的主要责任是会同组织部、人事局等部门,做好对考核优秀的地方和部门进行表彰奖励的有关工作,提高奖励幅度,扩大奖励面,切实加大正激励力度。考核结果可分为五档,即优秀(25%)、良好(40%)和合格、基本合格、不合格或末3位(共占35%)。实行奖励与惩戒相结合,对考核优秀的单位和个人,给予荣誉和物质奖励;对考核不合格或末3位的主要领导实行诫勉,连续两年考核不合格或末3位的,给予主要领导待岗或降职处分。这种动力机制和监督机制的建立、完善,实现了督事、评绩、考人、查纪的"四位一体",有利于激发广大干部的潜能和活力,调动他们的积极性、主动性和创造性,为落实以人民为中心的发展思想奠定制度基础。

3. 完善政策执行责任追究制度

首先,明确政策执行责任的主体构成。政策执行责任追究的后果可归纳为惩罚性和补偿性两大类。惩罚性的责任追究后果主要包括引咎辞职、刑事处罚、行政处分等。这里强调的是对作为责任主体的个人的惩罚。补偿性的责任追究后果主要是使政策执行中受损的利益得到补偿和恢复,不过,即使是补偿性的责任后果也含有对政策执行者进行惩罚的意蕴。政策执行责任主体的构成,既包括依据宪法和法律执行政策的各级政府和部门(行政机关,它们构成了法人主体),也包括参与政策执行过程的国家公务人员(它们构成了自然人主体)。此外,随着政策执行主体的扩大,一些接受政府委托承担一定政策执行任务的非政府公共组织、私人组织以及个人都可以成为执行责任主体。法人主体一旦成立,便具有权利能力与行为能力,它一旦行使政策执行权，便具备了相应的责任能力并要承担相应的执行责任。但执行组织在法律上的执行行为是由其成员的职务行为构成的，因此，当执行人员未严格依法执行职务从而导致执行违法，执行组织必须承担相应责任，执行人员作为自然人主体也要承担执行责任。而自然人主体的执行责任追究，则是执行组织在承担了相应的责任之后，对负有过错的自然人主体再进行追究责任。建立政策执行主体责任制度，就是为了制约政策执行者，把政策执行控制在法律秩序的范围内，使违背政策的责任落实到具体的人身上，从而增强政策执行者的责任感、使命感和危机意识。此外，还要完善政策执行监督主体的责任追究制度。监督的失效有多方面因素，监督主体的责任不到位是其中一个。必须建立政策执行监督主体的责任追究制度，充分认识到政策执行监督主体由于没有有效地发挥监督功效，是失职行为，是要依法追究其监督责任的。

其次，扩大政策执行责任追究的范围。政策执行责任的追究，前提是对责任的认定和归结，这也是一个复杂的责任判断过程，既是政策价值取向的体现，也是国家政治制度、特定法律制度价值取向的体现，同时也是对政策执行效果的评价过程。因此，责任追究必须遵循一定的原则，如损害原则、责任法定原则、责任连带原则、公正原则和效益原则。具体来说，损害原则是指某项政策的实施给社会或公众的正当利益产生了不必要的损害。但应当注意的是，有些政策执行行为的损害后果并不会立即表现出来，因此，有必要建立政策执行效果持续跟踪机制。责任法定原则是指政策执行的政治责任、法律责任和行政责任，应当由宪法和法律规范预先规定，包含在宪法和法律规范的逻辑结构之中。当出现了违宪行为或违法行为时，按照事先规定的责任性质、责任范围、责任方式追究行为人的责任。责任连带原则是指行政首长和行政下级实际上存在着一种双向责任关系，为了强化行政授权责任和管理压力，行政首长不仅要严于律己，而且还要善于监督下级。公正原则要求对任何违宪、违法政策执行行为都应依法追究相应的责任，从而确保维护、恢复和增进社会的公共利益。效益原则是指在设定及追究政策执行的诸种责任时，也应当进行成本收益分析，即一项政策的制定和实施，给社会所产生的究竟是效益大于成本，还是成本大于效益，而且成本和效益都力求用可量化的指标体系来评价。

效益原则的第二层含义是指,为了使政策执行主体在执行政策时慎重考虑执行所产生的社会成本和社会效益之比,防范和杜绝政策规避行为,应在政策执行责任追究的制度安排中,加大对政策规避行为中的个人行为的责任追究力度,加大政策规避行为的风险和成本。总之,责任是对权力者制定政策和执行政策的限制,政策执行者享有多大的权力,就应该承担多大的责任,这也是管理上职、责、权相统一原则的要求。只有建立一种"刚性"的责任追究机制,才能使政府官员增强风险意识,自觉地选贤任能,注重绩效,提高政策效能,从而保证政策执行畅通无阻,人民群众切实得到实惠。

最后,探索问责制的可行性举措。在落实以人民为中心发展思想的过程中,如何解决"问责难"的现象和问题,是许多地方遇到的困惑。广东省积极探索建立"两清单一制度",使主体责任"推不了""脱不掉",为提高问责制的可操作性提供了范例和启示。广东省各级党委在落实主体责任过程中,广东省委坚持以上率下,带动各级党组织认真履行主体责任。地方基层党组织推进反腐倡廉制度改革创新的积极性很高,一些党委书记主动设立主体责任办。但是,在查办案件、巡视检查、暗访监督中,也发现了一些问题。地方基层少数领导干部责任意识不牢固,不仅没有落实好主体责任,甚至带头参与违反中央八项规定精神的活动;个别地方党政班子集体参与违规活动,竟然没有人提出异议。一些党组织的主体责任意识淡化,重业务轻党建,重提拔干部轻监督管理,导致巡视、审计发现的问题得不到及时处理,甚至束之高阁。造成这些问题的原因有多个方面,但其中一个重要的原因是主体责任不够具体明确、责任追究落实还不够到位,从严管党治党还缺乏制度的刚性约束。为解决这些问题,广东省委认真总结基层的经验做法,探索建立"两清单一制度",将党委主体责任和纪委监督责任清单化,明确责任追究政策界限,规范"一案双查"工作流程。在此基础上,进一步全面理顺主体责任日常工作机制、量化检查考核标准、实施主体责任约谈制度、严格执行主体责任年度报告制度、完善主体责任社会评价机制,多措并举推进主体责任落实,使主体责任"推不了""脱不掉"。[①] 这虽然是针对落实党建主体责任进行的探索,但对贯彻落实以人民为

[①] 贾亮、王景喜:《让主体责任落地生根》,《中国纪检监察报》2015年7月15日。

中心的发展思想同样具有借鉴价值。此外，责任追究的常态化也是一个在制度设计中必须注意的问题，即让执法行为随时处于一种责任状态，通过及时追究不依法履行和不依法适当履行行政职责的执法机构和执法人员的责任的相关制度设计，形成规范履职的氛围和对违法行为的震慑，将提高行政执法水平、规范行政执法行为的客观要求常态化，最终内化为执法者主观上的行动自觉。这也是解决目标群体对制度执行的思想准备和接纳程度的重要路径。这样，不仅制度体系的理想化程度得以提高，而且执行主体提升执行能力的制度资源也可以得到保障。

三、健全监督检查长效机制

党的十九大报告提出，健全党和国家监督体系。"构建党统一指挥、全面覆盖、权威高效的监督体系，把党内监督同国家机关监督、民主监督、司法监督、群众监督、舆论监督贯通起来，增强监督合力。"[①]完成对行政决策和执行活动的监督，既需要完善党内监督机制，强化权力机关的监督，也需要发挥民主监督的作用，加强社会监督，通过建立多层次、多功能、内外沟通、上下结合的监督网络，以形成约束违背以人民为中心发展思想的强大合力（图 5-1）。

图 5-1　以人民为中心发展思想的监督检查机制

[①] 习近平：《决胜全面建成小康社会　夺取新时代中国特色社会主义伟大胜利——在中国共产党第十九次全国代表大会上的报告》，人民出版社 2017 年版，第 68 页。

（一）完善党内监督机制

第一，完善党内监督体系的整合与协调机制。党内监督机制，指党内监督主体要素间的结构关系及其相互作用的性质和方式。科学地构建党内监督机制，完善各具体监督体系的协调机制，使各个系统的监督主体相互配合，协调一致，形成合力，才能充分发挥监督的整体功能，取得良好的监督效果。这种协调主要包括：一是对监督主体的目标的协调，这样既可以对监督客体形成威慑力，也可以避免出现监督盲区；二是对监督主体的监督过程进行协调，使各个主体在监督过程中互通情况，密切配合，进而提高监督的合力。同时，为了充分调动党内各种有效监督资源，发挥组织部门和宣传部门等的监督职能，要加强党内组织、纪检、宣传等部门之间的有机配合。总之，只有加强各个监督主体之间的有机配合，相互协调，党内监督机制的整体效能才能实现。①

第二，健全党内监督的运行与规范机制。首先，从自上而下的监督来看，为了解决实际运作中的许多困难，必须建立并完善党内巡视制度，以强化上级对下级的监督。自党的十八大以来，党内巡视制度作为全方位、开创性改革的重要一环，被赋予了新的活力和功能，逐步形成了以"全国一盘棋"为目标，以"千里眼"为基础，同时以"关键少数"和"关键领域"为对象的实践新特性。正是"党政合理分工"与"党的集中统一领导"共同形塑了党内巡视制度的"代偿"功能。② 从督促检查机制来看，在行政系统的治理结构中，超大国家治理规模意味着必然要赋予各级地方政府一定的灵活执行权力，但是这种"灵活"会在实践中演变成为各级地方政府，特别是基层政府的"乱作为"与"不作为"。前者是指地方政府为追求目标实现而"不择手段"，逾越权力正常运行边界，如为追求经济增长指标大搞"土地财政"，带来"95％被巡视省份发现地产腐败"。③ 后者主要是指"不愿为"，即地方政府参与"政治锦标赛"的动力仅限于围绕中央政府设定的有利自身的目标，而忽视了地方政府最基本的实现公共

---

① 李宗楼、李冬生：《对完善党内监督机制问题的探讨》，《阜阳师范学院学报》（社会科学版）2004年第1期。
② 侯学宾、陈越瓯：《党内巡视制度功能的新阐释》，《治理研究》2019年第5期。
③ 刘德炳：《中央巡视组：地产腐败是重灾区》，《中国经济周刊》2014年第30期。

服务均等化的任务,"民生腐败"现象突出。地方与中央的步调不一,已经刺激到单一制总基调,迫使中央政府把督促检查工作上升为政府工作重要组成部分的高度,强调要把督促检查工作贯穿政府工作的全过程。① 但是,中央与地方关系中自上而下的多层级权力结构影响了权力系统自身的纠偏能力,实践中"共谋"现象的大量存在导致中央政府的督促检查措施常流于形式。面对行政系统在督促检查机制上的失灵,分属党内系统的巡视制度发挥了严重替代性的督促检查功能,有效地实现了"代偿"。凭借"一体化"的巡视格局与"条块并进"的制度运行思路,巡视制度使得中央的督促检查网络化,摆脱了原有的单一进路。《中国共产党巡视工作条例》修订后,中央对省级巡视工作由"指导"变"领导",实现了巡视业务的"准垂直化"管理,"一竿子捅到底"的工作机制为突破"块块共谋"与"条条共谋"打下了坚实的组织基础。同时,通过增加巡视对象、巡视次数和细化检查验收的内容,巡视制度力图实现更大范围与频率的"抽查",以及对地方政府绩效测算的质量管控,由此扩大"共谋"存在的机会成本,推动地方经济社会发展方式朝着中央所期望的科学方式转变,实现中央对地方行为的及时纠偏。

其次,从自下而上的监督来看,针对当前党员群众监督缺乏有效的配套性措施,以至于运行难的问题,首先要求推行党务公开。当前推进党务公开的关键是进一步拓展党务公开的内容、创新党务公开的形式、扩大党务公开的范围、提高党务公开的质量。为此,需要进一步做到:第一,加快党务、政务公开的立法进程。用法律规范政务公开是世界各国的普遍做法,而我国目前政务公开方面的法律法规主要是 2008 年 5 月 1 日起施行的《信息公开条例》。根据这一条例,目前所开展的政务公开,只是局限于行政事务的公开,而立法机关、司法机关等事务的公开并未包含在内,因此,要进一步推进政务公开,也为了贯彻党的十八大提出的关于"完善党务公开、政务公开、司法公开和各领域办事公开制度",就要加快制定我国的《信息公开法》,以法律形式进一步明确党务、政务公开的内容和范围。第二,必须保障广大党员的民主权利。尊重党

---

① 《关于中央政府对于政府督促检查工作的设计》,参见《国务院办公厅关于进一步加强政府督促检查工作的意见》(国办发〔2014〕42 号)。

员主体地位的实质与核心是要实现党员当家作主,党员当家作主主要凭借其所享有的民主权利。这就要求我们要对侵犯党员民主权利的组织和个人给以严肃的制止和处理,尤其要保障党员的揭发、检举、控告权利,这在《中国共产党章程》《党员权利保障条例》和《党内监督条例》中都有明确的规定。因此,在现实生活中,我们必须切实贯彻落实。以人民为中心的发展思想落实得好不好,党员群众看得很真切,保护党员群众的这种权利,就是对人民利益的真维护、真践行。

(二) 增强专门监督机关的权威性

作为被监督的对象,政策执行者所行使的公共权力是一种带有强制性的影响力,其行使和运用必然能够实现和影响某些利益。出于对自身利益的追求和维护,政策执行者在执行政策时不仅不会自发地要求他人监督自己的行为,而且总是存在着一种自发的、力图摆脱监督的倾向,这种自发倾向使他们往往想方设法去逃避监督。因此,监督机构在对政策执行者,特别是对那些手握重权的政策执行者实施监督时,常常会遇到来自各方面的阻力和干预。他们或是利用自身的权势,或是动用各种社会关系,对监督机构施加压力,干扰监督机构独立行使监督权。如果监督机构缺乏相对独立的监督权而依附于作为被监督者的政策执行者,那么他们就不可能以权力制约权力,就会屈服于政策执行者的特殊压力,进而导致政策执行监督的"虚脱"。目前,党和政府的专门机关监督就存在"三个基本"现象:事前基本没有监督,事中基本缺乏监督,事后基本不是监督。有些地方和单位,在监督工作上,尤其是对领导班子中的主要领导干部的监督往往出现"盲区",导致了领导班子的内部监督流于形式,特别是对主要领导干部,同级党委不敢监督,同级纪委也不敢监督。很多事情往往是"看得着、管不着;管得着、看不着",只要不发生重大问题,就是处于"虚监"状态。

鉴于政策执行系统内部现行监督机构因体制上存在很大的依附性而难以发挥其应有的功能,如何采取切实可行的措施从制度上确保专门监督机构的独立地位,为其监督功能的有效发挥扫清障碍,便成为强化政策执行监督的一项重要内容。为此,必须采取切实措施来改进现行监督体制,从制度上确保监督机构的相对独立地位,以增强其监督的权威性。具体来说,就是要将监督机构现行的所谓双重领导体制真正转变为垂直领导体制或"准垂直领导体制",从根本上改变监督主体与监督对象共存于一个组织单位之中的不正常状况,使监督机构的人员编制、工资福利、财政支持等均由国家权力机关来决定,干部任命和工作部署均由上级监督机关负责,使监督机构真正获得超然独立的地位,从根本上建立起独立运行的监督机制。事实表明,监督机关如果"通常要依靠被检查机关的施舍过日子",就"丝毫没有威信",它应该"具有最大限度的独立性"。只有这样,才能解除监督工作人员的"后顾之忧"①;只有这样,才能保证政策执行活动的监督具有权威性和有效性,真正发挥其对政策执行的保障功能。最近,中共中央决定,中央纪委监察部门要全面实行对派驻机构的统一管理,将派驻机构由中央纪委监察部和驻在部门双重领导改为由中央纪委监察部直接领导。对派驻机构实行统一管理,是继党中央颁布《中国共产党党内监督条例(试行)》、决定对省(区、市)级领导班子进行巡视之后,加强党内监督的又一重大举措。对派驻机构实行统一管理,有利于使派驻机构保持相对的独立性,增强权威性,强化派驻机构的监督检查职能,把工作重点放在对领导班子和领导干部的监督上来,逐步完善对权力的监督制约机制,因而是一项重大的制度建设和创新。

(三) 强化权力机关的监督职能

对政府行为实施监督是国家权力机关的重要职能之一。早在19世纪,英国思想家密尔(John Stuart Mill)就曾指出:"代议制议会的适当职能不是管理……而是监督和控制政府。"②在我国,宪法和法律也明确规定,各级人民代表大会及其常务委员会的一项重要职权就是对政府进行监督。为了防止因权力监管监督不力而造成的政策执行偏差,保证党和政府各项政策的有效实施,强化国家权力机关的监督职能至关重要。

加大人大监督力度,一要把监督的预防性、评判性和连续性结合起来。在

---

① 《列宁全集》(第四十三卷),人民出版社1987年版,第433页。
② [英] J.S.密尔:《代议制政府》,汪瑄译,商务印书馆1982年版,第80页。

搞好面上监督的同时,加强和改善政策执行个案监督,做好政策执行个别案件的"纠偏"工作。对看准了的问题,不监督则已,只要监督就一抓到底,抓出成效。二要把监督的权威性和惩戒性结合起来。根据需要,善于运用法律规定的质询、罢免等强制性监督措施,使监督由见事不见人,转向既管事又管人。三要把运用法定监督形式与探索新的监督途径结合起来。敢于实践,勇于创新,认真总结经验,创造性地开展监督工作。四要明确监督的重点。人大监督是宪法和法律赋予人大及其常委会的主要职责和任务。加强人大监督,主要是加强对宪法、法律、法规执行情况的监督。它包括政府颁布的规章、政令、文件是否符合宪法的原则和精神,执行国家方针、政策、政令的情况,执行上级和本级人大常委会决议、司法机关的审判、检察、侦查活动是否符合依法办事的原则等等,以促进每位监督对象依法决策、依法行政、公正司法,保证宪法和各种法律、法规以及政策的正确实施,达到深化改革、促进发展、保持稳定的目的。五要认真落实人大对政府领导人的人事任免权。人事任免权是宪法和法律赋予人大及其常委会的一项重要职权,它是人民主权原则在干部人事工作上的体现。因此,凡拟由人大选举产生或由人大常委会决定任免的人选,人大代表和人大常委会组成人员理应有充分的发言权,任何组织和领导人都无权干涉其权力的合法行使。现阶段,尤其要力戒人事任免中的"人选提名内定,代表画圈走过场"的不正常状况,使地方政府领导人升迁去留的决定大权真正掌握在人大手中。六要着力提高权力机关组成人员的基本素质,增强其职务意识、责任意识和监督意识,克服"不管用""无所谓"的消极情绪,并通过建立必要的制度,加强对常委会组成人员和代表执行职务情况的监督,促使其自觉、认真地参与人大监督活动,确保以人民为中心的决策和执行受到真正监督。

此外,要确保人大监督职能有效履行,关键还要通过健全体制,理顺执政党、国家权力机关和政府行政机关三者之间的权力关系,从制度上保证各级人大及其常委会不仅在形式上有职而且在实质上有权。没有实效的作为等于无为,没有实效的监督等于没有监督,人大监督只有讲求实效,才能经得起检验,才能得到人民群众的认可。在具体的制度建设上,可以通过选举党的地方组织领导人兼任同级地方国家权力机关的领导人来提高人大的实际政治地位,通过改革和完善选举制度、提高人大代表的素质、成立特定问题调查组、设立权力地位较高的人大监督委员会等专门机构和职权较大且独立性较强的人大监督专员等专门职位来强化国家权力机关对政府正常执行行为的监督,等等。然而,无论是体制的健全,还是地位的提高,归根结底,国家权力机关监督职能的强化最终只有通过法治化才能真正得到保障。因此,必须在进一步落实和完善相关法规的基础上尽快出台《人民代表大会监督法》,对人大监督程序作出明确规范,为人民代表大会有效履行其监督职能提供更为完善的法律保障。①

(四)发挥民主监督的作用

人民政协民主监督是我国社会主义监督体系的重要组成部分,发挥其监督作用,是为了提升党和政府决策制定和决策执行的科学性,确保以人民为中心的发展思想落地见效。习近平总书记在中央政协工作会议暨庆祝中国人民政治协商会议成立70周年大会上指出,要"积极围绕贯彻落实党和国家重要决策部署情况开展民主监督"。② 学习贯彻这一新要求,推动政协民主监督工作提质增效,关键要做好以下三点。

第一,贯彻落实民主监督新要求,需要做到"三个准确把握"。一是准确把握政协民主监督方向。坚持党的领导,是人民政协履行民主监督职能的根本政治原则。政协党组织必须担负起党对政协领导的重大政治责任,汇聚好社会各界力量,既要提倡政协委员和各族各界人士实事求是提出问题、发表不同见解,也要引导监督不偏离方向、不远离中心,监督意见理性有度、合法依章,确保政协民主监督正确的政治方向。二是准确把握政协民主监督内涵。中共中央办公厅印发的《关于加强和改进人民政协民主监督工作的意见》(以下简称《意见》)明确规定,"人民政协民主监督是在坚持中国共产党的领导、坚持中国特色社会主义基础上,参加人民政协的各党派团体和各族各界人士在政协组织的各种活动中,依据政协章程,以提出意见、批评、建议的方式进行的协商

---

① 丁煌:《提高政策执行效率的关键在于完善监督机制》,《云南行政学院学报》2002年第5期。
② 习近平:《在中央政协工作会议暨庆祝中国人民政治协商会议成立70周年大会上的讲话》,人民出版社2019年版,第5页。

式监督"。① 这样的新表述进一步明确了政协民主监督不是权力监督,而是依据章程通过提意见、批评、建议的方式进行的政治监督,指明了"协商式监督"是以"协商"的形式提出问题、督促工作,协商是方式和原则,监督是手段和途径。三是准确把握政协民主监督重点。开展民主监督工作,必须紧扣统筹推进"五位一体"总体布局、协调推进"四个全面"战略布局,以促进解决好发展不平衡不充分的问题为工作重点,善于把民主监督嵌入协商议政全过程,做到党委、政府中心工作指向哪里,政协民主监督就跟进到哪里;群众关心关注什么,政协民主监督就聚焦什么问题,确保监督监到点子上、监到关键处、监到需要时。

第二,推进民主监督工作新进步,需要注重"三化建设"。一是注重政协民主监督制度化建设。《意见》是更好发挥民主监督独特优势的专项规定和制度保障。提升民主监督实效,需要从民主监督制度化建设入手,建立健全监督计划提出、承接党委"交题"与政协"答卷"、创新监督内容和形式、监督意见办理落实和监督成果转化评估等制度体系。二是注重政协民主监督规范化建设。要提高民主监督工作规范化科学化水平,一方面要坚持把开展民主监督工作同履行政治协商、参政议政职能相结合,确保履行三大职能统筹兼顾、规范有序;另一方面要寓监督于调研视察、协商会议、提案办理、民主评议、大会发言、反映社情民意信息等履职活动中,明确监督范围,规范监督形式,确保协商式监督与政协履职活动协调一致、深度融合。三是注重政协民主监督程序化建设。政协民主监督具有很强的原则性和程序性,谁监督、监督谁、如何监督,都有明确规定。在民主监督实践中,需要健全程序性规定,完善民主监督议题提出、监督活动组织、监督意见形成和报送等工作流程,细化操作办法,规范监督行为,不断增强民主监督的组织性、针对性和权威性。

第三,实现民主监督工作新发展,需要强化"三个保障"。一是强化政协民主监督政治保障。开展政协民主监督需要坚强有力的政治保障。只有主动争取党委、政府重视和支持,把民主监督工作纳入党政工作总体部署,才能准确

---

① 参见中共中央《关于加强和改进人民政协民主监督工作的意见》(中办发〔2017〕13号),2017年2月9日。

把握政协民主监督的重心、节奏和力度,实现监督有计划、有重点、有载体、有成效的目的。二是强化政协委员权益保障。增强民主监督实效,需要健全委员知情明政机制,定期邀请政府及有关部门单位负责人通报相关工作情况,鼓励委员查实情、讲真话、建净言;健全办理反馈机制,需要办理单位及时反馈民主监督意见办理情况,政协定期召开会议听取重点监督意见办理情况,通报参加监督单位和政协委员,为委员的知情权、参与权、表达权、监督权提供充分保障。三是强化民主监督落实反馈保障。提高民主监督工作质量,需要健全协调落实机制,加强与党委、政府工作衔接,使监督意见建议有办理单位、有负责人员、有落实措施;政协专委会要定期与党政部门单位对口联系,主动跟踪督促政协民主监督意见采纳、办理和落实反馈工作,确保监督性意见落地落实;政协机关要主动与党委、政府督查室建立联动机制,共同监督协商计划落实,点对点监督,全过程问效,确保协商成果得到有效转化。[①]

(五) 加强社会监督

在党的群众路线教育实践活动中,习近平就曾指出:"要坚持开门搞活动,一开始就扎下去听取群众意见和建议,每个环节都组织群众有序参与,让群众监督和评议,切忌'自说自话、自弹自唱',不搞闭门修炼,体内循环。"[②]社会监督是一种非国家性质的监督,它主要包括传媒的舆论监督和广大人民群众的监督。由于政策执行是在与广大社会民众的互动中进行的,社会监督是政策执行过程中最经常使用且最有效的监督形式。应该承认,伴随着改革开放和社会主义民主政治的日益发展,党和政府在社会监督的制度建设方面做了大量工作。我国宪法明确规定,"公民有对任何国家机关和国家机关工作人员提出批评和建议的权利","一切国家机关和国家工作人员有倾听人民的意见和建议、接受人民的监督的义务",许多地方和部门都建立了信访、公开电话、负责人接待日等社会监督制度。尤其是进入20世纪90年代以来,诸如行政复议、行政诉讼等行政法规也相继出台,这些规章制度的建立,对于监督政府政

---

① 薛海涛:《准确把握定位 健全工作机制 推动政协民主监督工作提质增效》,《各界导报》2019年11月7日。
② 《习近平谈治国理政》,外文出版社2014年版,第378页。

策执行活动的有效开展,无疑起到了重要的促进作用。舆论监督,特别是新闻媒体的监督对政策执行产生了积极而广泛的影响。"媒介很少能劝说人怎么想,却能成功地劝说人想什么。"①例如,2019年,安徽省阜阳市农村改厕弄虚作假成摆设,就是在央视财经频道记者的监督下及时得以整治和纠正的。2017年以来,中央多次强调要坚持不懈推动农村环境整治,开展新一轮"厕所革命",多地农村终于告别了旱厕。然而前不久,国务院农村人居环境整治工作检查组在安徽省、河南省一些地方现场检查发现,一些村镇已经完成改造的厕所不好用、不能用,新厕所长期闲置,成了摆设。农村厕所"为改而改""一改了之"等问题,亟待解决。② 新闻媒体的舆论监督作用得到了前总理朱镕基的高度肯定,他在视察《焦点访谈》栏目办公现场时题词赠言:"舆论监督,群众喉舌,政府镜鉴,改革尖兵。"随着我国成为互联网使用大国,网络信息的即时性、广泛性和相对非控制性,一方面对我们的政策执行提出了透明化的要求和挑战,另一方面广大网民的意见也越来越不容忽视。

"愈来愈多的人热衷于以治理机制对付市场和(或)政府的失败。"③完善政策执行监督机制重在进行制度约束。舆论监督毕竟只有舆论的影响力,而无执法意义上的制裁力和强制力,不能直接解决问题。在现实生活中,曝光的问题很多都是靠有关领导的批示才最终得以顺利解决的,这种方式带有一定的偶然性和随意性,从而使舆论监督的效果缺乏保障。因此,必须建立有效的回应机制,才能实现真正意义上的舆论监督。建立对舆论监督的回应机制,目的是保证让舆论监督不仅仅停留在曝光上。首先,政府必须在第一时间了解舆论监督所在,就是说,政府需要把握到每日每时,有哪些部门、哪个地方、哪个人,因为什么被媒体曝光了,或者有群众发出呼吁了。政府需要建立登记制度,把这些东西统统记录在案。当前,不仅平面媒体,更多的网络媒体也成为呼喊、曝光的平台,有些平面媒体不敢、不愿发的东西,在网络上被揭发出来了,这就要求政府能够普遍关注。其次,建立对舆论监督的回应机制,需要建

---

① [英] 鲍勃·杰索普:《治理的兴起及其失败的风险:从经济发展为例》,漆燕译,《国际社会科学杂志》(中文版)1999年第2期。
② 《央视记者暗访安徽阜阳厕改乱象 被村干部抢夺手机》(2019年12月28日),新浪网,https://news.sina.com.cn/s/2019-12-28/doc-iihnzhfz8834480.shtml,最后浏览日期:2023年9月20日。
③ [法] 让·雅克·卢梭:《社会契约论》,何兆武译,商务印书馆1980年版,第19页。

立相关追查机制。这种追查机制,必须保证专门监督机关和相关组织对新闻媒体的批评报道,不是等待领导批示,而是应当主动并按照既定程序,按部就班地进行调查处理。必须对监督个案有明确说法,一经曝光就要有个"水落石出"的追查结果;或者使谣言大白于天下,还当事人清白;或者解释说明真相,消除误解。就是说,这种回应应当是明确的,有结果的,或者是能预期的。

社会监督需要权力的支撑,有权力的社会监督才是具体的、有效的,而权力只能来自法律的授予。纵观我国的法治建设,尽管在立法方面已取得了显著成就,但其中以管理为主要内容的立法占绝大多数,而监督权力的立法还显得较为薄弱,至于授权社会监督的立法更是微乎其微,尚不能适应依法治国、建设社会主义法治国家的需要。监督立法的滞后往往使政府的政策执行活动缺乏明确规范,社会监督主体的权力不够充分,监督活动缺乏明白无误的标准、依据,从而造成社会监督弱化,难以发挥其监督政策执行的应有作用。因此,为了防止因社会监督不力而造成政策执行偏差,我们必须加强社会监督方面的立法,健全社会各方面监督制约公共权力的法律体系,尽快制定并颁行诸如《人民监督法》《新闻法》《舆论监督法》《举报法》等法规,使普通民众、社会团体以及新闻媒体等作为社会监督主体的地位、权限、行使监督权的方式、步骤、程序都有明确的法律规定,确保社会监督权力在政策执行过程中充分发挥作用,促进社会监督行为的规范化、常态化,只有这样,才能从制度上为社会监督排除干扰,为提高监督效果创造条件。

第六章
创新以人民为中心发展思想的评估机制

评估是检查、监督,也是导向。对于以人民为中心的发展思想而言,它是对其落实情况进行的调查、总结和评定。通过评估,才能判断政策、决策、行政作为等是否符合"以人民为中心"的要求,从而决定该项政策、决策、行政作为是应该继续、调整还是终结;通过评估,还可以总结决策作出和政策执行的经验教训。因此,评价机制在以人民为中心发展思想实践机制建设的各个环节中是承上启下的,具有特殊的重要性。

一、树立以人民为中心的评估导向

过去,我们虽然十分重视发展,但对发展的目的并不十分清楚。科学发展观首次明确提出了发展为了人民、发展依靠人民、发展成果由人民共享,这表明发展的目的是让群众得到实实在在的利益。随着党的十九大把以人民为中心作为新时代坚持和发展中国特色社会主义的重要内容,政府绩效管理的基本价值定位开始由公民导向转变为以人民为中心。[①] 根据各地的相关探索和实践要求,树立以人民为中心的评估导向,必须正确处理好以下三个方面的关系。

(一)经济发展与改善民生的关系

新时期针对中国经济发展过程中存在的问题,党中央适时地提出了科

[①] 胡税根、王汇宇:《以人民为中心的政府绩效管理研究》,《兰州大学学报》(社会科学版)2018 年第 4 期。

学发展观的战略思想。这表明中国政府开始认识到应该摆脱经济增长的冲动,从建设型政府转向服务型政府,实现政府合法性来源的嬗变,从政府绩效评估的经济理性逐步转向政治理性。① 然而,由于受到传统价值观念的深刻影响,经济发展形成了路径依赖,在短期内难以转变原有的政府绩效评估价值取向。

以人民为中心的价值取向很好地回答了政府的目的——实现人的全面发展。既然政府是以实现人的全面发展为目的的实体,那么政府的产生、运作都必须以人民为中心,政府绩效评估也必须以"以人民为中心"作为最高价值。政府必须把全心全意为人民服务作为为政要义,想人民群众之所想,急人民群众之所急,办人民群众之所盼,永远保持人民公仆的角色。

将以人民为中心作为衡量政府绩效考评各项工作的根本出发点,是政府人民性的必然要求。

第一,增进民生福祉是发展的根本目的。民生是人民幸福之基、社会和谐之本。增进民生福祉是我们党坚持立党为公、执政为民的本质要求。习近平总书记指出:"让老百姓过上好日子是我们一切工作的出发点和落脚点。"②首先,坚持在发展中保障和改善民生。经济发展是民生改善的物质基础,离开经济发展谈改善民生是无源之水、无本之木。我们的发展是以人民为中心的发展,如果发展不能回应人民的期待,不能让群众得到实际利益,这样的发展就失去意义,也不可能持续。要坚持不懈抓发展,不断扩大经济总量,让改革发展成果更多更公平惠及广大人民群众。其次,抓民生也是抓发展。民生连着内需,连着发展。做好经济社会发展工作,民生是指南针。持续不断改善民生,既能有效解决群众后顾之忧,调动人们发展生产的积极性,又可以增进社会消费预期,扩大内需,催生新的经济增长点,为经济发展、转型升级提供强大内生动力。要全面把握民生和发展相互牵动、互为条件的关系,为经济发展创造更多有效需求,使民生改善和经济发展有效对接、良性循环、相得益彰。

---

① 廖晓明:《中国政府绩效评估的价值取向变迁研究——基于改革开放以来经济发展方式转变的考量》,2013年武汉大学博士学位论文,第113页。
② 《让老百姓过上好日子是我们一切工作的出发点和落脚点》,《法制日报》2013年9月2日。

当然,保障和改善民生既要尽力而为,又要量力而行。民生工作直接同老百姓见面、对账,承诺了就要兑现。决不能开空头支票,否则就会失信于民。要坚守底线、突出重点、完善制度、引导预期,持之以恒把民生工作抓好,一件事情接着一件事情办,一年接着一年干,锲而不舍向前走,让群众看到变化、得到实惠。同时,我国仍处于并将长期处于社会主义初级阶段,改善民生不能脱离这个最大实际。要坚持从实际出发,根据经济发展和财力状况逐步提高人们生活水平,做那些在现实条件下可以做到的事情。①

第二,紧紧抓住人民最关心最直接最现实的利益问题。民生工作离老百姓最近,同老百姓生活最密切。必须抓住人民最关心最直接最现实的利益问题,抓住最需要关心的人群,在更高水平上实现幼有所育、学有所教、劳有所得、病有所医、老有所养、住有所居、弱有所扶,让人民有更多、更直接、更实在的获得感、幸福感、安全感。民生无小事,枝叶总关情。习近平总书记反复强调,"我最牵挂的还是困难群众"。在保障和改善民生过程中,要格外关注困难群众,时刻把他们的安危冷暖放在心上,关心他们的疾苦,千方百计帮助他们排忧解难。少做一些锦上添花、花上垒花的虚功,多做一些雪中送炭、急人之困的工作。

近年来,杭州市、南京市、福建省以及深圳市政府绩效管理的实践,是对以人民为中心政府绩效管理的先行探索。例如,2017 年度杭州市综合考评社会评价,共收到各类意见建议 41 664 条,其中市直单位 29 646 条,区、县(市)12 018 条。从这数万条意见建议中梳理出的"十大热词",分别是"跑改""降费""地铁""环保""教育""拥堵""电费""食药""单车""垃圾",集中反映了当前城市发展中的主要问题。根据排序,这"十大热词"涉及的问题将会被相关责任单位回应,并提出整改措施落实解决。时代是出卷人,政府是答卷人,人民是阅卷人。这是杭州市综合考评工作的第 17 个年头,在这十多年的时间里,杭州市综合考评在改革中创新,在创新中跨越,逐渐形成了"以人民为中心"的政府绩效评估模式,走出了一条地方政府绩效管理的新路子,为治理现代化提

---

① 中共中央宣传部:《习近平新时代中国特色社会主义思想学习纲要》,学习出版社、人民出版社 2019 年版,第 158 页。

供了一份鲜活的样本。①

第三,坚决打赢脱贫攻坚战。小康不小康,关键看老乡,关键看贫困老乡能不能脱贫。习近平指出:"贫穷不是社会主义。如果贫困地区长期贫困,面貌长期得不到改变,群众生活长期得不到明显提高,那就没有体现我国社会主义制度的优越性,那也不是社会主义。"②各级党委和政府必须坚定信心,勇于担当,把脱贫职责扛在肩上,把脱贫任务抓在手上。特别是脱贫攻坚任务重的地区党委和政府,要把脱贫攻坚作为第一民生工程来抓,层层压实责任,级级传导压力。坚持大扶贫格局,深入实施东西部扶贫协作,重点攻克深度贫困地区脱贫任务。坚持把扶贫同扶志、扶智结合起来,引导贫困群众树立"宁愿苦干、不愿苦熬"的观念,自力更生、艰苦奋斗,用自己的辛勤劳动实现脱贫致富。

精准扶贫、精准脱贫的最终评判者是人民。人民是我们党的工作的最高裁决者和最终评判者。打赢脱贫攻坚战,需要实事求是、求真务实的科学态度和真抓实干、埋头苦干的扎实作风。习近平强调,"脱贫攻坚越到最后时刻越要响鼓重锤,决不能搞急功近利、虚假政绩的东西"。③ 要发挥考核指挥棒的作用,实施最严格的考核评估,强化考核结果运用,把考核结果作为对扶贫干部综合评价的重要依据,通过考核倒逼责任落实、工作落实,确保脱贫质量。对群众反映的"虚假式"脱贫、"算账式"脱贫、"指标式"脱贫、"游走式"脱贫等问题,要高度重视并坚决克服,提高脱贫质量,做到脱真贫、真脱贫。④ 以提高贫困群众在共建共享发展中的获得感迎接人民的评判。

贫困县脱贫摘帽抽查评估是确保贫困县高质量退出后可持续发展的重要举措。2018年,中西部22个省区市共有283个贫困县通过省级专项评估检查脱贫摘帽。2019年7月初开始,国务院扶贫办(2021年3月改为国家乡村振兴局)将对上述283个县按20%的比例(共60个县)进行抽查。抽查举措如

---

① 萧林:《"公民导向"的政府绩效评估模式》,《杭州》(周刊)2018年第27期。
② 中共中央党史和文献研究院编:《习近平扶贫论述摘编》,中央文献出版社2018年版,第5页。
③ 《习近平谈脱贫攻坚倒计时:越到最后时刻越要响鼓重锤》(2019年3月8日),央广网,http://news.cnr.cn/native/gd/20190308/t20190308_524536320.shtml,最后浏览日期:2023年12月10日。
④ 周淑芳:《以人民为中心高质量打赢脱贫攻坚战》,《湖北日报》2020年1月4日。

下:一是采用"五抽五查五看"方法,以确保各省退出程序的规范性、退出标准的准确性和退出结果的真实性。将从60个县抽取每县约1 000户开展入户调查,主要围绕综合贫困发生率、脱贫人口错退率、贫困人口漏评率进行调查;抽部分县乡村干部座谈访谈,对省级专项评估检查结果是否认可;并调查群众及基层干部对脱贫攻坚成效的认可度及满意度。二是采取第三方评估,利用大数据分析对抽查县进行定量测算;每个省份随机选取1—2个2018年退出县开展暗访检查脱贫退出质量;相关部门提供情况,发挥"两不愁三保障"主管部门的工作优势,提供283个县贫困人口在"两不愁三保障"实现及影响贫困县退出的突出问题和薄弱环节。时任国务院扶贫办副主任的夏更生强调,贫困县摘帽是"达标赛"不是"锦标赛"。贫困县只要符合退出条件,即可脱贫摘帽。贫困县退出抽查情况将作为重要参考依据纳入2019年脱贫攻坚成效考核。其中,第三方评估是中央组织省级党委和政府扶贫开发工作成效考核、贫困县退出专项评估检查的制度性安排,也是目前我国推进脱贫攻坚工作评估机制的重要创新举措。第三方评估结果显示,2018年中西部22省区市识别准确率和退出准确率均超过了98%,干部群众满意度、认可度均超过了90%,显著高于2015年评估数据,倒逼脱贫工作准确率进一步提升、帮扶进一步精准。①

第四,打造共建共治共享的社会治理格局。总体上看,当前我国社会治理体系不断完善,社会安全稳定形势持续向好,人民生命财产安全得到有效维护,广大人民群众的安全感和满意度不断增强。但也要清醒看到,在社会大局总体稳定的同时,社会利益关系日趋复杂,社会阶层结构分化,社会矛盾和问题交织叠加,人民群众对社会事务参与意愿更加强烈,社会治理面临的形势环境更为复杂,我们的社会治理工作在很多方面还跟不上。因此,要以最广大人民根本利益为坐标,加强和创新社会治理。一是加强社会治理制度建设,完善党委领导、政府负责、社会协同、公众参与、法治保障的社会治理体制,提高社会治理社会化、法治化、智能化、专业化水平。加强预防和化解社会矛盾机制建设,善于运用法治、民主、协商的办法正确处理人民内部矛盾和社会矛盾,发动全社会一起来做好维护社会稳定的工作。树立安全发展理念,弘扬生命至

---

① 王瑶:《以人民为中心,建立高质量退出评估新机制》,《人民日报》2019年7月3日。

上、安全第一的思想,健全公共安全体系,编织全方位、立体化的公共安全网。加强社会治安综合治理,打造社会治安防控体系,建设更高水平的平安中国。健全社会心理服务体系和疏导机制、危机干预机制,塑造自尊自信、理性平和、亲善友爱的社会心态。二是社会治理的重心必须向基层下移,落实到城乡社区。城乡社区处于党同群众连接的"最后一公里",做好社区治理工作十分重要。要推进社区治理体系建设,把更多资源、服务、管理放到社区,更好提供精准化、精细化服务,实现政府治理和社会调节、居民自治良性互动。强化农村社会治理,打造充满活力、和谐有序的善治乡村。坚持好发展好"枫桥经验",争取做到"小事不出村,大事不出镇,矛盾不上交"。

近年来,各地探索构建"以人民为中心"的社区治理评价体系,取得了明显成效。例如,南京市鼓楼区在20世纪90年代率先提出"社区建设是城区工作的永恒主题"。经过多年探索创新,逐渐建立起一套"以人民为中心"的"星级文明和谐社区"科学评价机制。2018年,自主开发"鼓楼e家"社区治理服务平台,对社工上门走访服务情况及居民满意度进行在线测评,同时开发智能管理机器人"鼓宝",在线回复居民问题,引导居民办理各项公共服务,实时搜集居民对社区工作的意见建议,形成"纸质问卷+在线测评+微信互动"的"三位一体"社区工作评价机制。"星级文明和谐社区"评价主要由三大块构成:居民满意度测评(第三方每季度测评并报告分析)、20余家相关职能部门及所属街道工作测评、社区特色创新工作评比。通过动员部署、阶段调研、指导帮扶等一系列环节,使部门向社区下达任务更加规范化。鼓楼区通过创新基层社区治理机制,不断优化社区服务功能,多方搭建居民自治平台载体,其让群众成为社区治理"考评官"的做法被《中国社会报》《江苏改革简报》《南京民政》等刊登,社区治理经验得到有效推广。①

(二) 对上负责与对下负责的关系

在以往的政府绩效考核中,由于经济目标责任制的推行,各级地方政府以

---

① 《鼓楼区持续创建"星级文明和谐社区" 构建"以人民为中心"的社区治理评价体系》,《南京日报》2018年12月29日。

及有关领导者都把创造政绩放在第一重要的位置上,同时也使得政府部门机关内官僚主义风气盛行,命令导向成为这一时期绩效考核模式的典型特征。在官僚主义价值取向的影响下,政府发展经济的主要方式是通过下达硬性目标来实现。而这一做法往往又会导致如下问题,即有些硬性指标的初衷可能是好的,却不见得符合地方政府的实际情况及群众的利益诉求,结果有些地方由于确实难以实现上级政府下达的死指标,只好弄虚作假地应付,由此导致造假风盛行的问题愈演愈烈,进而在一定程度上阻碍了经济社会的健康发展,最终损害了人民群众的根本利益。鉴于此,各级党组织和政府部门一方面要对上级党组织和政府负责,另一方面更要对人民负责。要结合完善政府绩效综合考评办法,科学制定政府绩效的考核评价指标体系,使工作有目标、检验衡量有刚性量化标准,增加公众对政绩考核的话语权,改变"官考官"的做法,切实转变地方政府和部分领导干部工作只对上负责的局面。

第一,牢固树立以人民为中心的政绩观。① 全心全意为人民服务是中国共产党的根本宗旨。植根人民、依靠人民、服务人民是中国共产党区别于其他政党的显著标志。在党的十九大报告中,习近平总书记鲜明地提出了以人民为中心的发展思想。因此,新时代党员干部要树立的政绩观,是以人民为中心的政绩观,是增强人民获得感、幸福感、安全感的政绩观。

以人民为中心是新时代政绩观的根本出发点。人民立场是中国共产党的根本政治立场,是马克思主义政党区别于其他政党的显著标志。这就要求我们时刻把人民放在最高位置,始终把实现好、维护好、发展好最广大人民群众的根本利益作为一切工作的出发点和归宿,把人民拥不拥护、赞不赞成、高不高兴、答不答应作为衡量一切工作得失的根本标准,不断增强人民群众的获得感、幸福感、安全感。党员干部树立正确政绩观,首先应诚意正心,校正坐标,坚持以人民为中心的发展思想。"衙斋卧听萧萧竹,疑是民间疾苦声",要急人民所急、想人民所想,闻其饥寒为之哀,见其劳苦为之悲,正心诚意、踏踏实实为人民办实事,尽心尽力为人民办好事,坚持不懈为人民解难题。这样的政绩才会经得起时间沉淀和历史检验,才会让老百姓在心中永铸丰碑。

---

① 张涛:《牢固树立以人民为中心的政绩观》,《学习时报》2018年8月6日。

坚持实事求是是新时代政绩观的重要保障。实事求是、求真务实是马克思主义活的灵魂，是我们党一以贯之的优良传统和作风，是党不断从胜利走向新的胜利的思想保证。伟大的政绩不是靠吹捧和包装出来的，创造政绩没有什么捷径可走，只有靠"真金不怕火炼"的求真务实、艰苦奋斗和担当奉献。践行以人民为中心的政绩观，就要有以"板凳要坐十年冷，心底无私天地宽"的精神追求，以功成不必在我、担当奉献必定有我的境界，发扬钉钉子精神，一张蓝图绘到底，真抓实干创佳绩，一心一意为人民。

实现高质量发展是新时代政绩观的落脚点。领导干部要勇担新时代的历史使命，创造出让人民满意的新业绩。践行以人民为中心的政绩观，就要贯彻新发展理念，推进现代化经济体系建设和高质量发展，在全面建成社会主义现代化强国的伟大事业中建功立业。这不仅要求经济稳中求进、健康持续发展，更要求政治环境稳定、经济文化发展、社会大局安定、人与自然和谐共生，统筹推进"五位一体"总体布局和协调推进"四个全面"战略布局。树立以人民为中心的政绩观，必须从狭隘的短视政绩、眼前政绩转变为谋求创新、协调、绿色、开放、共享的长远政绩，既要加快建设实体经济、科技创新、现代金融、人力资源协同发展的产业体系，又要确保打赢"防范化解重大风险、精准脱贫、污染防治"三大攻坚战。

新时代党员干部政绩观的核心是一切为了人民，党员干部政绩好坏的评价主体只能是人民。我们要用好党的群众路线这个制胜法宝，健全群众评价党员干部政绩的有效机制，完善干部考核、选拔和任用制度，坚持能者上、庸者下、劣者汰，匡正用人导向。党员干部也要不断自我净化、自我完善、自我革新、自我提高，以时不我待、只争朝夕、勇立潮头的历史担当，鼓足干劲，善作善为，不懈奋斗，在新时代的历史大考中向党和人民交出满意的答卷。

第二，贯彻落实党的群众路线。群众路线是党的生命线和根本工作路线。坚持走群众路线，绝不是喊喊口号走走过场，而是要诚心诚意、实打实做。要善于通过提出并贯彻正确的理论和路线方针政策带领人民前进，善于从人民的实践创造和发展要求中完善政策主张，善于从群众中寻找解决问题的方案和办法，使作出的决策和决策的执行充分体现民心民意。

当前，党员干部的思想政治意识总的来看是好的，但值得警惕的是，一些地方和部门的党员干部群众观念淡薄,当官做老爷的思想严重,不相信、不依靠群众,甚至脱离群众、害怕群众。目前,社会上出现的群众路线无用论、过时论等思想认识背离甚至抛弃群众路线,主要表现为:一是"矮化"群众。有些党员干部对人民群众是历史的创造者,是物质财富和精神财富的创造者,是社会变革的决定力量"半信半疑","群众"在他们眼里的作用有限,无足轻重。二是"妖魔化"群众。社会上的各种公共突发事件和群体性事件矛盾的焦点绝大多数集中在党群、干群关系方面,这与部分领导干部决策失误、工作不力、作风不实等问题有关。但一些党员干部不是从自身找原因,而是一味指责群众,甚至给群众乱扣帽子。三是"抽象化"群众。尊重群众的创造,满足群众的利益,全心全意为人民服务,是党的宗旨的根本要求。群众利益无小事,国家利益、社会整体利益都是群众利益的体现。但有些人却认为群众是抽象的,群众利益是模糊不清的,出现了将群众概念抽象化,将群众利益抽象化、虚拟化、扭曲化的现象。因此,在涉及群众利益时,借口整体利益否定群众的个体利益,借口长远利益否定群众的现实利益。[①]

上述错误认识,究其原因在于:一是部分党员干部群众立场不坚定。在想问题、作决策、做工作时,没有从群众立场出发去维护群众正当权益。二是"权为民授"观念淡薄。在一些领导干部看来,权力并不是人民赋予的,而是上级授予的,因此,有些领导干部对上级是公仆,对群众是主人,高高在上,盛气凌人。三是缺乏科学的干部评价机制。党员干部的考核评价、岗位的变动、职级的升迁并不取决于群众的评价。

切实端正在群众路线中存在的这些错误认识,要求我们创新思维方式,从思想深处认识到群众路线的重要性。首先,要重塑理想信念,坚定马克思主义的立场。一方面,要加强对广大党员干部的思想政治教育;另一方面,要通过制度规范的建立,实现对作风问题的有效表达和督促。其次,要破除"权力迷信"思想,树立平等意识。有些人认为只要手中有"权",开展工作就如"快刀斩乱麻"。事实表明,这种权力强制下的"服从"是不可持久的。必须要尊重群

[①] 中国社会科学院马克思主义研究院:《践行党的群众路线学习读本》,红旗出版社2013年版,第117页。

众、相信群众,着力掌握群众"想什么""盼什么",关心群众"忧什么""乐什么",注重群众"说什么""夸什么",以对群众的平等尊重赢得群众的支持。最后,要摆正个人政绩与群众利益的关系,诚心办好群众实事。作为一名真正为人民群众谋利益的领导干部,在任何时候都要把群众利益放在第一位,在实际工作中,把履行领导职能与实践党的宗旨统一起来,把向上负责与对人民群众负责统一起来,把树立个人政绩与为民办好实事统一起来。要建立健全干部政绩考评机制,把群众测评纳入考评工作。凡涉及群众生产生活的热点难点问题等事项,必须经过群众测评,在权重比例上,适当增加群众测评对综合考评的比重,让老百姓的评价也能够决定干部的升迁使用。

(三)施政为多数人与为少数人的关系

当今社会是一个多元利益分化的社会。政府不仅要为不同的利益群体提供畅通的利益表达渠道,还必须在公正、超脱的立场上,妥善协调各种利益冲突,使不同利益群体各得其所、各安其位、和谐共处。而实现这一目标的一个重要前提,就是各种政治利益、经济利益和其他利益在全体社会成员之间得到合理分配。这就要求政府绩效评估必须充分体现社会公平的价值,在具体指标的设计上真正反映财富分配、机会获取以及社会保障的公平程度。①

第一,朝着实现全体人民共同富裕不断迈进。共同富裕,是马克思主义的一个基本目标。实现共同富裕,反映了社会主义的本质要求,体现了以人民为中心的根本立场。我们党始终带领人民创造美好生活、实现共同富裕而不懈奋斗。毛泽东在新中国成立之初就提出了我国发展富强的目标,指出"这个富,是共同的富,这个强,是共同的强,大家都有份"。②邓小平多次强调共同富裕,指出"社会主义不是少数人富起来、大多数人穷,不是那个样子。社会主义最大的优越性就是共同富裕,这是体现社会主义本质的一个东西"。③江泽民强调:"实现共同富裕是社会主义的根本原则和本质特征,绝不能动摇。"④胡锦

---

① 臧乃康:《和谐社会构建中的政府绩效评估价值重塑》,《甘肃社会科学》2006年第1期。
② 《毛泽东文集》(第六卷),人民出版社1999年版,第495—496页。
③ 《邓小平文选》(第三卷),人民出版社1993年版,第364页。
④ 《江泽民文选》(第一卷),人民出版社2006年版,第466页。

涛也要求"使全体人民共享改革发展的成果,使全体人民朝着共同富裕的方向稳步前进"。① 进入新时代,我们走上了创造美好生活、逐步实现全体人民共同富裕的新征程。习近平指出,共同富裕是中国特色社会主义的根本原则,实现共同富裕是我们党的重要使命。他还强调,"我们追求的富裕是全体人民共同富裕"②,要"让发展成果更多更公平惠及全体人民,不断促进人的全面发展,朝着实现全体人民共同富裕不断迈进"。③ 经过长期艰苦奋斗,我们党在实践中形成了先富带动后富、逐步实现共同富裕的规律性认识,推动人民生活质量和社会共享水平显著提升。粮票、布票、肉票、油票、豆腐票、副食本、工业券等百姓生活曾经离不开的票证,已经进入历史博物馆。忍饥挨饿、缺吃少穿、生活困顿这些几千年来困扰我国人民的问题,总体上一去不复返了,中国人民迎来了从温饱不足到小康富裕的伟大飞跃。

实现全体人民共同富裕的宏伟目标,最终靠的是发展。发展是基础,唯有发展才能满足人民对美好生活的热切向往。没有发展,没有扎扎实实的发展成果,共同富裕就无从谈起。因此,要毫不动摇坚持发展是硬道理、发展应该是科学发展和高质量发展的战略思想,举全民之力推进中国特色社会主义事业,不断把"蛋糕"做大。同时,还要在不断发展的基础上把促进社会公平正义的事情做好,把不断做大的"蛋糕"分好,让社会主义制度的优越性更加充分体现出来,让实现全体人民共同富裕在广大人民现实生活中更加充分展示出来,绝不能出现"富者累巨万,而贫者食糟糠"的现象。

第二,人民群众利益的分化和整合。改革开放 40 多年来,我国社会利益格局发生深刻变化,在社会利益总量不断增大的前提下,我国社会经济成分、组织形式、就业方式、利益关系和分配方式呈现多样化的利益矛盾,群众利益出现了多元化。群众利益多元化的一个重要表现是利益差异化。改革开放以来,贫富差距呈现不断扩大趋势,这不仅影响到经济发展,还影响到党的执政地位。因此,如何有效地协调利益关系,有效地防止社会的两极分化,使广大人民群众在心理承受范围内享受改革的成果,不仅是党面临的一个重大课题,

---

① 《胡锦涛文选》(第二卷),人民出版社 2016 年版,第 291 页。
② 习近平:《我们追求的富裕是全体人民共同富裕》,《人民日报》2015 年 10 月 31 日。
③ 习近平:《在纪念马克思诞辰 200 周年大会上的讲话》,《人民日报》2018 年 5 月 5 日。

更是一个重大挑战。从经济利益多元化的条件看，要实现好、维护好、发展好最广大人民群众的根本利益，着重要做好以下两个方面的工作。

一是深化改革，处理好利益多元化与根本利益相统一的关系。坚持以人民为中心，最重要的就是正确处理好各种利益关系，统筹协调，使党和政府能够真正代表好人民群众的根本利益。人民群众的利益是一个整体，同时又呈现出多元化趋势。要代表人民群众的根本利益，就要充分认识到利益多元化与人民根本利益的一致性，不能以经济利益多元化为借口而忽视人民群众的根本利益，同时，也不能借口维护人民群众的根本利益而忽视人民群众利益的多样性。如果个人利益、局部利益和当前利益不能合理满足，就会影响与这些利益相关联的人们的积极性，集体利益、整体利益、长远利益就会缺乏增长与发展的动力和源泉。因此，要在坚持维护全局利益和根本利益的同时，照顾和尊重个人利益和局部利益，在关心人民群众当前利益的同时，又要看到长远利益。不能因为部分群众的眼前利益受到影响而动摇改革的决心，也不能只强调长远利益而忽视解决人民群众的当前问题。要对利益受到损失的个人和局部，通过有关政策和措施，给予适当的补偿，努力降低其损失程度，保护好这部分人的积极性，使人民群众都能心情舒畅地投身于建设中国特色社会主义的伟大事业。

二是妥善解决分配不公问题，确保人民群众共享改革发展成果。始终为绝大多数人民谋利益，这是共产党的根本宗旨。各级政府行政、施政的出发点和落脚点都要贯彻这一基本宗旨。我们必须看到，凡是社会主义事业的建设者都是"人民"，经过几十年的差别化发展，"人民"确实已经分化出不同阶层，各级政府行政、施政必须兼顾不同阶层利益，决不能罔视甚至践踏少数人阶层的合法利益。但是，坚持这一理念的同时，又必须坚持行政、施政以最广大劳动群众的愿望和利益诉求为依归，不能"屁股"坐到既得利益阶层一边，也不能总向"资本"倾斜，总以他们的GDP贡献大、提供的就业机会多等为理由，更多地"关爱"他们，必须真心诚意地站稳"劳动"立场，这是马克思主义的真谛，也是以人民为中心发展思想的核心。与此同时，我们还应注意，随着经济社会的长足发展，尤其是中间收入阶层的不断扩大，困难群体会越来越成为"少数"阶层，我们决不能忽视，应该更多地关注弱势阶层，关爱困难群体，使他们脱贫致富,共享发展成果。① 这就是以人民为中心发展思想的根本要求,符合这一根本要求的发展才是以人民为中心的发展。

二、建立科学的评估指标体系

科学合理地设定考核评价指标体系,是构建和完善以人民为中心发展思想考评机制的中心环节。我们将在考察全国各地做法与实践的基础上,探讨以人民为中心发展考评指标体系构建的要素、结构与模本选择。

(一) 构建以人民为中心发展评价指标体系的探索

对贯彻落实以人民为中心发展思想的考评是和对政府绩效的考评以及对干部政绩的考评联系在一起的。经过几年的实践和探索,全国各地创造了不少成功做法和经验。北京、上海、重庆、四川等省市都将生态环保、社会发展、民生问题等方面的内容纳入绩效和政绩考评。山西省的干部政绩考评指标体系中,GDP只占5%的权重,环保资源和民生指标成为考评的重点内容。浙江省杭州市专门制定了"耕地保护责任目标考核办法"。广东省结合主体功能区规划要求,将21个地级市划分为都市发展、优化发展、重点发展和生态发展四类区域,对各个区域进行分类考核。青海省则按照跨越发展、绿色发展、和谐发展、统筹发展的要求,将全省市地州分为不同的考核类(组)别,分别设定考核指标和权重。

总体上看,随着新发展理念和以人民为中心的发展思想的逐步深入,我国的考评机制也在不断完善。主要体现在:一是对考评引起了高度重视,并将其作为一项重要制度普遍推行;二是明确了考评的指导思想和基本依据,要求绩效考评必须遵循以人民为中心的发展思想和正确政绩观的基本要求;三是强调考评的内容必须全面,要按照以人民为中心的要求全面考核,重点考核民生落实情况;四是逐步规范了考评的程序和方法,使考评逐步走上规范化、制度化轨道;五是各地进行了大量有益探索,形成了各具特色的

---

① 李占才、蒯正明、运迪:《科学发展的体制机制保障》,人民出版社2014年版,第269页。

考核办法。以人民为中心发展思想的绩效考评对推动经济社会发展和治理现代化发挥了重要的导向助推作用，成为破解民生问题的"指挥棒"、促进高质量发展的"助推器"、引领政府创新的"方向标"、推进现代治理的"新引擎"。同时，我们也要看到，目前考核评指标仍然存在一些不足，主要表现在以下四个方面。

一是重经济指标，轻非经济指标。在一些地方，考评过于追求经济指标，体现以人为本的指标比较缺失，涉及公共管理、公共服务、群众生活水平提高、社会事业发展、生态环境保护以及可持续发展能力等的非经济指标要求不够。同时，经济指标中又片面追求GDP的规模与增长速度，忽略经济发展的质量、效益，特别是不重视新发展理念的贯彻落实。结果是：一方面，现行考核评价指标体系中许多指标超出了政府公共管理的边界；另一方面，政府又不得不为经济发展投入太多的精力，无法全面履行社会管理和公共服务职能。

二是考核指标比较原则，可操作性差。考评缺乏明确具体的指标体系，考核标准比较笼统和模糊，不易量化，随意性大，尚未建立遵循国际惯例、适合中国国情，包括评估原则、评估模型、评估依据、评估指标、评估技术与方法、评估程序等在内的完整有序、切实可行的考评指标体系。一些考评指标落后于形势发展需要，难以反映当地经济和社会发展的现实状况及民生需求，与实际情况不相适应的问题还客观存在。

三是考评未能很好体现分类指导原则。我国目前的考核，总体上看对各个地区以及地方的各个层次基本上是千篇一律。早在2007年，国家就出台了主体功能区划分的政策，并要求针对主体功能区不同定位，实行不同的绩效评价指标和政绩考核办法。但至今还未能形成这样的统一体现分类指导的评价指标和考核办法，这对实现人民群众的具体利益是不利的。

四是从人民美好生活需要的角度出发，相关的评价指标研究主要围绕如何综合评价生活水平展开，且常常采用"民生""福祉""幸福值""生活质量"等概念进行定量评价和分析。目前，人们已经普遍认识到GDP指标的局限性，逐渐淡化了以单一产出指标直接评价生活水平。不过，由于其复杂性，对于如何设计超越GDP的综合测度工具，各地的理解莫衷一是，评价的出发点也千差万别,由此产生的评价指标也很多。

可见,我国现行的考核指标和办法,还远不能适应以人民为中心发展思想的需要,远不能适应新发展理念的要求。为了加快推动以人民为中心发展思想的贯彻落实,必须把建立和完善科学的考评指标体系作为当前一项重要而紧迫的任务抓紧抓好。

(二) 指标体系的要素与结构

第一,指标体系的建构依据。

以人民为中心发展指标体系的构建,是针对新时代以人民为中心的发展任务所做的有效统计工作。该指标体系构建的意图不在于替代GDP等经济指标的核算、测评功能,而在于通过以人民为中心发展指标体系的构建,以人民美好生活需要为出发点和落脚点,在深入学习和理解社会主要矛盾科学内涵的基础上,建立以人民为中心的发展指标体系,制定科学的指标编制方法,设计以人民为中心的发展指标,监测和反映我国以人民为中心的发展状况和进程。

建立和完善以人民为中心的绩效评估指标体系,要求绩效评估更加坚定人民主体地位,更加尊重人民利益,更加关注人民满意度。

一是更加关注人民对美好生活的向往。我国不久将全面建成小康社会,人民美好生活需要日益广泛,呈现多样化、多层次、多方面的特点。政府职能必须适时转变,不仅重视物质文化建设,满足人民对物质文化生活的更高要求,而且要更加关注民主、法治、公平、正义、安全、环境等方面的建设,更好地满足人民对美好生活的向往。

二是更加关注发展不平衡不充分问题。我国社会生产能力在很多方面进入世界前列,更加突出的问题是发展不平衡不充分,这已经成为满足人民日益增长的美好生活需要的主要制约因素。解决发展不平衡不充分问题成为施政的重要着力点。目前,最迫切的任务就是全面建成小康社会,让全体人民过上幸福美好的生活。

三是更加关注新发展理念的贯彻。党的十八届五中全会在深刻总结国内外发展经验教训、分析国内外发展大势的基础上,鲜明提出了创新、协调、绿色、开放、共享的新发展理念。新发展理念坚持以人民为中心的发展思想,是解决发展不平衡不充分问题,保证经济社会优质高效可持续发展,实现人民群众对美好生活向往的根本要求,具有重大而深远的意义。绩效评估就是要促进新发展理念的自觉贯彻。

第二,指标体系的要素确定。

考核指标体系的设计,最重要的是选择确定指标体系的基本要素。综观全局,基本要素应当包括:一是中央关于以人民为中心发展思想的一系列具体政策要求和导向,这是最核心的要素;二是国家关于新发展理念和"针对主体功能区不同定位,实行不同的绩效评价指标和政绩考核办法"的政策思路,对不同主体功能区提出不同的考核指标;三是遵循中央关于考核的原则要求,充分反映各地考核的成功经验,同时要参考借鉴国际经验,特别是参考联合国等国际组织提出的发展指标。

坚持以人民的"获得感""幸福感"为评价标准检验以人民为中心的发展成效,意味着考评指标具有如下特点。

一是主观指标和客观指标构成了指标体系。客观指标主要是对政府在落实以人民为中心发展思想方面展开工作的评价和引导,主观指标是民众对当前生活满意度的衡量,主观、客观指标都占据一定的比例和权重。但考虑到二者的密切联系和测评的可操作性,不再将主观指标单独列出,而是将其与客观指标综合放在一起。这种主客观相结合的评价指标体系,既能测出客观方面物的发展,又能测出主观方面人的认知;既能测评出政府工作和地区发展的成效,又能测评出主观方面民众的获得感和幸福感。

二是指标具有动态性。人民的"获得感""幸福感"是发展变化的,在短期内想要制定出一套完善的、全体社会成员都能接受的指标体系不现实,加之各地的实际情况不尽相同,民众对发展的看法和对生活的体验程度也不完全一样,因此,指标体系本身也需要不断地修改、完善,才能逐步制定出既反映现实状况又引领未来发展的指标体系。

第三,指标结构。

指标结构包括指标维度、指标权重和评价等次。

指标维度,即考评指标的类别,包括指标方向、指标性质、指标层级。考评指标方向包括正向指标、中性指标和负向指标。正向指标是指环境绿化率等一类数值越高结果越好的指标;中性指标是指居民消费价格指数(CPI)一类居于(0%—3%)中间值区间为好的指标;负向指标是指碳排放量等一类数值越低结果越好的指标。考评指标按性质分为约束性指标、指导性指标、参考性指标。指标层级即一级指标、二级指标、三级指标等,层级不宜过多。①

指标权重,反映各类考评指标在指标体系中的重要程度,它与考评目的和价值取向密切相关。为了突出以人民为中心的发展思想的要求,当前要加大体现人民美好生活需要指标的权重,因此,在指标选取方面,以新时代中国人民的最大关切为依据,从高质量发展、社会进步、生态环境和民生福祉等维度来具体展开。二级指标在此基础上进一步细化。

评价等次,即每一个考评指标的评价标准等级和所体现的分值关系。从理论上讲,评价标准的等级越多,评价精准度越高,但操作难度也越大。为了兼顾评价的精度与操作的难易度,评价标准的等次设定在 4—5 个为宜(若考评总分为 100 分,设定 4 个等次,可描述为:优、良、中、差,等次分值依次为:100—85 分、84—75 分、74—60 分、60 分以下)。

(三)指标体系设计的模本选择

以人民为中心的发展思想要以经济发展为前提,以社会进步和生态环境为保障,最终落脚于更好地保障和改善民生福祉。因此,为了充分反映现阶段我国以人民为中心的发展成效,我们基于经济、社会、生态和民生四大领域构建评价指标体系的基本框架(表 6-1)。② 这四大类指标(60 个具体目标),体现了以人民为中心发展思想的一般要求,因此是适应于各类区域的共同指标,对各地都具有普遍意义。考虑实际情况的差异,不同地区可以有不同的侧重,因此,在考评项目的权重上设计了一定幅度。

---

① 曹立:《路径与机制:转变发展方式研究》,新华出版社 2014 年版,第 190 页。
② 本指标参考国务院发展研究中心"中国民生指数研究"课题组(2015 年)编制的中国民生指数、清华大学中国经济社会数据研究中心(2019 年)编制的"清华大学中国平衡发展指数"、曹立(2014 年)编制的"地方党政领导班子政绩考评指标体系"等。

表6-1 以人民为中心的绩效评价指标体系

类别		序号	指标名称	计量单位	指标维度	指标权重
经济发展	经济效益	1-1	人均GDP	元	正向/指导	25-30
		1-2	能源产出率	万元/吨标准煤	正向/指导	
		1-3	资本产出率	%	正向/指导	
	经济结构	1-4	高技术企业主营业务收入占GDP比重	%	正向/指导	
		1-5	居民消费价格指数	%	中性/指导	
		1-6	居民消费率	%	正向/指导	
		1-7	服务贸易占对外贸易比重	%	正向/指导	
	创新驱动	1-8	R&D经费投入强度	%	正向/参考	
		1-9	万人发明专利拥有量	件	正向/参考	
	人力资本	1-10	劳动力人口占比	%	正向/参考	
		1-11	劳动年龄人口平均受教育年限	年	正向/参考	
	区域协调	1-12	地区人均财政收入比	比值	负向/指导	
		1-13	城乡居民收入比	比值	负向/指导	
社会进步	社会文明	2-14	人均文化事业费	元	正向/参考	25-27
		2-15	人均拥有图书馆藏量	册	正向/参考	
		2-16	人均文化场馆面积	平方米	正向/参考	
	社会公平	2-17	基尼系数	0-1	负向/指导	
		2-18	政策公平满意度	%	正向/参考	
		2-19	司法公正满意度	%	正向/参考	

续　表

类别		序号	指标名称	计量单位	指标维度	指标权重
社会进步	社会安全	2-20	亿元GDP生产安全事故死亡人数	人	负向/约束	25—27
		2-21	刑事犯罪率	件/十万人	负向/约束	
	社会治理	2-22	十万人社会组织数量	个	正向/参考	
		2-23	十万人拥有律师数	人	正向/参考	
	社会服务	2-24	公共服务体系	0—100	正向/指导	
		2-25	信息化发展指数	0—100	正向/指导	
	社会保障	2-26	社会保障覆盖率	%	正向/指导	
		2-27	医疗自付比	%	负向/参考	
		2-28	贫困发生率	%	负向/约束	
生态环境	空气质量	3-29	空气质量指数优良率	%	正向/参考	15
		3-30	细颗粒物浓度（PM2.5）未达标率	%	负向/约束	
	水体质量	3-31	地表水劣于Ⅴ类水体比例	%	负向/约束	
		3-32	河流水质状况Ⅲ级以上比例	%	正向/指导	
	土壤质量	3-33	化肥施用量	千克/公顷	负向/约束	
		3-34	农药使用量	千克/公顷	负向/约束	
	环境治理	3-35	碳排放强度	%	负向/约束	
		3-36	"三废"处理率	%	正向/约束	
	环境保护	3-37	环保投资增长率	%	正向/参考	
		3-38	人均公共绿地面积	平方米	正向/参考	

续 表

类别		序号	指标名称	计量单位	指标维度	指标权重
民生福祉	收入	4-39	人均可支配收入	元	正向/指导	30-40
		4-40	居民人均消费支出	元	正向/参考	
		4-41	劳动报酬占GDP比重	%	正向/指导	
		4-42	收入状况满意度	%	正向/参考	
	就业	4-43	调查失业率	%	负向/约束	
		4-44	职业技能培训人数占从业人员比重	%	正向/指导	
		4-45	劳动合同签订比例	%	正向/约束	
		4-46	工作就业满意度	%	正向/参考	
	居住	4-47	城镇人均住房建筑面积	平方米	正向/指导	
		4-48	房价收入比	%	负向/约束	
		4-49	农村居住便利设施普及率	%	正向/指导	
		4-50	住房状况满意度	%	正向/参考	
	教育	4-51	高中毛入学率	%	正向/指导	
		4-52	高中及以下阶段生师比	%	负向/指导	
		4-53	高中及以下阶段生均公共财政预算公用费用支出	元	正向/参考	
		4-54	万人拥有大学生数	人	正向/参考	
	医疗健康	4-55	人口平均预期寿命	岁	正向/参考	
		4-56	万人拥有的卫生人员及床位数	0—100	正向/参考	
		4-57	食品和药品安全指数	0—100	正向/参考	

续　表

类别		序号	指标名称	计量单位	指标维度	指标权重
民生福祉	医疗健康	4-58	城乡居民人均体育设施面积	平方米	正向/参考	30-40
		4-59	城乡居民平均休闲天数	天	正向/参考	
		4-60	身心健康满意度	%	正向/参考	

注：指标解释

能源产出率(1-2)：能源产出率是资源产出率指标之一，指的是一定范围内生产总值与能源消耗量的比值，反映单位能源内的产出情况。该项指标越大，表明能源利用效率越高。能源主要包括原煤、原油、天然气、核电、水电、风电等一次能源。计算公式为：能源产出率(万元/吨标煤)＝生产总值(万元)/总能耗(吨标煤)。

资本产出率(1-3)：资本产出比率亦称"资本系数"，指资本与产出量的比值，表示一定经济条件下的产出量需要投入多少资本。在国民经济的各部门或行业中，因各自的技术构成与相对成本要素各异，资本—产出比率反映了各部门或行业的资本密集程度。资本产出比率(capital-output ratio)，一般用J表示，是资本存量或产出量K与国民收入总量Y之比，可用下式表示：$J=K/Y$。如果资本—产出率高，说明企业设备利用率高，经济效益好，反之则表明利用率低，经济效益差。

居民消费率(1-6)：居民消费率是指消费需求占国内生产总值的比重，它反映拉动经济增长的三大需求中消费所起的作用大小。

R&D投入经费强度(1-8)：R&D经费投入强度，即R&D经费支出与GDP(地区生产总值)之比，是国际上用于衡量一国或一个地区在科技创新方面努力程度的重要指标。

公共服务体系(2-24)：是水利建设支出经费占GDP比重、道路建设支出经费占GDP比重、电力设施建设支出经费占GDP比重、信息化建设经费占GDP比重的加权合成指数。

信息化发展指数(2-25)：是一个加权合成指数，由互联网普及率、行政许可事项网上办理率、每百人互联网网上购物人数、企业电子商务交易金额占总交易额的比重4个指标合成。该指标体现了一个地区的互联网普及和应用水平、电子政务服务水平、个人和企业的电子商务应用水平的综合发展情况。

贫困发生率(2-28)：指的是低于贫困线的人口占全部人口的比例。其计算公式为：贫困发生率＝贫困人数(户)÷统计全人数(户)×100%。

碳排放强度(3-35)：碳排放强度是指每单位国民生产总值的增长所带来的二氧化碳排放量。该指标主要是用来衡量经济同碳排放量之间的关系，如果在经济增长的同时，每单位国民生产总值所带来的二氧化碳排放量在下降，那么就说明实现了一个低碳的发展模式。

万人拥有的卫生人员及床位数(4-56)：用以考察医疗发展水平，是卫生人员和床位数的加权合成指数。

食品和药品安全指数(4-57)：由食品重点品种监测总合格率和药品评价性抽验合格率两个指标合成，用以反映市场上的食品、药品质量状况。

三、创新以人民为中心发展的评估方式

评估方式回答的是"由谁评估""如何评估"的问题。评估的方式方法决定了考评工作的效率，并在一定程度上影响评估的准确性。

(一)坚持公开透明,强化群众和社会参与

第一,解决评估信息不对称的问题,增强评估的准确性。考评应当广开言路,坚持组织考评和社会考评相结合。社会评价,要以扩大群众知情权为重点,加强党内外干部群众特别是群众的参与和监督。考评相关事项要提前公布,要将那些关联度大、知情度深的工作和服务对象纳入考察谈话范围。一方面,建立服务对象信息库,采取随机抽样、重点抽样的方式,合理确定评价指标和参与范围,让评价的人知情、让知情的人评价;另一方面,大力推行党务、政务公开,让群众在实际工作中了解发展成效、评价发展成效。对考评结果亦应在一般范围内公布。按照公开透明原则,建立"上评下、下评上、横向评、纵向评、民评官"的全方位、多层次、多视角的开放式评价体系。探索"公开、公示"等做法,深入了解群众对推动以人民为中心的发展成效的直接感受和现实要求,加大群众满意度在考核评价中的分量。

例如,广州市《南方都市报》推出的街坊点赞榜就是"以人民为中心"的生动案例。2018年4月,《南方都市报》启动"广州街坊点赞榜"评选活动,对广州市政府各职能部门以及区、街镇相关民生服务部门在2017年度开展的民心实事,邀请市民共同进行投票评价。在市民投票的同时,《南方都市报》还将组建由人大代表、意见领袖、专家学者、媒体代表等组成的"围观鉴定团",对票选进入前30的实事案例进行研讨评鉴,以确保评选的公正性、科学性和公信力。"以人民为中心"已经成为时代强音,也成为政府行政的指引。但效果究竟如何呢?现在各级政府都有考核指标体系,有的还非常详尽、严格。严格归严格,但毕竟属于政府内部上级对下级的考核,而《南方都市报》的街坊点赞榜来自市民的考核。市民是政府服务的对象,服务质量如何、成效如何,市民是最有发言权的。因此,这份街坊点赞榜跟政府内部上级对下级的考核同等重要。点赞排名靠前的部门会在内部官网发布获奖消息,没有获奖或排名靠后的部门还专门来了解哪些地方失分较多,以利于今后改进提高。这一方面说明了《南方都市报》的公信力,另一方面也可以看出政府部门的确是越来越重视市民的评价。[①] 毫无疑问,这是一

---

① 曾德雄:《街坊点赞榜:"以人民为中心"的生动案例》,《南方都市报》2018年4月25日。

种好的气象。

第二，解决评估主体不对称的问题，增强评估的真实性。当前，我国评估的主体主要有内部评估主体（上级、同级、下级）和外部评估主体（立法机关、社会公众、专家评议、独立的第三方评议），也就是说，已经是多元主体评估。然而，问题是当前的评估存在着中心边缘化和边缘中心化的问题，即公众、专家评估边缘化及内部评估中心化，影响了评估的公平公正。因此，对以人民为中心的发展成效进行评估，必须积极拓宽评估主体的参与面，形成一种多向互动涵摄、主体间相互制衡的评估主体结构。多元化社会的形成是评估主体多元的现实基础，评估主体多元是多元化社会的必然要求。各个利益主体有权对发展的成效作出自己的判断，这既是公民权利的体现，也是对施政行为的监督。为此，要求做到以下两点。

一是让群众参与评估。衡量以人民为中心的发展成效，不是自己说了算，也不是简单地由考核组织说了算，重要的一条就是还要看群众满意不满意，接受社会的评价。要充分体现发展成果由群众评价，保证党员和群众的知情权、参与权、选择权、监督权。在坚持组织评价的基础上，引入群众测评的方法，进一步扩大社会参与度。在主体上，参与评估的人员应由以下级、同级为主，扩大到以一般群众为主。在内容上，明确规定以人民为中心的公开承诺事项和重点工作完成情况、解决涉及群众生产生活的热点难点问题等事项，必须经过群众测评。在时间要求上，组织群众测评建议每年不少于一次，以年终为宜。在权重比例上，建议对群众测评赋予综合考评不少于30%的比重。

二是加大独立评估力度。发展成效表现为人们日常感受的公共产品和服务，同时也涉及十分复杂的专业问题。这就要求吸收一定数量的专家学者参加评估，通过专家的理性判断和专业评估，提高整个评估的公正性。尽管专家评估也存在一些问题，如制度不健全、操作系统不匹配、同行专家难过人情关、行政关等，但毕竟评估主体的多元化可以使信息更加全面、结果更加令人信服。要加大社会中介组织和服务对象参与力度，引入独立第三方实施社会评价，建立特邀考官制度和专业化考官队伍。例如，建立独立的民意调查机构、大学科研机构、媒体以及由不同利益群体组成的独立评估委员会等。这样可以使评估不仅对上级负责、对领导负责，更重要的是对人民负责。

（二）创新评估方式，确保真实公正

为保证以人民为中心发展成效评估的真实性和公正性，还必须选择科学的评估方式。调查发现，有 35.7% 的调查对象认为，评估方法比较单一是当前考核评价中最为突出的问题之一。主要表现在：没有把日常评估与阶段性考核相结合、定性考核与定量考核相结合、主观评价与客观评价相结合，缺乏完整性和系统性。评估方法运用现代技术综合分析不够。评估对象"一把尺子量到底"，进行分级分类管理、实行差异化考评不够。考评方式方法不健全，针对性不强，这在一定程度上影响了评估的科学性和准确性。针对以人民为中心的发展成效评估面临的新情况、新问题，必须不断探索把发展成效考准的新方法。

第一，统筹年终考评与平时考评。以人民为中心的发展工作考评综合得分，分为平时考评和年终考评两部分，建议增加平时考评的权重，平时考评分值应不低于年度综合分值的 30%。平时考评即对平时工作随时考评，由上级党政相关部门采取巡回检查、随机抽查、跟踪督查等方式，对目标责任单位落实以人民为中心发展思想的常规性、基础性工作进行随时考评，并详细记录记载，纳入积分制管理，作为年度综合考评分的依据。年终考评即对年度工作全面考评，由专门考评组和群众代表对各责任单位完成以人民为中心发展任务的情况进行全面综合的检查核实。

第二，统筹定性考评与定量考评。应区分机关、乡镇、街道、社区、村、学校、医疗卫生单位等不同类型和领域，把考评内容尽量细化、量化和具体化。考评指标能够量化的尽量量化，确实难以量化的内容，应进行定性分析，提炼出精练准确的考评指标，努力把"软任务"变成"硬指标"，增强考评科学性。综合评价是以人民为中心发展评价的统筹性环节，主要在全面掌握考察信息的基础上，既注重从定量指标中做出定性分析，又注意对定性评价进行量化分析，客观公正地对以人民为中心的发展成效做出评价，并把在推动经济社会高质量发展，特别是在保障和改善民生上取得的实效，作为综合评价的重要依据。

第三，统筹传统手段与现代技术。从统计改革发展看，国家治理方式和治理能力加速现代化,政府"数据治理"已成行政管理和社会治理的重要趋势,全面准确、可靠及时的统计数据在宏观调控和科学决策及考核评估中的作用更加凸显。利用现代信息化手段形成数据采集、数据交换、数据处理、数据分析、数据发布、监测预警的"智库",不仅能全面及时反映新经济的发展状况,提高社会治理的有效性,而且有助于提升考核评估的准确性。在采用政绩公议法、召开座谈会、查阅资料台账等传统考评方式的同时,可探索运用数字化、信息化、网络化等技术评估手段,广泛采集各方面的考评信息,努力提高考评工作的准确度,进一步扩大考核评价的公开公正和社会影响。

(三)设计评估程序,达到简便实用

第一,简化评估程序。在创新评估方式上,还要注重操作性,达到简便实用。考核评估是一项管理制度,因此,评估规则必须简便易行。程序的设计,要卡到要害上,抓住关键点,牵住"牛鼻子"。在制定考核评价细则时,要对程序进行简化,一般包括测评预告、组织测评(实地考察、个别谈话、群众测评等)、综合评议、反馈信息、结果运用5个程序,尽量减少考核评估的工作量,降低工作成本。在日常工作指导中,根据运行需要,可采用季报制度。实施考评,必须考虑行政成本,减少会议、减少文件、减少不必要的检查汇报,让被考评对象集中精力,把功夫下在解决一个个问题上,把精力下在一件件抓落实上。

第二,科学规范评估工作流程。针对考评工作存在随意性的情况,要具体设计工作流程,确保考评工作不省程序、不漏环节、不走过场。主要包括八个步骤,如图6-1所示。

第一步,考评预告。考评单位在10天前,把考评的范围对象、重点内容和基本程序告知被考评单位,做好考评准备工作。第二步,组织考评。要通过实地调查,采取查看台账、个别谈话、组织座谈、网络民意调查等方式,进行考评。特别要把群众测评纳入考评工作。第三步,综合评议。考评组根据考评实际情况,对照相应的考核评价体系,进行量化评价,可评定为"优"(85—100分)、"良"(75—84分)、"中"(60—74分)、"差"(60分以下)四个等级,并查摆被考评单位落实以人民为中心工作存在的主要问题。综合评议可采取类型分析、数据分析、比较分析、环境分析、历史分析等方法进行。第四步,反馈信息。由考

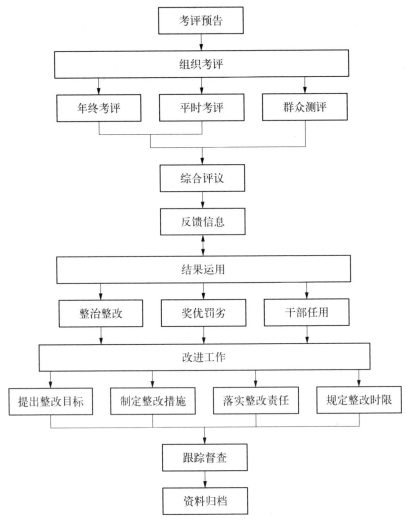

图 6-1 科学规范考评工作流程图

评单位把考评结果及存在的主要问题,以书面形式向被考评单位反馈,提出建议。被考评单位如有异议,在接到书面反馈 7 日内,可以申诉并提请复议;考评单位应认真核实情况,与被考评单位沟通衔接,依规依据办理。第五步,结果运用。根据评定的等级,对被考评单位在政治、经济等方面进行相应奖惩。第六步,改进工作。被考评单位根据主要问题,提出整改目标,制定整改措施,落实整改责任,规定整改时限,并向考评单位报告。第七步,跟踪督查。在一定时期内,对被考评单位整改整治情况进行跟踪督查,督促工作。第八步,资料归档。上级组织要把每次考评的考评组成员、被考评单位、评定等级、奖先惩劣、整改整治等情况建立规范档案,并分时、分领域存档。

四、注重评估结果的有效运用

评估结果的运用是评估的一个重要目的,如果只是强调评估过程而不是重视评估结果的运用,则评估仅是为了评估而评估,评估就变成一种形式,成为一种摆设,是没有意义的,评估的有效性更是无从谈起。因此,评估结果的有效运用是评估工作发挥作用的关键,也是评估工作的生命力所在。为此,必须充分发挥评估的激励约束作用,合理、有效地运用评估结果,实现奖优、治庸和罚劣的结合。

当前,我国不少地方已开展了科学的评估工作,对推动以人民为中心的发展起到了"指挥棒"作用,但总体上看,评估结果激励约束不明显,使其引导、服务和促进以人民为中心发展的效应减弱。调查发现,有14.6%的调查对象认为考评定档的随意性较大,存在"轮流坐庄"现象;20.5%的调查对象认为年度考评结果与干部的选拔任用没有很好地结合起来。具体操作存在考评结果差不多的问题。以考评促干事、以考评促发展、考出合力、考出动力、考出活力的氛围没有很好形成。此外,评估结果是对一个部门和干部的全面整体评价,其中有很多好的工作经验和做法值得推广学习借鉴,失误或不足需引起重视和反思。但在多数情况下,评估结果并没有起到很好的总结经验教训、"问诊看病"、"对症下药"的作用。

评估结果能否运用、如何运用,是关系到考核评价的严肃性和权威性的重要因素,因此,必须坚持及时运用评估结果的原则。一是坚持"绩有所酬"。对坚定不移贯彻新发展理念、着力推动以人民为中心发展的单位和部门,要表彰奖励;对坚持原则、勇于负责、真抓实干、实绩突出、群众公认的优秀干部,要提拔重用;对不讲原则、不负责任、不干实事、搞形式主义和形象工程的组织和个人,要批评教育、诫勉谈话、督促整改,甚至做出组织调整;对因工作失职造成严重后果或者廉洁自律存在问题的,要依法依纪严肃处理。二是根据评估结果,促进绩效改进。一方面,被考评单位和个人要认真对照考评结论,深入分析自身存在的问题和不足,努力推进绩效改进;另一方面,考评组织或主管领导要及时向被考评对象反馈考评中发现的问题,并加强教育引导,帮助其改进自身绩效。三是实现评估结果与行政问责相结合。要解决好评估结果及时有效运用问题,还需制定评估结果运用的刚性规则,用制度来保证评估结果的运用。要按照权责对等的原则,对错误决策、违规决策、决策执行不力等行为要及时制止,对于造成重大损失和损害人民利益的行为要追究相关责任人的责任,并作为干部考核的重要依据。

根据上述原则,合理运用评估结果,应做到"三个挂钩":一是与奖优罚劣挂钩。建议把以人民为中心的发展考评结果作为年终各项奖励、津贴兑现的依据之一,充分调动各方积极性。对当年考评"优"的单位和个人,应通报表彰,给予一定物质奖励。对被评为"良"及以上的单位及其个人,可参与先进集体和个人的评选。对工作不得力、责任不到位、考评结果为"差"的单位及其负责人,应适当降低岗位待遇,向社会通报情况,并规定必须向上级写出书面检查。二是与整治整改挂钩。对考评中反映的群众不满意的突出问题要责令整改,采取限定整改时间进度、明确整改责任人、定期公布整改情况、跟踪调研督查、下次评估前报告整改结果等措施,把整改落到实处,真正实现考评成果的价值。对落实以人民为中心的发展思想工作存在严重问题没有及时解决、造成不良影响和严重后果的,应追究单位和相关责任人的具体责任。三是与干部任用挂钩。建议合理制定考评结果与干部使用相结合的制度,将以人民为中心的发展考评结果有效地运用于干部选拔任用、升降去留、监督管理的全过程。上级组织应根据考评情况提出加强领导班子建设和对相关责任人的使用、培养、教育、调整、处理的具体办法,原则上对连续3年评定为"优"的负责人,优先提拔使用;对连续2年被评为"中"的负责人,进行诫勉谈话;对连续2年被评为"差"的,对领导班子和负责人进行调整,以形成良好的用人导向。①

---

① 全国党的建设研究会课题组:《学习实践科学发展观长效机制研究》,党建读物出版社2011年版,第293—294页。

需要指出的是,以人民为中心的发展成效评估是一项十分重要和严肃的工作,为了防止考察失真、评价失准、用人失误,必须建立严格的考评工作责任制,提高科学化水平。一是加强组领导,强化考评工作职责。管发展就要管评估,谁管评估谁负责。各级党委和政府在以人民为中心的发展成效评估工作中负主要责任。当前,要把建立以人民为中心的发展成效考评体系的工作摆在突出位置,切实加强组织领导,形成党委统一领导、政府牵头抓总、相关组织密切配合、干部群众广泛参与的工作格局。二是建立考评工作责任追究制。要明确考评工作的组织者、考评对象在考评工作中应当承担的相关责任。对在考评工作中不坚持标准、不负责任、弄虚作假、隐瞒问题以及造成其他不良后果的,要实行责任追究。三是健全考评工作监督制度。做到监督与考评同步,并与干部选拔任用监督相衔接,与干部监督管理相结合,通过考评公告、结果公开,设立监督热线、群众意见箱等措施,认真开展过程监督、舆论监督和群众监督。四是不断创新考评工作机制。进一步建章立制,规定严格的程序和方法,实现评估的制度化和科学化。

第七章
完善以人民为中心发展思想的纠偏机制

纠偏机制,是指对一项有目标和行动计划的活动在实施过程中的实际状况进行检查评估,验证实施行为与结果同原定计划的吻合程度,同时预测原预定目标的可达成度,对出现的偏差和问题查找原因,制定措施并组织实施的一种制度体系。纠偏机制的功能是检查考核等有关部门对决策实施过程进行跟踪督查和定期评估,形成良好的行政决策纠偏机制,定期对重大决策执行情况进行跟踪反馈,确保政令畅通和各项决策落到实处。在对以人民为中心的发展进行评估机制构建的基础上,还要构建科学的纠偏机制,即将地方政府在经济社会发展过程中出现的与以人民为中心的发展思想不相符的行为纠正过来,使之回归到以人民为中心发展的轨道上来。

一、树立纠偏理念

树立正确的纠偏理念,提高纠偏意识,是做好纠偏工作的前提。纠偏机制给不给力,首先取决于领导干部的纠偏意识强不强、主动性和积极性高不高。这就要求各级领导干部在工作中,自觉提高纠错意识、民主意识、批评与自我批评的意识,真正把以人民为中心的发展思想落实到行动中。

(一) 纠偏意识淡薄

领导干部纠偏的主动性和积极性包括两个方面:一是主动纠正自己工作的错误;二是积极指出他人工作的错误。但是,从现实情况来看,这两方面实施的程度并不理想。

首先,对于纠正自己工作的错误,怕丢"面子"。在面对自己工作中的错误时,不少党员干部,特别是领导者,会认为这是损害个人形象和权威的表现。由于害怕承担责任,担心因承认错误而影响自己的政治前途,即使发现工作有偏差、有失误,也抱有侥幸心理,尽量掩饰,不揭"盖子"。有的领导干部则怀有不正确的思想观念和心态,认为自己是领导干部,只能指挥别人,没有自己还要受批评的意识。他们将上级批评看作对自己的不信任,将同级批评看作和自己过不去,将下级批评看作吹毛求疵。正是在这种不正确的思想观念的支配下,一些阻碍,甚至违背以人民为中心发展思想的行为得不到及时纠错,致使一些事关地方改革发展稳定的重大问题、群众普遍关心和反映强烈的突出问题,迟迟找不到破解之道。

其次,就指出他们工作的错误而言,怕得罪人。现在,一些党员干部中好人主义盛行,不敢批评、不愿批评,不敢负责、不愿负责的现象相当普遍。在错误、缺点面前,怕字当头,缩手缩脚,批评领导怕打击报复,批评同级怕影响关系,批评下级怕丢选票,自我批评怕丢面子,对出现的一些倾向性、苗头性问题,该提醒的不提醒,该批评的不批评,听之任之,放任自流,班子内部,搞一团和气,息事宁人。有的单位对党员、干部的缺点、错误,或者强调客观原因而低格定性,或者简单套用"主流是好的,缺点是可以改的",网开一面,甚至有意遮掩、庇护,即使勉强开展一点批评,也往往轻描淡写,或者把话"磨圆"再出口,隔靴搔痒,避实就虚,走走形式和过场。①

正是由于地方政府和领导的纠偏意识不强,致使一些本可以得到解决的问题一拖再拖,严重影响了人民群众的利益,违反了群众意愿。据《河北法制报》报道,廊坊大成县北位乡门远庄村村民门庭安反映,他儿子与后邻门某某因宅基地使用权(以下简称"宅基证")部分重叠引发纠纷。自 2005 年发现后,他就开始要求发证机关纠正错误,但至今已过去 8 年了,这一错误仍没有纠正过来。门庭安反映的宅基证登记错误的问题,看起来并不是多么复杂的问题和难题,在经过当地政府的核查(比如核对老宅基证、检查老宅界桩、重新丈量

---

① 李占才、蒯正明、运迪:《科学发展的体制机制保障》,人民出版社 2014 年版,第 170 页。

等等),重新界定后,收回旧证、换发新证,也应该不是什么难事。然而,让人难以理解的是,当地政府竟让纠错的行政行为和过程变成了"马拉松",不仅已持续了8年,而且何时能够结束还是个未知数。难怪门庭安会对政府的这种面对错误、纠正错误的态度不满意。

态度决定一切。纵观这起事件,当初在登记发证时,如果工作人员能够认真核查,想必就不会造成相邻宅基地重叠的现象,两家也不会因此而产生纠纷、失去亲情。遗憾的是,由于当时的工作人员不认真、不负责,导致了登记失误,人为酿就了这一事件。更为遗憾的是,在发现这一错误后,当地政府也没有深刻反思,及时纠正,却一味地寻找各种借口,以千般万般理由来搪塞、推诿,就是不去真正地解决问题、化解纠纷。知错不改就是错上加错。①

(二) 提高纠错意识

解决上述问题,需要进一步增强领导干部的责任意识、民主意识、批评与自我批评意识,提高纠偏的主动性和积极性。

第一,提高责任意识。坚持原则、敢于担当是新时代党的干部必须具备的基本素质。担当就是责任,好干部必须有责任重于泰山的意识,坚持党的原则第一、党的事业第一、人民利益第一,面对矛盾敢于迎难而上,面对失误敢于承担责任。当前,这种责任不仅体现为执政为民的使命感,还体现在推动高质量发展的自觉性上。

众所周知,推动高质量发展,是当前和今后一个时期确定发展思路、制定经济政策、实施宏观调控的根本要求,也是落实以人民为中心的发展思想的应有之义。党的十九大报告指出,中国经济已由高速增长阶段转向高质量发展阶段。高质量与高速度发展的特征有很多差异。首先,从评价标准看,过去对高速度发展,只需要从一些总量增长的指标去评估就可以了,如GDP、财政收入、利用外资等增长情况。但是对高质量发展,就要从新发展理念的角度去综合评价,一般认为,高质量发展是创新成为第一动力、协调成为内生特点、绿色

---

① 张申、刘海兵:《知错不改就是错上加错》,《河北法制报》2013年12月13日。

成为普遍形态、开放成为必由之路、共享成为根本目的的发展。由于质量具有多维性和主观性,如何把无数的个人偏好加总为社会偏好,就是一个很大的难题。这提示我们,由于评价的困难性,诸如要建设为高质量而竞争的经济体制等努力,需要有与过去不同的方法。其次,从历史背景看,在资源短缺的条件下,有什么办法可以快速地增加生产能力、提供更多的产出,就是最优的办法,就会成为政策追求的目标。进入高质量发展阶段,人民收入水平和生活水平有了大幅度的提升,过剩经济成为常态。从需求结构的变化看,人民群众对物质文化生活的需要变成了对美好生活的需要,需求层次迅速上升,除了对物质的需要体现为更好而不是更多外,对服务的需求上升速度更快。从供给侧的变化看,落后的社会生产变成了发展的不平衡不充分,供给的总量问题转化为供给的结构问题,宏观经济管理不再是为了解决有无的问题,而是要解决好坏的问题,解决满意不满意的问题,解决结构的不均衡问题,解决质量的高低问题。最后,从实现手段看,在高速度发展阶段,政府作用的范围和领域可以比较大,政府替代民众选择、实现集中的非均衡发展是完全有可能的。进入高质量发展阶段,政府集中获取信息和处理信息的成本更高了。实施信息分散收集和处理,让市场主体自己决策、责任自负的内生调节方式,将是最优的资源配置方式。但是也应该看到,迅速增长的非市场调节领域的扩大,会使经济生活中出现更多的市场失灵现象,这就要求政府必须转移作用领域和改变基本职能,从干预市场主体决策和干预市场活动,转向进入非市场领域发挥基本的调节作用,为市场活动提供更多的外部经济性。①

从高速度发展全面进入高质量发展,需要一个较长的过渡期。这不仅是因为发展有惯性力量的作用,而且是因为当前的政策决策系统面临着一系列急需处理和解决的重大问题。这些问题是在过去的发展方式下累积的,是绕不过去的坎,拖延它们的解决只会导致更大的问题。这就要求我们必须牢固树立贯彻新发展理念,自觉增强失衡纠偏意识,而不是陷入过去的"路径依赖"。而要做到这一切,把以人民为中心的各项工作做好做实,关键在于各级领导干部的认识和行动。

---

① 刘志彪:《高质量发展需要建立失衡纠偏机制》,《经济参考报》2018年8月29日。

第二，增强民主意识。落实以人民为中心的发展思想并不容易，工作中难免会出现这样那样的偏差和失误，问题的关键是领导干部要具有民主意识，虚心接受批评和监督，自觉把不符合以人民为中心的行为纠正过来，使我们的一切工作能够始终以最广大人民的根本利益为最高标准。

现在，时不时听到一些基层抱怨，说平时很难见得到"上面干部"，往往内心有话无处说、有苦无人诉；有的则感叹座谈会一个又一个参加、意见表一张又一张填写，可反映的问题总是在路上打转转，提的意见总是被"冷处理""软对待"。这些抱怨或有偏颇，但所反映的问题值得思考。善于倾听下面干部群众的意见，是上级机关或领导想问题、办事情、做决策的"源头活水"，是防止和纠正工作偏差、减少和避免工作失误的"参照坐标"，也是检验领导干部民主作风、胸襟气度的"重要标尺"。①

领导干部要以平等的身份、同志式的态度，以对党的事业负责和对人民利益负责的精神，正确看待工作中的偏差和错误，抛开私心杂念，树立一心为公的情怀和虚怀若谷的胸襟，时刻牢记自己的身份是公职、公仆，职责是公务、公干，维护的是公益、公利，切忌"护短"、要"面子"，甚至居高临下、"老虎的屁股摸不得"，如果发现自己错了，就应当及时改正，决不能将错就错，耽误工作，贻害人民。要坚持走群众路线，采取召开座谈会、设置意见箱、发放征求意见表、个别访谈、开通热线、设电子信箱等形式，以诚恳的态度、切实的措施广泛征求群众意见。不仅要充分听取本单位群众的意见，而且要广泛听取下级单位和服务对象的意见，特别是听取老同志的意见，听取党外人士和普通群众的意见。征询、听取意见，一定要善于汲取不同意见和批评意见，博采众长、从善如流，才能真正集思广益。对工作失误和偏差要主动去面对解决而不是回避推卸，切忌讳疾忌医、一意孤行。历史反复证明，我们党什么时候正确地发扬了民主，党的路线和政策就较少出现偏差，即使出现了也易于纠正，每当我们很好地坚持了这一点，决策就比较正确，工作就做得比较好；什么时候这一点坚持得不好，决策就容易失误，工作中就会发生这样那样的偏差。

第三，用好批评与自我批评这个武器。坚持以人民为中心，就要做到公正

---

① 徐文秀：《善于倾听下面干部的意见》，《人民日报》2016年4月26日。

无私,始终维护群众利益。这样做虽然会得罪少数人,但却会赢得大多数人的支持。要抱着对党负责、对人民负责、对同志负责的态度,用党性、人民性做尺子,量长短,比高低,旗帜鲜明讲原则,直截了当点问题,敢于揭露矛盾、敢于"刺刀见红",真正把自己摆进去,做到坚持原则敢批评,敞开胸襟听批评,营造有利于开展批评与自我批评的浓厚氛围。

无私才能无畏,无私才能担当。我们党除了最广大人民的利益,没有自己的私利,从不隐瞒自身的缺点和错误,也从不忌讳任何形式的批评和指责。毛泽东曾指出:"以'惩前毖后,治病救人'为宗旨的整风运动之所以发生了很大的效力,就是因为我们在这个运动中展开了正确的而不是歪曲的、认真的而不是敷衍的批评和自我批评。"① 邓小平则指出:"要通过整党,使党内的批评和自我批评经常开展。党内不论什么人,不论职务高低,都要能接受批评和进行自我批评。"② 江泽民提出:"要经常运用批评和自我批评的武器,开展积极的思想斗争,坚持真理,修正错误。各级党组织都要努力增强解决自身矛盾的能力,勇于正视和解决存在的问题,决不回避和粉饰。"③ 胡锦涛指出:"批评和自我批评是我们党的一个好传统,是正确解决党内矛盾、促进团结和进步的一个好武器。"④ 习近平总书记说:"批评和自我批评是解决党内矛盾的有力武器,也是保持党的肌体健康的有力武器。'观于明镜,则瑕疵不滞于躯;听于直言,则过行不累乎身。'党内政治生活质量在相当程度上取决于这个武器用得怎么样。"⑤ 这些重要论述虽然是针对党内政治生活而言的,但对党员干部做好实际工作同样具有指导意义。那种不讲政治、不讲原则的你好我好大家好,是党性和人民性极不严肃的表现,是作风建设的腐蚀剂,也是滋生腐败现象的庇护所。以人民为中心的发展思想要落到实处,就必须大胆使用、经常使用、用够用好批评与自我批评这个武器,使批评与自我批评成为一种习惯、一种自觉、一种责任,能够运用这个武器同形形色色违反以人民为中心的现象作斗争。

---

① 《毛泽东著作选读》(下册),人民出版社 1986 年版,第 593 页。
② 《邓小平文选》(第三卷),人民出版社 1993 年版,第 38—39 页。
③ 《江泽民文选》(第三卷),人民出版社 2006 年版,第 291 页。
④ 《胡锦涛在河南考察时强调贯彻中央部署 确保"三讲"教育收到实效》,《人民日报》1999 年 3 月 31 日。
⑤ 习近平:《在党的群众路线教育实践活动总结大会上的讲话》,《人民日报》2014 年 10 月 9 日。

从一定意义上说,能不能开展好批评与自我批评,是纠偏机制是否正常、是否严肃、是否具有生命力的重要标志。

在 2019 年全国两会上,来自河南省的农民代表李连成,向习近平总书记介绍了"农民的八个梦想",得到了总书记的肯定和鼓励。李连成在发言中,讲了一句颇有哲理的话:"批评也出生产力。"李连成担任村支书 28 年,带领群众把西辛庄从一个落后的贫困村,变成了富裕的文明村。他经常请人对自己的工作提出批评,并针对批评,找出问题,加以改进。"批评也出生产力"是他的一句口头禅,也是他的切身体验和感悟。批评是"良药"。从转化为生产力的角度看待批评,把批评当成修正错误、改正不足、推进工作的动力,更体现了批评的价值和意义。①

(三)正确处理容错与纠错的关系

2018 年 5 月 20 日,中共中央办公厅印发了《关于进一步激励广大干部新时代新担当新作为的意见》(以下简称《意见》),要求切实为敢于担当的干部撑腰鼓劲。《意见》指出,"建立健全容错纠错机制,宽容干部在改革创新中的失误错误"。这与本文提出的纠偏机制并不矛盾。

事实上,《意见》在提出建立容错纠错机制的同时,还专门对干部在改革创新中的失误错误种类和处理办法等进行了详细说明。"把干部在推进改革中因缺乏经验、先行先试出现的失误错误,同明知故犯的违纪违法行为区分开来;把尚无明确限制的探索性试验中的失误错误,同明令禁止后依然我行我素的违纪违法行为区分开来;把为推动发展的无意过失,同为牟取私利的违纪违法行为区分开来。""各级党委(党组)及纪检监察机关、组织部门等相关职能部门,要妥善把握事业为上、实事求是、依纪依法、容纠并举等原则,结合动机态度、客观条件、程序方法、性质程度、后果影响以及挽回损失等情况,对干部的失误错误进行综合分析,对该容的大胆容错,不该容的坚决不容。对给予容错的干部,考核考察要客观评价,选拔任用要公正合理。准确把握政策界限,对

---

① 谭用发:《批判也出生产力》(2019 年 11 月 8 日),党建网,http://www.dangjian.com/djw2016dvgd/201911/t20191108_5312673.shtml,最后浏览日期:2023 年 12 月 10 日。

违纪违法行为必须严肃查处,防止混淆问题性质、拿容错当'保护伞',搞纪律'松绑',确保容错在纪律红线、法律底线内进行。坚持有错必纠、有过必改,对苗头性、倾向性问题早发现早纠正,对失误错误及时采取补救措施,帮助干部汲取教训、改进提高,让他们放下包袱、轻装上阵。严肃查处诬告陷害行为,及时为受到不实反映的干部澄清正名、消除顾虑,引导干部争当改革的促进派、实干家,专心致志为党和人民干事创业、建功立业。"①这就是说,我们在为敢于担当的干部撑腰的同时,也要加强对干部不作为、乱作为的监督和查处。从严执纪问责是为了维护纪律的权威,惩戒"不干事""乱干事"的党员干部;容错纠偏是从严执纪问责的一个方面,是为了更加严格、科学、客观公正地执纪问责。二者目的都是唤醒责任意识、激发担当精神,推动党员干部切实把责任扛起来,积极纠正工作中的"错误"和"失误",确保敢干事、会干事、干成事。

容错与纠错是激励干部干事创业的"一体两翼",二者辩证统一、相辅相成、并行不悖。容错是手段,以容错的方式为大胆创新、锐意进取的干部撑腰鼓劲,激励干部勇于担当、积极作为;纠错是目的,通过纠错纠偏有效预防或减少干部"少犯错""不犯错",防止小错变大错,避免过错、错误成为常态。无论容错还是纠错,都应在法律法规的框架内运行。容错纠错是以全面从严治党、严格执纪问责为前提,是其实施过程中应予考虑的特殊情况和某一方面,因而容错纠错要以法纪为底线,既依法"治渎"又法内"容错""纠错",防止激励变纵容、保护变庇护。尤其是纠错方面,要严明纪律,明晰纠错与违法违纪区别,明确"错"的边界和底线,坚决执行严格的纠错标准和严密的纠错程序。对于借改革创新之名徇私舞弊、贪污受贿、假公济私以及严重侵害群众利益等行为,打着改革创新的旗号搞劳民伤财的"政绩工程""形象工程"等决不姑息,绝不适用此机制。《意见》提出建立的纠偏容错机制不能成为某些有过错干部免责的"挡箭牌",更不能成为干部违法乱纪的"避风港"。②

---

① 《中央印发〈关于进一步激励广大干部新时代新担当新作为的意见〉》,《人民日报》2018 年 5 月 21 日。
② 岩温扁:《纠偏容错制度可期待,但不能依赖》(2018 年 6 月 7 日),云南法治网,https://www.ynfzb.cn/Ynfzb/FaChiShiPing/201806269718.shtml,最后浏览时间:2023 年 12 月 10 日。

二、健全纠偏制度

制度问题更带有根本性、全局性、稳定性和长期性,科学的制度安排对于推动以人民为中心的发展具有非常重要的作用。我们要在提高纠偏意识的基础上,坚持改革创新,补短板、强弱项,不断完善以人民为中心发展的纠偏制度。

(一)完善政绩观纠偏制度

贯彻落实以人民为中心的发展思想,必须牢固树立和坚持正确的政绩观。正确的政绩观与以人民为中心的发展思想紧密相关。以人民为中心的发展思想引导着正确的政绩观的树立,正确的政绩观又保证着以人民为中心的发展思想的落实。所谓政绩观,就是对政绩的本质、目的、内涵和要求的总体看法与根本观点,包括对什么是政绩、为谁树政绩、如何树政绩和怎么衡量政绩等问题的认识与态度。政绩观直接影响着领导干部的价值取向,是领导干部创造政绩的思想基础。有什么样的政绩观,就有什么样的工作追求和施政行为,同时,也在很大程度上决定着能取得什么样的政绩、创造多大的政绩。领导干部的政绩观正确与否,不仅影响着领导干部的健康成长,更关系到党和国家的事业发展,关系到党在人民群众中的威信和形象。因此,建立和完善政绩观纠偏制度,至关重要。

在现实生活中,仍有一些领导干部的政绩观不够端正。有的把追求单纯的经济指标作为实现政绩的主要内容,有的急功近利,有的唯上媚上,热衷于搞"政绩工程""形象工程"。为了显现政绩,他们片面追求经济指标和发展速度,不关心为老百姓办实事、搞实实在在的民生工程;片面贪大求洋,盲目追求大气魄规划、大规模建设、大手笔做事,不关心工程对当地经济社会发展有无益处;热衷于让上级满意,不关心老百姓满意不满意、赞成不赞成。只要场面大了、气氛热了、人气旺了,轰动效应也就有了;只要能露脸了、上级肯定了,升迁的"跳板"也就有了。在如此错误政绩观的驱使下,"政绩工程"和"形象工程"的产生也就不足为怪了。

据《中国纪检监察报》2018年8月5日的报道,湖南省国家级贫困县汝城县几乎一半的钱都用在大搞城市开发和城市建设,而用在培植财源、促进产业发展方面还不到6%,仅修建爱莲广场就花了4 800余万元。而一些基本民生问题却长期得不到重视和解决,仍有村民靠煤油灯照明。坚决打赢脱贫攻坚战役,2020年全面建成小康社会,是党和国家制定的重大战略部署和重要任务目标。然而,在各地全力推进脱贫攻坚、脱贫攻坚进入关键时期的当下,作为国家级贫困县,当地政府却罔顾中央要求,无视民生发展轻重缓急,把宝贵的财政资金用在华而不实的城市开发建设上,一掷千金摆阔气、装面子,不仅与中央精神背道而驰,也让当地干部群众颇有微词。① 这种现象并非先例。2014年6月3日的《中国新闻网》报道,全国工商联环境商会秘书长骆建华在一个沿海地区经济发达城市调研时听到这样的声音:"市长说,地下铺了管网,把几百亿埋在地下,老百姓也看不见,我怎么能干这个事儿呢!"骆建华认为:这是政府主导水污染治理的困境,工业污染治理之所以见效不明显,是因为投入不足的问题一直存在。大家都不愿意做老百姓看不见的工程。尤为关键的还是,这种有粉搽脸上的现象还不仅仅存在于环境治理、管道铺设上,而是体现在方方面面。跑偏的政绩观,是向上的一种迎合,捞取的是个人资本。无视民生民瘼,于贫困人民群众而言,这也是一种权力的任性切割。群众无法享受实实在在的获得感和幸福感,如此政绩,于百姓无益,于国家无益。

这种现象为什么会屡禁不止呢?一个重要原因还在于目前的干部考核制度有待完善。当领导干部考核优劣,很多时候需要通过诸多"显性指标"得以评价和体现,那么,领导干部就难免整日一门心思地"追着考核指标跑""围着政绩工程转"。"有粉往脸上搽",这是一句俗语。这种俗语有着一定的真谛性。而实际上,官员"有粉往脸上搽"现象的存在,不能仅仅把板子打在他们的屁股上。这其实源于一个现实的尴尬,这是因为我们的目标考核出了问题,官员升迁的资本发生了问题。另外,眼下的官员调整太过频繁。一个官员在一个地方主政,快的也就年把,甚至是半年的时间,这样的官员被老百姓称为"快三秒"。即使能够干一段时间的,超过6年的都很少。而一个地方的发展,是

---

① 温献伟:《政绩观跑偏,亟待制度纠偏》,《河南经济报》2018年8月7日。

需要时间的。如此短暂的主政,干出成绩靠什么？自然需要靠那些看得见摸得着的工程。①

由此可见,地方政府出现的这些问题,源自跑偏的政绩观。扭转这种"重面子、轻里子"的观念,改变官员的这种错误的为官心态,需要制度给力,亟待制度矫正。一言以蔽之,就是要尽快健全和完善领导干部的考核制度。通过抓住制度这个"牛鼻子",促进领导干部建立正确的政绩观、发展观。

(二) 建立决策执行纠偏制度

落实以人民为中心的发展思想,不仅需要纠正错误的政绩观、发展观,还要建立健全重大行政决策执行纠偏制度。重大行政决策执行纠偏,是指对重大行政决策在实施过程中的实际状况进行检查评估,对可能出现的偏差和问题查找原因,制定措施并组织实施的一种监督管理活动。从各地的情况看,从决策执行纠偏制度的提出,到真正实施,虽然认识已经上路,但行动尚处于"摸石子"阶段,一个很重要的原因在于,后续的推力不够,未能将全民共识与社会期待转化成制度设计。

我们以全国特色小镇建设为例,探索决策执行纠偏机制的建立过程。特色小镇和特色小城镇是新型城镇化与乡村振兴的重要结合点,也是促进经济高质量发展的重要平台。在走上理性发展之路前,中国的特色小镇建设经历过一轮爆发式的无序发展。2014年,特色小镇的概念在杭州市被首次提及。此后4年多,在资本和地方政府的双重推动下,特色小镇在全国"遍地开花"。据机构统计,到2018年,各地在建或者已建成的特色小镇已经超过2 000个,远超官方规划。不仅如此,许多特色小镇严重缺乏特色。大量文旅小镇缺少文化历史底蕴,有些甚至直接"复制粘贴"成功经验,导致房子建起来了、饮食摊点搭起来了,但是乏人问津,小镇变"空城";也有不少小镇没有产业支撑,规划反复修改,导致项目进展缓慢。

面对这些乱象和问题,亟须展开特色小镇的规范纠偏。2017年年底,国家

---

① 《"有粉搽脸上"的为官心态需要制度纠偏》(2014年6月4日),今日头条,https://www.toutiao.com/article/3306831952/,最后浏览日期：2023年1月20日。

发展和改革委员会等四部委出台《关于规范推进特色小镇和特色小城镇建设的若干意见》。2018年,国家发展和改革委员会提出建立特色小镇高质量发展机制,并明确要逐步淘汰几类发展变形走样的小镇。2019年上半年以来,特色小镇的理性发展迹象愈发清晰。在4月份召开的2019年全国特色小镇现场经验交流会上,国家发展和改革委员会透露,中国在省级特色小镇创建名单中,一次性剔除行政建制镇,将两批403个"全国特色小镇"更名为全国特色小城镇,推进特色小镇内涵正本清源。此前体育总局的96个全国运动休闲特色小镇,已淘汰整改34个、暂时保留62个。国家发展和改革委员会新闻发言人孟玮5月份也透露,中国共淘汰整改427个"问题小镇"。[①]

　　经过纠偏之后,特色小镇建设缓下脚步。理性回归之后,特色小镇怎么建?专家们给出了建设性的意见和建议。多数专家认为,特色小镇仍然是新生事物。真正成功的特色小镇不是政府人为规划出来的,而是由市场的力量主导形成的。这需要转变思想、耐心培育,也需要政府参与更有弹性。科瑞集团监事会主席彭中天表示,特色小镇不同于产业园,也不同于房地产,不能套用过去的招商引资思维和土地快速变现策略,而是要积极参与,精心呵护,耐心培育。中国国务院参事、住房和城乡建设部原副部长仇保兴认为,特色小镇的灵魂是"特色"二字,特色小镇的建设关键就是要找到其资源或者产业的唯一性。中国城市和小城镇改革发展中心首席经济学家李铁表示,特色小镇不是人为造出来的,长三角以及珠三角的经验已经表明,这是市场培育的结果,是创业者根据市场规律选择的低成本的发展空间。企业家、技术人员和创业者是小镇发展的核心所在。政府在特色小镇的建设过程中应当起到引导性的作用,其首要的工作是要防止"一哄而上"。两年多来,特色小镇和特色小城镇建设逐步驶入规范发展轨道,涌现出一批产业特色鲜明、要素集聚、宜居宜业、富有活力的特色小镇,一定程度上促进了经济高质量发展,并呈现多样化发展态势。

　　从特色小镇的建设实践看,决策执行纠偏机制在其中发挥了极其重要的

[①] 庞无忌:《纠偏之后　中国特色小镇建设"再出发"》(2019年7月11日),中国新闻网,https://www.chinanews.com.cn/cj/2019/07-11/8891707.shtml,最后浏览日期:2023年9月20日。

引导和调节作用。国家发展和改革委员会下发的《国家发展改革委办公厅关于建立特色小镇和特色小城镇高质量发展机制的通知》(发改办规划〔2018〕1041号)称,国家发展和改革委员会同国务院有关部门优化现有创建机制,统一实行有进有退的创建达标制,避免一次性命名制,防止各地区只管前期申报,不管后期发展与纠偏。此次下发的1041号文件,一个重要基调是建立规范纠偏机制。以正确把握、合理布局、防范变形走样为导向,统筹调整优化有关部门和省级现有创建机制,强化年度监测评估和动态调整,确保数量服从于质量。在创建名单中,逐年淘汰住宅用地占比过高、有房地产化倾向的不实小镇,政府综合债务率超过100%、通过国有融资平台公司变相举债建设的风险小镇,以及特色不鲜明、产镇不融合、破坏生态环境的问题小镇。[①] 实践证明,构建特色小镇建设的规范纠偏机制是正确的、有效的。

附件:黔东南州人民政府重大行政决策执行纠偏办法(试行)[②]

第一条　为确保州人民政府重大行政决策事项得到全面正确依法执行,预防和减少行政风险,促进依法行政,根据《中华人民共和国行政监察法》、《行政机关公务员处分条例》等有关规定,结合实际,制定本办法。

第二条　本办法所称州人民政府重大行政决策执行,是指对根据《黔东南州人民政府重大行政决策程序规定(试行)》(黔东南府办函〔2015〕189号)形成的决策事项的执行。

包括下列事项:

(一)编制黔东南州国民经济和社会发展规划、年度计划,编制州级财政预决算草案及重大财政资金安排;

(二)编制或者修改全州性的各类总体规划、产业发展规划、产业结构调整、产业区域布局规划;

(三)编制或者修改城乡总体规划、土地利用总体规划或者道路交通规划

[①] 楚贵峰:《特色小镇纠偏:房地产化擦边球难以为继》,《中国企业报》2018年10月23日。
[②] 《黔东南州人民政府重大行政决策执行纠偏办法(试行)》(2016年12月29日),贵州省人民政府网,http://www.qdn.gov.cn/zwgk_5871642/zfxxgk_5871649/fdzdgknr_5871652/lzyj/gfxwj_5871658/zfbf_5871661/202109/t20210929_70664704.html,最后浏览日期:2023年12月10日。

等专项规划等；

（四）全州性的土地、矿藏、森林、水资源等自然资源开发利用，风景名胜、旅游景区景点、民族文化村寨等资源的保护和开发，民族文化传承与保护，以及生态环境保护政策的制定或者修改；

（五）城市房屋拆迁、农村土地征收补偿标准的制定或者修改；

（六）全州性有关公共事业收费标准的制定或者修改；

（七）州人民政府重大投资、重大专项资金的安排，重大建设项目、州属重大国有资产处置、国企改革改制等重大事项；

（八）制定或者修改全州性的改革开放重大政策；

（九）制定或者修改关系国计民生和群众切身利益的劳动就业、社会保障、医疗卫生、教育科技文化、住房保障、地方金融、物价调整、扶贫开发、食品药品安全等全州性的重大政策；

（十）法律、法规、规章明确规定的重大事项；

（十一）党中央、国务院和省委、省人民政府明确指示或者规定的重大事项；

（十二）州人大及其常委会决定由州人民政府提出草案或者建议的重大事项；

（十三）依法需要州人民政府决策的其他重大事项。

州人民政府重大行政决策事项涉及公民、法人和其他组织权利义务的，除涉及国家秘密、个人隐私、商业秘密外，应当通过州人民政府门户网站、州人民政府公报等向社会公布，让社会公众知晓。

第三条　本办法所称州人民政府重大行政决策执行纠偏，是指对州人民政府重大行政决策在实施过程中的实际状况进行检查评估，验证实施行为与结果同决策目标的吻合程度，预测决策目标的可达程度，对出现的偏差和问题查找原因，制定措施并组织实施的一种监督管理制度。

第四条　州人民政府重大行政决策的表现形式主要有：

（一）规范性文件；

（二）行政机关合同；

（三）会议纪要等其他形式。

第五条　州人民政府重大行政决策事项执行纠偏实行事中风险过程控

制、事后监督问责制度。

第六条　州人民政府有关部门按照职责分工分别做好重大行政决策执行纠偏工作。

州委州政府督查室负责州人民政府重大行政决策执行的检查、督办等工作。

州政府发展研究中心室负责州人民政府重大行政决策执行的评估工作。

州监察局负责对州人民政府重大行政决策执行效能的监督，对决策执行不力、偏离决策目标和内容等行为，依法追究有关人员的行政责任。

州政府信息办负责州人民政府重大决策事项的公布，畅通公民、法人和其他组织对州人民政府重大决策事项提出建议的渠道，收集并向州人民政府报告公民、法人和其他组织对重大决策事项提出的建议。

第七条　州人民政府办公室对州人民政府重大行政决策进行工作任务和责任分解，明确决策执行单位和工作要求。

第八条　决策执行单位应当制定执行方案，明确执行目标，落实执行措施，全面、及时、正确地贯彻执行州人民政府重大行政决策，不得拒不执行、不完全执行、变相执行、推诿执行、拖延执行。

第九条　决策执行单位应当及时向州人民政府报告州人民政府重大行政决策执行情况。

决策执行单位在执行过程中，有下列情形的，要及时向州人民政府提出停止执行、暂缓执行或修正决策的建议：

（一）上级机关作出的重大行政决策执行纠偏的指示、批示；

（二）生产要素等重大行政决策所依据的客观条件发生变化的；

（三）国家政策调整等不可抗力原因导致决策目标全部或部分不能实现的；

（四）重大行政决策与法律法规相抵触的；

（五）因重大行政决策脱离实际，执行效果不好的；

（六）其他不宜再继续执行的。

上述规定的报告和建议，决策执行单位应当采用书面方式进行。

第十条　州人民政府接到重大行政决策执行单位提交的重大行政决策执行报告和建议后，责成州政府发展研究中心开展重大行政决策执行评估工作，全面客观地调查了解重大行政决策事项的实施情况,核实存在的问题。

重大行政决策执行评估可以采取专项调查、实地调查、文件资料审阅、卷宗评查、抽样调查、网络调查、问卷调查、召开座谈会或者论证会、专家咨询、相关情况比较分析等多种方法进行。

评估工作原则上在30日内完成,并出具评估报告。评估报告应当包括下列内容:

(一)重大行政决策事项执行评估基本情况;

(二)是否需要纠偏的建议,需要纠偏的,应提出停止执行、暂缓执行或修正决策的建议及要求;

(三)其他需要说明的事项。

第十一条　州人民政府作出停止执行、暂缓执行或修正州人民政府重大行政决策决定的,决策执行单位应当采取有效措施,避免或减少损失,消除不良影响。

前款决定,按州人民政府重大行政决策程序规定办理。

第十二条　州人民政府重大行政决策执行应当接受州人大及其常委会的法律监督,接受州政协的民主监督,认真听取民主党派、工商联、无党派人士和各人民团体的意见。

第十三条　公民、法人和其他组织认为州人民政府有关决策应当停止执行或者修改的,可以向州人民政府提出建议。州人民政府对公民、法人和其他组织提出建议的审查决定情况,由决策执行单位向所提建议的公民、法人和其他组织反馈。

第十四条　州人民政府重大行政决策责任追究坚持实事求是、有错必纠、过责相当、公正公平、教育与惩戒相结合的原则。

第十五条　州人民政府重大行政决策执行过程中有下列情形之一的,依法追究有关责任人员的责任:

(一)不作为、乱作为、慢作为,导致重大行政决策不能及时正确执行的;

(二)执行效果不好未及时报告,致使损失扩大或者造成严重社会影响的;

(三)弄虚作假,误导欺骗领导和群众,造成不良后果的;

（四）其他应当追究责任的情形。

第十六条　州人民政府重大行政决策执行责任追究方式有：

（一）责令改正、纠正错误；

（二）责令作出书面检查；

（三）告诫；

（四）取消当年评优评先资格；

（五）通报批评；

（六）依法给予行政处分。

以上方式可以单独适用或者合并适用。

第十七条　州人民政府重大行政决策执行责任追究，依照人事管理权限，由任免机关或者监察机关决定。

第十八条　州人民政府重大行政决策执行纠偏的监督管理，法律法规规章以及州人民政府另有规定的，从其规定，没有规定的按本办法执行。

第十九条　本办法由州监察局、州政府法制办负责解释。

第二十条　本办法自印发之日起执行。

（三）完善问责制度

问责制度并非只是单一的制度，而是一种机制，它涉及决策、过程、结果的问责控制，需要多个方面的行为主体以相应的法定方式予以完成。完善的问责机制需要清晰具体的问责制度和可以将问责制度有效执行的问责程序机制。[①] 目前，我国问责制度还处于初建阶段，相关的制度还在探索与形成之中，近几年不少地方政府在这方面进行了积极的实践，制定了一系列行政问责制的相关法律法规，保证了以人民为中心的发展思想的贯彻落实，但就问责制的实施情况来看，仍然面临不少问题，亟须进一步完善。

第一，明确问责主体。问责主体回答的是"谁来问责"，问责的主体明确对实行问责至关重要。当前我国的问责在制度设计方面充分体现了内部主导的特点，内部主导带来的直接作用就是现行各地问责制度在问责主体等核心要

---

① 陈力予、陈国权：《我国行政问责制度及其对问责程序机制影响的研究》，《行政论坛》2009年第1期。

素方面的制度化推进速度较慢。目前,仅有少数问责制度对每个问责主体的具体职责进行了详细规定,部分问责制度规定了问责主体为政府、政府办公厅(室)、监察厅(局)或由它们组成的调查组,同时也赋予了政府常务会议或者省(市)长办公会拥有一定决定权,但仍有部分地方问责制度没有明确规定问责主体,更缺乏工作职责划分,仅用"有关部门"代替,这种制度设计将直接导致实际问责工作中的分工缺乏制度约束,有可能发生舞弊行为。

同时,我国问责制还局限在单一的同体问责,缺乏有效的异体问责。同体问责是一种来自组织内部对行政人员的问责,一旦出现上级和下级的连带关系,问责的结果就可能缺乏公平、公正、公开,责任人就可能逃脱应有的惩罚。但是来自人大、民主党派、司法机关、社会公众、新闻媒体等方面的异体问责在权限、方式、程序等方面不健全,使得异体监督问责不能很好地发挥作用。通过数据统计,我们可以更深刻地了解同体问责对问责结果的影响(见表7-1)。从7-1表我们可以看到,在统计的73次问责事件中,81%的问责发起主体为上级党政部门,媒体作为"第四种权力"由于拥有传播的平台得以引起问责启动主体的关注,发起比率也仅有14%,而其他问责发起主体的力量几乎可以忽略不计。

表7-1 问责主体发起问责的次数

问责主体	问责发动次数	占总数比例
上级党委部门	17	23.29%
上级政府部门	42	57.53%
报纸	8	10.96%
电视	1	1.37%
网络	2	2.74%
公民个体	3	4.11%
总计	73	100%

鉴于目前的问责制度是以行政内部为主导、以同体问责为重,不少地方已经开始关注到社会问责建设,将"异体问责"加以制度化的方式本身就是一种进步的表现。除了常见的人大问责、政协问责外,各地都已经注重将公民话语权写入制度。公民话语权等异体问责权利的实现本质上是一种行政程序法应当规制的内容,然而,在几乎所有的现行地方行政问责制中都仅有寥寥数语的、实质性的规定,缺乏程序性的内容使这些异体问责权利难以真实呈现。从实践案例中我们不难发现,现有的通过社会启动的问责,基本都是基于重要媒体对于重大事件的曝光,行政问责制度缺乏一种常态的社会问责启动模式,行政法所赋予公民的权利诸如上访、信访等也很难真正成为行政问责的标准启动模式。毫无疑问,行政问责制度中对于"异体问责"的程序设计,不应当只是单纯的"控权(力)"和"维权(利)",而意在激活公民权利等其他权利在程序中的主动性、积极性,最大限度地进行表达、商榷与合意,否则我国行政问责中的问责启动主体单一性问题将成为影响问责效果的主要原因。①

现有体制下完善政府问责机制有一个关键环节就是完善民众对领导人的问责,这是保证问责链条连贯性的关键。在我国现有体制中,党委负责人、人大代表和行政首长是行使公权力的政治领导人,因此,三条基本路径就是党员对党委负责人的问责路径、选民对人大代表的问责路径以及民众对行政首长的问责路径。在这三条路径中,可以选择人大这个环节作为突破口,一方面,加强选民对人大代表的问责,建立人大代表专职制度,改进人大代表工作汇报制度和监督激励制度,另一方面,加强人大代表对行政首长的问责。对于党委负责人的问责可以沿着"两票制"的方向,探索党委负责人由全体党员信任投票的方法来实现。

第二,规定责任标准。责任标准回答的是"依据什么问责"。问责制度是强调惩罚性的制度,惩罚性是指问责制度中必须包含清晰具体的惩罚措施。只有惩罚措施是清晰具体的,才能保证问责对象接受合理合法的惩罚。然而,现行的问责制度普遍缺乏对责任标准的认定,这就使当前问责存在误判或标

---

① 陈力予:《我国行政问责制度及对问责程序机制的影响研究》,2008年浙江大学硕士学位论文,第56—57页。

准不一的可能。从理论上分析,行政问责制度应当根据问责内容的不同,设计有针对性的、科学精确的行政责任坐标体系,在这个责任坐标体系中,任何行政行为放置其中,都可以成为坐标系中可见的而非抽象的一个点,并以具体化的指标或参数体现出来,从而确定问责对象应当承担责任的大小、轻重。这样,行政问责制度就可以类似刑法或民法那样针对不同类型不同等级的行政责任,设置处罚上限和处罚下限,同时,应当重点规定从重、从轻等相关情节。

近些年,各地颁布的以"问责"为直接目的和内容的行政问责制度都尽可能地详尽规定了诸多可问责内容,这样的制度设计希望从根本上厘清各类责任并确定标准。如《郑州市人民政府行政首长问责办法(试行)》中用了五条二十六款设定了各个方面可问责的内容。各地行政问责制度虽然略有不同,但基本都包括:(1)违反科学决策、民主决策、依法决策,发生决策失误的责任;(2)违法行政的责任;(3)对国家法律、法规或者上级国家机关的决策和部署执行不力、效能低下的责任;(4)对群体性事件、公共突发事件应急预案、重大公共安全、生产安全隐患不认真履行管理职责,防范不力、处置失当的责任等。这些行政问责制度确实将各类责任基本罗列其中,但正是由于这样片面的罗列,带来了衡量标准的复杂化。众所周知,由于实际工作中的差异很大,对例如生产安全、环境卫生、防洪抗灾等各种类型的责任,事实上难以确立对于这些不同责任的唯一标准,这就使这些行政问责制度所设置的内容实际上仅有可问责事项,而没有明确的问责标准。行政责任的标准化问题是现行行政问责制度的难题所在,现行行政问责制度对于问责内容虽然作出了种类上的细化和划分,但在幅度及其适应条件方面的法律规定显然不够严格。

鉴于公共行政中不同领域、不同类型、不同形态的行政内容发展不平衡和严重程度不同,行政责任内容的完善也不应当简单地全面覆盖,而要通盘考虑,区分轻重缓急,有所侧重。一些地方制定了与政府实际工作相结合的问责办法,设定了专门针对该类问题的标准和量化依据,比普遍适应的行政问责制更加有效和实际。因此,增加专项的行政问责办法、与政府实际工作相结合的问责办法,应当是行政问责制度进一步发展的有效途径,这才能有效保证问责制度体系的建立。

目前,大部分行政问责制度都将不作为、乱作为纳入问责内容范围,这是一种从只追究过错责任到追究非过错责任的转变。从"不求有功,但求无过"到"无过就是过"的理念转变,体现了各地行政问责制度希望更全面地关注行政责任,如在《重庆市政府部门行政首长问责暂行办法》中就规定了7类共18种行政不作为、乱作为的问责内容。但在实践中,我们遗憾地发现,大部分不作为的行政责任难以被准确把握,单纯依靠问责制度来实现对不作为的规制是困难的,因此,应当有效结合政府绩效考评机制,将绩效考评机制作为前置程序,发现并确定不作为的行为,再通过行政问责制度加以追究,绩效评估与行政问责的结合才是有效的解决途径。

第三,完善责任追究制度。责任追究回答的是"如何问责"。建立责任追究制度是对决策和执行进行纠偏的根本保障。尽管各地现行问责制度都规定了各种问责追究方式,但问责制度的追究也面临着两方面的困境:一方面,现行公务员体制中"能上不能下"的机制虽然已经有所改善,但仍未完全革除。《党政领导干部辞职暂行规定》是中共中央于2004年颁布施行的,被认为是各地制定行政问责制的示范性规定之一,但这份规定中对被问责官员辞职的去向并没有作出明确的说明,这就从一定程度上造成了"更多的是人走责免,一辞百了了,而政治和物质待遇基本保持不变,往往是这边厢刚刚'辞职以谢天下',那边厢又走马上任"。① 另一方面,在重大安全事故等公众和媒体十分关注的问责事件中,会发生矫枉过正、追究偏重的情况,有时候不得不将行政首长免职以安抚公众和媒体的情绪。行政问责的追究方式不确定性甚至可能使追究变为政治斗争的工具。

针对上述问题,要按照"谁决策、谁负责"和"谁执行、谁负责"的原则,建立健全责任追究制度。各地要结合实际,出台具体的责任追究办法,对于那些不搞调查研究、盲目决策而导致失误,或者好大喜功,不顾当地具体情况,肆意铺摊子,搞形象工程和政绩工程,进而损害人民群众利益的行为,要严格追咎问责,决不能以交"学费"了之,更不能由老百姓买单,必要时要建立政府决策失误赔偿机制,让政府为自己的决策失误买单,最大限度地减少人民群众的损失。同时,为了保证行政责任追究的全面、准确,问责制中的追究方式还应当

---

① 毛政相:《问责制:必须走向制度化》,《理论探讨》2005年第1期。

保证不同的行政责任种类和幅度之间的对接以及行政责任与刑事责任、民事责任、道义责任之间的衔接,以便解决现行行政问责制度规定不周全、不严格、不匹配而造成的理性不足问题。建设行政问责制度体系,就是为了将行政问责、引咎辞职等一系列规定衔接起来,实现从责任确认到责任追究的全面效果。行政问责作为惩戒的手段,就必须设置救济的环节以弥补可能出现的偏差和失误,从而避免问责在实践中被作为"政治斗争"的手段加以利用。

三、改进纠偏方法

构建健全的纠偏机制,还必须采取正确的纠偏方法。列宁摘录黑格尔《逻辑学》中关于方法的阐述,指出"在探索的认识中,方法也就是工具,是主观方面的某种手段,主观方面通过这个手段和客体发生关系"。[①] 毛泽东曾形象地把工作比喻成过河,把方法比喻成桥或船,没有桥或船,没有好的工作方法就做不好工作。他指出:"我们不但要提出任务,而且要解决完成任务的方法问题。我们的任务是过河,但是没有桥或没有船就不能过。不解决桥或船的问题,过河就是一句空话。不解决方法问题,任务也只是瞎说一顿。"[②] 可见,有效的纠偏方法是以人民为中心的政策得以贯彻落实的关键,在纠偏机制的构建过程中居于重要地位。

(一) 专项整治纠偏

从唯物辩证法来说,专项整治就是具体问题具体分析,就是一把钥匙开一把锁。所谓"专项",就是瞄准一个目标,确定一个领域。"专项"的最大好处,就是旗帜鲜明、路径明确,解决群众最关切的问题,处理基层最待解的矛盾。回顾这些年的专项整治公款吃喝、超标配备公车、滥建楼堂馆所等,均取得了"叫好又叫座"的效果——问题解决了、群众满意了、制度纠偏了。所谓"整治",就是在直面矛盾之后还要纾解矛盾,在解决矛盾之后还要防患未然。"整

[①]《列宁全集》(第三十八卷),人民出版社1986年版,第236页。
[②]《毛泽东选集》(第一卷),人民出版社1991年版,第139页。

治"的最佳状态,是既要出重拳"当下改",又要建制度"长久立",还要适时开展"回头看"。从具体问题抓起,从群众最不满意的地方改起,坚决堵住滋生问题的"天窗"和"暗门",整出思路、治出实效,以真抓实干的工作成果取信于民。①

专项整治,"关键在专,要害在治"。唯有把抓好专项整治作为推动纠偏工作走深走实的重要抓手,步步为营、稳打稳扎,专项整治才不至于成为一阵风暴,抑或一场毛毛雨。而抓好专项整治,就当明确一个最基本的逻辑:调查研究是前提、检视问题是关键、整改落实是目的。以专项整改促纠偏工作、以专项整改抓纠偏工作,这才是善始善终、善作善成,才是真正的坚持以人民为中心。

专项整治作为解决突出问题的一个好办法,好就好在切口小、发力准、效果好。不少地方按照以人民为中心的工作要求,部署开展专项整治和集中治理,对专项整治任务进行细化具体化,明确责任单位,梳理主要问题,提出整改措施,取得了积极效果。比如,安徽省郎溪县积极检视整改,健全纠偏机制,确保民生工程工作再上新台阶。具体做法:一是迅速传达文件精神。认真组织县直牵头单位和乡镇学习省检视整改民生工程实施方案精神,对重难点问题进行上门会商,认真梳理存在的问题及整改措施。二是及时制订实施方案。印发该县检视整改民生工程实施方案,对2016年以来实施的民生工作和民生工程项目逐项梳理,靶向检视、精准推进。三是检视问题整改销号。明确县民生办牵头抓总,县直部门和责任单位切实履行主体责任,对梳理出的问题,拿出具体措施,逐一整改销号,做到举一反三,加强后续工作跟进,不断推进民生工作精准、精细、长效化实施。四是建立健全推进机制和纠偏机制。在民生工作全生命周期、全过程链条中,加强长效机制建设,促进保障改善民生规范、持久,注重实际效果,解决实际问题,真正达到为民服务解难题的目的。② 又如,G市在水环境治理中,通过专项整治,纠正偏差,使政策得到了成功执行。2016年8月,根据进度统计,G市仍有十余个黑臭河涌效果不佳,离国家要求

---

① 邓海建:《把专项整治视为不忘初心的"制度叮咛"》(2019年8月2日),华声在线,http://opinion.voc.com.cn/article/201908/20190802213626843.html,最后浏览日期:2023年12月10日。
②《郎溪县积极做好民生工程检视整改工作 提升精细化管理水平》(2020年1月15日),郎溪县人民政府网,https://www.ahlx.gov.cn/OpennessContent/show/1842833.html,最后浏览日期:2023年12月10日。

的"2017年底基本消除中心城区黑臭水体"的目标差距甚远。市政府派出分管副市长,专门到现场检查河涌,并对治水办(市河长办前身)提出要求,要通过定期召开的治水联席会议及现场会议展开督办。首先,要求治水办在前面"拉车",加大力度帮助各区基层在现场一线解决工程难题;其次,在后面"推车",根据任务书目标和任务进展计划,现场发现问题、督办各区进展,并根据实际进展情况,要求各区区长在督办书存在问题的意见书上逐行签字,承诺最后完工时期,并按时上报进展情况;再次,采用媒体曝光的形式,持续追踪河涌"散乱污""违建"等问题不放松;最后,推出镇级街级"污染源贡献值排名",通过断面污染,核算指明各个镇街交界断面污染量,避免互相推诿。五是推出河长制公示牌,公布河长电话、姓名和具体负责范围等,要求各级河长以问题为导向,守河有责。通过一系列措施,至2016年10月,河涌黑臭现象基本消除,多项水质指标甚至达到了五类水或高于劣五类。①

(二) 政策落实跟踪纠偏

以人民为中心的各项政策落实得如何,实施过程中是否存在偏差和失误,这就需要对其进行动态跟踪,确保贯彻落实政策不走偏、不走样。政策执行情况跟踪审计,是政策落实跟踪情况纠偏的重要方法之一。政策执行情况跟踪审计,以促进国家政策顺利实施并实现预期效果为主要目标,通过跟踪检查,及早发现国家政策执行过程中偏离预期目标的情况,提出审计意见和建议,督促及时整改,纠正不规范行为,防止或避免不良结果的出现,促进国家政策顺利实施并达到预期效果,更能体现国家审计在保障国家经济社会健康运行的"免疫系统"功能。

2014年,《国务院关于加强审计工作的意见》(国发〔2014〕48号)要求审计机关把重大政策措施落实情况跟踪审计放在更加重要的位置。审计机关要提高站位,扎实开展政策落实跟踪审计,推动高质量发展。要以审计推动目标实现,严格按照目标管理的要求,把落实重大政策、推进重点工作情况纳入审计

---

① 钟阳:《地方政府水环境治理过程中的政策执行困境——以G市为例》,2019年吉林大学硕士学位论文,第20—21页。

范围,加强全过程跟踪监督。要以审计纠偏正误,对因政策把握不准确导致的落实偏差,或因存在体制机制障碍和制度瓶颈导致推进困难的,要及时发现,帮助完善,推动整改。要围绕保障和改善民生,加强民生领域审计。一方面,要聚焦群众关心的基本公共服务,推动民生政策落地见效、民生资金安全使用和民生项目高效建设运行,确保老百姓得到实实在在的好处。另一方面,要聚焦基础设施建设、文体设施建设、生态环境保护、生态空间打造等领域,加强审计监督,促进公共服务提高能级。

精准扶贫政策跟踪审计是政策落实跟踪纠偏的方法之一。党的十九大报告强调,精准扶贫问题是关系国计民生的根本性问题,应把解决好精准扶贫问题上升到战略高度。近年来,Q市各级党委、政府认真贯彻落实中央和省各项精准扶贫政策,各级政府从政策层面出台了系列扶贫专项资金政策。为推进精准扶贫资金真正惠及贫困农户,Q市审计局针对本市精准扶贫政策的具体落实情况进行了跟踪审计。审计发现的部分问题事项如下:(1) 2013年,A区组织各乡镇开展精准扶贫农户认定工作时,部分村干部弄虚作假,有251名村干部不符合精准扶贫农户标准而违规认定入库。其中153名村干部在2013—2017年,违规获取精准扶贫小额贴息贷款,涉及贷款金额1 482.8万元,违规享受贷款贴息60.68万元。2015—2017年,E区有退休人员24名、有工资收入人员2名、拥有多套或单套商品房人员23名、拥有商业用房人员4名、拥有小汽车人员7名、拥有小汽车且同时拥有商品房人员2名,共62人违规享受精准扶贫补助31.08万元。(2) 2014—2016年,P县蔡某利用担任县扶贫服务中心副主任、主任职务便利,将其不符合条件的一名亲戚虚报为精准扶贫贴息贷款对象,并违规借用该对象和其他符合条件的企业的名义,申请财政扶贫贴息贷款共计70万元,其中的60万元被蔡某用于个人参股经商;同时,将3 245.66元的财政贷款贴息占为己有。A区和E区发现的问题主要是由于区扶贫办对于精准扶贫对象的认定以及动态管理工作失责,忽视了党中央对精准扶贫工作的要求,缺乏作为国家公职人员应有的工作态度与工作纪律。审计机关将问责事项移送区纪委进行问责。P县蔡某虚报扶贫贴息贷款对象骗取财政贴息贷款,而审计机关对个人的问责缺乏相应的权力,因此将蔡某的案件移送县纪委进一步问责。县纪委认为蔡某的行为违反了《中国共产党纪律处分条例》,违规从事营利活动,利用职权或者职务上的影响为自己谋取私利,最终问责结果是蔡某受到留党察看一年、行政撤职处分。[1] 可见,国家审计机关开展的精准扶贫政策跟踪审计,通过对各级政府和部门对精准扶贫政策的具体部署、执行进度以及政策效果进行常态化的追踪,对脱贫攻坚政策贯彻执行起到了保驾护航作用。

除了政策执行情况跟踪审计之外,政府还可依据政策执行情况,采取其他方式进行调整和完善。例如,针对特色小镇建设的"乱象",国务院四部委[国家发展和改革委员会、国土资源部(2018年改为自然资源部)、环境保护部(2018年改为生态、环境部)、住房城乡建设部]联合发文,就当前特色小镇的申报、审批作出纠偏说明与最新指示。另据《南方都市报》报道:国务院2015年5月11日发布通知,暂停去年国务院62号文(国发〔2014〕62号文件)部署的税收等优惠政策专项清理工作,不再对已出台的违法税收优惠政策"一刀切",而由各地各部门设立过渡期,逐步清理。在62号文发布5个月之后,重新发文进行调整,此类举措并不常见。对此,专家认为,"此次国务院发文暂停自己部署的专项清理工作,显示了一种政治气概和法治气度。政府在政策的执行过程中,能根据各方面的反应,对政策执行过程进行自我纠偏,这本身就是一种法治治理的方式"。[2] 国务院自我纠偏,也给地方政府带了一个好头。政府以法律的思维、法治的方式,来解决行政管理中的具体问题,在重大行政决策过程中,遇到问题,有自我纠正的勇气,彰显了法治、诚信的姿态。在重大决策方面,地方政府也应当建立、完善相应的纠错机制,来保证决策的科学性、正当性。

(三) 把握纠偏尺度

纠偏的核心在于规范政策运行,确保发展不偏离以人民为中心的正确轨道。在执行纠偏的过程中,要精准把握纠偏的分寸和尺度,防止因自由裁量权过大导致的矫枉过正,甚至"跑偏"的现象。党的十八大以来,各级党组织和政府认真贯彻以人民为中心的发展思想,切实履行监督责任,对违背以人民为中

---

[1] 陶媛婷、王帆:《精准扶贫政策跟踪审计的问责方式与路径》,《财会月刊》2019年第17期。
[2] 赵晶:《如何看待政府"自我纠偏"》,《潇湘晨报》2015年5月18日。

心的各种行为或有苗头性、倾向性的问题进行有效控制,起到了良好的纠偏作用,保护了人民群众的利益。但是,一些地方在实践操作中也存在一些问题,如纠偏的尺度不精准、程序不规范,没能把纠偏与扶正结合起来,在一定程度上影响了纠偏的效能,也挫伤了发展的积极性。为此,需要注意以下两点。

第一,严控"一票否决"制。"一票否决"制是地方政府惯用的纠偏手段之一,这种手段为突出政府在某个阶段的重点工作,在特定历史时期和某些治理领域发挥了不少正向作用。比如,在"一票否决"制的倒逼下,一些地方、领域长期存在的"拖、躲、绕"现象得到了一定程度的整治,一些民生重点、难点问题受到了格外重视,一些干部的懒散慢工作作风有了明显改观,等等。这些都值得肯定。然而,伴随"一票否决"制的广泛推行,这个有效管用的方式也暴露了一些问题。其中比较严重的,是一些地方的"一票否决"制被泛化和滥用。从最初的人口和计划生育、社会治安综合治理、环境保护和节能减排、安全生产和重大安全生产事故风险、党风廉政建设等重点工作,慢慢延伸到教育科研、物价涨幅、城镇建设、税费征收、招商引资等一般性事项,几乎涵盖了社会治理和百姓生活的方方面面。"一票否决"仿佛变成了一个"筐",什么都往里装。久而久之,"上面千条线,下面一根针",一级压一级,层层推基层,每一个部门、每一项工作都要签订"一票否决"事项责任状,个别地方一年动辄签订几十个。这对地方政府和基层干部而言,无疑是背上了沉重的"大山"。"物以稀为贵","一票否决"的事项少,自然能分得清主次,加倍重视,努力推进,而多了呢,恐怕难免心有余而力不足,甚至是"虱子多了不愁",就算能做到平均用力,效果也未必好。①

一个出发点正确、实践中有用的工作方法,被滥用泛化,甚至走向了反面,不仅给基层增加了负担,给形式主义提供了土壤,而且浪费了不少时间、精力和物力——该做的事没做好,公众不认可;想做的事没做成,"捡了芝麻丢了西瓜",干部有怨言。究其原因,"一票否决"事项过多与一些部门、地方的工作方法简单、责任意识不强有关,与一些地方存在的"以会议贯彻会议""以文件落实文件"的情况在本质上是一样的。同时,暴露了一些上级部门不愿动脑筋思

---

① 郭振纲:《严控"一票否决"是及时纠偏》,《工人日报》2019年3月22日。

考更符合实际的考核纠偏方式,只想推卸责任,转移压力和风险的态度;暴露了一些地方基层政绩评价体系和指标构建不科学、不合理,存在急功近利、敷衍塞责的心态。

中共中央办公厅、国务院办公厅2019年1月底印发了《关于推进基层整合审批服务执法力量的实施意见》,提出除中央和省级党委明确要求外,各部门不得以任何形式对乡镇和街道设置"一票否决"事项,这等于发出了严控"一票否决"、为基层减负的整肃令,也为形式主义划出了"红线"。要落实好这一要求,一方面要评估、清理、规范"一票否决"事项,该取消的取消、该退出的退出、该改进的改进,另一方面要探索更加科学的激励手段和纠偏路径,将日常纠偏、民众纠偏结合起来,以实绩论英雄,以实效论功过,让基层减负年的"红包"惠及所有基层干部,给形式主义加上"紧箍",给基层治理加油助力。

第二,纠错与扶正相结合。如果把纠错比作"前半篇文章",那么扶正就是"后半篇文章",只有把前后两个半篇文章同时做好,才能切实达到"惩前毖后,治病救人"的目的。然而,在现实中,相较于措施有力、成效显著的纠错,一些地方和单位在纠错之后的扶正工作,却不同程度地存在着忽视和虚化问题,有的对被纠错干部不愿管、不敢管、不会管,有的对被纠错干部"一问了之"甚至"一棒子打死"。这样一来,可能导致被纠错干部自暴自弃、"破罐子破摔",也可能挫伤、打击其他干部的工作积极性,不仅不利于推进工作,而且也影响党组织的凝聚力、战斗力。

毛泽东曾强调,"要相信百分之九十以上的干部是好的和比较好的。犯了错误的人,大多数是可以改的","打击面要小,教育面要宽"。[①] 他明确指出,如何对待犯了错误的人,这是一个重要的问题。正确的态度应当是,对于犯错误的同志,采取"惩前毖后,治病救人"的方针,帮助他们改正错误,允许他们继续革命。实际上,当前在受到处理的被纠错问责干部中,不乏想干事、能干事的人,帮助这些同志真心悔错改错、及时纠偏扶正、继续干事创业,既是对干部本人负责,也是对党和人民事业负责。2019年3月11日,中共中央办公厅发出的《关于解决形式主义突出问题为基层减负的通知》(中办发〔2019〕16号)指

---

① 转引《人民日报》1968年5月20日。

出,"正确对待被问责的干部,对影响期满、表现好的干部,符合有关条件的,该使用的要使用"。① 要健全完善容错纠错机制,既突出执纪问责的力度,也强调治病救人的温度。要严格遵循"三个区分开来"的要求,正确把握干部在工作中出现失误错误的性质和影响,公正评价、真诚教育、热情帮助,引导他们放下包袱、重拾信心、重回队伍,并按照有关党内法规提供"上岸"机会和工作平台,切实保护其干事创业的积极性。

习近平总书记指出,全面从严治党的目的是更好促进事业发展,激励干部增强干事创业的精气神。上级为下级担当、组织为干部担当,干部才能为事业担当。各级党组织和纪检监察机关要强化担当意识,站在促进党和国家事业发展、激励干部干事创业的高度,加强对被纠错问责干部的教育管理和帮助转化,开展经常性的回访检查,及时了解他们认错悔错改错情况及日常工作表现。对于那些及时改正错误、现实表现突出、符合规定要求、干部群众认可的干部重新安排使用,让其在合适的岗位上继续工作。重新使用时要把握好从严、谨慎、规范的原则,按规定程序办理,并采取适当方式向社会公开被问责干部重新使用的情况,使问责工作的整个过程达到政治、纪法、社会三个效果的有机统一,切实发挥纠偏扶正的作用。②

---

① 《关于解决形式主义突出问题为基层减负的通知》(2019年3月11日),中国新闻网,http://www.chinanews.com/gn/2019/03-11/8777510.shtml,最后浏览日期:2023年12月10日。
② 王李彬:《纠偏扶正向前行》,《中国纪检监察报》2019年6月28日。

主要参考文献

一、中文著作

1. 《马克思恩格斯选集》(第一、二、三、四卷),人民出版社1995年版。
2. 《马克思恩格斯文集》(第一、二、四卷),人民出版社2009年版。
3. 《马克思恩格斯全集》(第一卷),人民出版社1956年版。
4. 《马克思恩格斯全集》(第六卷),人民出版社1961年版。
5. 《马克思恩格斯全集》(第二十二卷),人民出版社1965年版。
6. 《马克思恩格斯全集》(第四十四卷),人民出版社2001年版。
7. 《列宁选集》(第一、二、三、四卷),人民出版社1995年版。
8. 《列宁全集》(第四卷),人民出版社2013年版。
9. 《列宁全集》(第八、三十七、三十八卷),人民出版社1986年版。
10. 《列宁全集》(第三十二、三十三、三十四卷),人民出版社1985年版。
11. 《列宁全集》(第四十二卷),人民出版社1987年版。
12. 《列宁全集》(第四十三卷),人民出版社2017年版。
13. 《列宁全集》(第五十二卷),人民出版社1988年版。
14. 《毛泽东选集》(第三卷),人民出版社1991年版。
15. 《毛泽东文集》(第三卷),人民出版社1996年版。
16. 《毛泽东文集》(第六、七、八卷),人民出版社1999年版。
17. 《毛泽东著作选读》(下册),人民出版社1986年版。
18. 《邓小平文选》(第一、二卷),人民出版社1994年版。
19. 《邓小平文选》(第三卷),人民出版社1993年版。
20. 《江泽民文选》(第一、二、三卷),人民出版社2006年版。

21. 《胡锦涛文选》(第二卷),人民出版社 2016 年版。
22. 《十七大以来重要文献选编》(上),中央文献出版社 2009 年版。
23. 《习近平谈治国理政》,外文出版社 2014 年版。
24. 《习近平谈治国理政》(第二卷),外文出版社 2017 年版。
25. 《习近平谈治国理政》(第三卷),外文出版社 2020 年版。
26. 《习近平谈治国理政》(第四卷),外文出版社 2022 年版。
27. 习近平:《决胜全面建成小康社会 夺取新时代中国特色社会主义伟大胜利——在中国共产党第十九次全国代表大会上的报告》,人民出版社 2017 年版。
28. 习近平:《高举中国特色社会主义伟大旗帜 为全面建设社会主义现代化国家而团结奋斗——在中国共产党第二十次全国代表大会上的报告》,人民出版社 2022 年版。
29. 习近平:《摆脱贫困》,福建人民出版社 1992 年版。
30. 习近平:《之江新语》,浙江人民出版社 2007 年版。
31. 习近平:《在中央政协工作会议暨庆祝中国人民政治协商会议成立 70 周年大会上的讲话》,人民出版社 2019 年版。
32. 中共中央文献研究室:《习近平关于社会主义经济建设论述摘编》,中央文献出版社 2017 年版。
33. 中共中央党史和文献研究院编:《习近平扶贫论述摘编》,中央文献出版社 2018 年版。
34. 中共中央党史和文献研究院、中央"不忘初心、牢记使命"主题教育领导小组办公室编:《习近平关于"不忘初心、牢记使命"论述摘编》,中央文献出版社、党建读物出版社 2019 年版。
35. 中共中央宣传部:《习近平总书记系列重要讲话读本》,学习出版社、人民出版社 2016 年版。
36. 中共中央宣传部:《习近平新时代中国特色社会主义思想学习纲要》,学习出版社、人民出版社 2019 年版。
37. 中共中央纪律检查委员会、中共中央文献研究室:《习近平关于党风廉政建设和反腐败斗争论述摘编》,中央文献出版社、中国方正出版社 2015 年版。

38. 人民日报社评论部：《"四个全面"学习读本》，人民出版社2015年版。

39. 王庆五：《共享发展》，江苏人民出版社2016年版。

40. 韩庆祥：《强国时代》，红旗出版社2018年版。

41. 吴黎宏：《以人民为中心》，中共中央党校出版社2019年版。

42. 全国党的建设研究会课题组：《学习实践科学发展观长效机制研究》，党建读物出版社2011年版。

43. 黄小明：《基层干部学习实践科学发展观长效机制的建构研究》，湖南大学出版社2012年版。

44. 李占才、蒯正明、运迪：《科学发展的体制机制保障》，人民出版社2014年版。

45. 严家明、于真、杜云波等：《社会机制论》，知识出版社1995年版。

46. 王家芳等：《马克思主义中国化实现机制研究》，人民出版社2011年版。

47. 中共中央组织部干部教育局组织编写：《新发展理念案例选·协调发展》，党建读物出版社2018年版。

48. 中共中央组织部干部教育局组织编写：《新发展理念案例选·共享发展》，党建读物出版社2018年版。

49. 中共中央组织部干部教育局、国务院扶贫办政策法规司、国务院扶贫办全国扶贫宣传教育中心组织编写：《新发展理念案例选·脱贫攻坚》，党建读物出版社2017年版。

50. 景怀斌：《政府决策的制度——心理机制》，中国社会科学出版社2016年版。

51. 陈振明主编：《公共政策分析》，中国人民大学出版社2003年版。

52. 张国庆：《现代公共政策导论》，北京大学出版社1997年版。

53. 董振华等：《中国道路的成功密码》，北京联合出版公司2018年版。

54. 中国社会科学院马克思主义研究院：《践行党的群众路线学习读本》，红旗出版社2013年版。

55. 曹立：《路径与机制：转变发展方式研究》，新华出版社2014年版。

二、译著与外文文献

1. ［美］戴维·伊斯顿：《政治体系——政治学状况研究》，马清槐译，商务印书馆 1993 年版。

2. [美] 维纳:《人有人的用处》,陈涉译,商务印书馆 1978 年版。

3. [美] 加布里埃尔·A. 阿尔蒙德、小 G.宾厄姆·鲍威尔:《比较政治学——体系、过程和政策》,曹沛霖等译,东方出版社 2007 年版。

4. [英] 维克托.迈尔-舍恩伯格、肯尼思·库克耶:《大数据时代》,盛杨燕、周涛译,浙江人民出版社 2013 年版。

5. [美] 郝伯特·西蒙:《管理行为:管理组织决策过程的研究》,杨砾、韩春立、徐立译,北京经济学院出版社 1988 年版。

6. [美] 詹姆斯·E.安德森:《公共决策》,唐亮译,华夏出版社 1990 年版。

7. [美] 盖伊·彼得斯:《政府未来的治理模式》,吴爱明、夏宏图译,中国人民大学出版社 2013 年版。

8. [澳] 欧文·E.休斯:《公共管理导论》,张成福、王学栋等译,中国人民大学出版社 2006 年版。

9. [美] 埃莉诺·奥斯特罗姆:《公共事务的治理之道》,余逊达、陈旭东译,上海三联书店 2000 年版。

10. [法] 孟德斯鸠:《论法的精神》(上册),张雁深译,商务印书馆 1982 年版。

11. [美] E.R.克鲁斯克、B.M.杰克逊:《公共政策词典》,唐理斌等译,上海远东出版社 1992 年版。

12. [美] 希尔斯曼:《美国是如何治理的》,曹大鹏译,商务印书馆 1990 年版。

13. [英] 密尔:《代议制政府》,汪瑄译,商务印书馆 1982 年版。

14. [法] 让·雅克·卢梭:《社会契约论》,何兆武译,商务印书馆 1980 年版。

三、报刊论文

1. 习近平:《通信手段再发达也不能替代实地调研》,《求是》2010 年第 7 期。

2. 习近平:《关键在于落实》,《求是》2011 年第 6 期。

3. 习近平:《始终坚持和充分发挥党的独特优势》,《求是》2012 年第 15 期。

4. 习近平:《学习和掌握马克思主义立场观点方法是深入学习中国特色社会主义理论的根本要求》,《学习时报》2013 年 4 月 28 日。

5. 习近平:《推动全党学习和掌握历史唯物主义 更好认识规律更加能动地

推进工作》,《人民日报》2013 年 12 月 5 日。

6. 习近平:《在纪念毛泽东同志诞辰 120 周年座谈会上的讲话》,《人民日报》2013 年 12 月 27 日。

7. 习近平:《在党的群众路线教育实践活动总结大会上的讲话》,《人民日报》2014 年 10 月 9 日。

8.《中共中央关于制定国民经济和社会发展第十三个五年规划的建议》,《人民日报》2015 年 11 月 4 日。

9.《征求对中共中央关于制定国民经济和社会发展第十三个五年规划的建议的意见　中共中央召开党外人士座谈会　习近平主持并发表重要讲话》,《人民日报》2015 年 10 月 31 日。

10.《习近平在党的十八届五中全会第二次全体会议上的讲话》,《求是》2016 年第 1 期。

11. 习近平:《在全国政协新年茶话会上的讲话》,《人民日报》2016 年 1 月 1 日。

12. 习近平:《在知识分子、劳动模范、青年代表座谈会上的讲话》,《人民日报》2016 年 4 月 30 日。

13. 习近平:《胡耀邦作出了彪炳史册的贡献》,《新京报》2015 年 11 月 21 日。

14. 习近平:《在庆祝中国共产党成立 95 周年大会上的讲话》,《光明日报》2016 年 7 月 2 日。

15. 习近平:《出席全国生态环境保护大会并发表重要讲话》,《人民日报》(海外版)2018 年 5 月 21 日。

16. 习近平:《各级领导干部都要有本领不够的危机感》,《人民日报》2013 年 3 月 3 日。

17. 习近平:《在网络安全和信息化工作座谈会上的讲话》,《人民日报》2016 年 4 月 26 日。

18.《习近平在山西考察工作时强调　扎扎实实做好改革发展稳定各项工作　为党的十九大胜利召开营造良好环境》,《人民日报》2017 年 6 月 24 日。

19. 习近平:《在党的十九届一中全会上的讲话》,《求是》2018 年第 1 期。

20. 习近平:《推进党的建设新的伟大工程要一以贯之》,《求是》2019 年第

19 期。

21. 习近平：《我们追求的富裕是全体人民共同富裕》，《人民日报》2015 年 10 月 31 日。

22. 习近平：《在纪念马克思诞辰 200 周年大会上的讲话》，《人民日报》2018 年 5 月 5 日。

23. 王岐山：《在全国政协十二届常委会第十八次会议上的讲话》，《求是》2016 年第 23 期。

24. 中共中央国务院：《关于打赢脱贫攻坚战三年行动的指导意见》，《人民日报》2018 年 8 月 20 日。

25.《中央印发〈关于进一步激励广大干部新时代新担当新作为的意见〉》，《人民日报》2018 年 5 月 21 日。

26. 盛林：《新时代以人民为中心发展思想的科学内涵》，《马克思主义理论学科研究》2017 年第 6 期。

27. 李怡、肖昭彬：《"以人民为中心的发展思想"的理论创新与现实意蕴》，《马克思主义研究》2017 年第 7 期。

28. 韩喜平：《坚持以人民为中心的发展思想》，《思想理论教育导刊》2016 年第 9 期。

29. 何增科：《我国政治体系及其运行机制的系统分析》，《社会主义研究》1986 年第 6 期。

30. 朱旭峰：《善用专家资源完善公共决策》，《人民日报》2012 年 4 月 18 日。

31. 渠滢：《提升重大行政决策公众参与的实效性》，《学习时报》2019 年 4 月 17 日。

32. 汪玮：《双轨协商：县级人大监督权改革研究——基于乐清"人民听证"实践探索的理论分析》，《浙江社会科学》2015 年第 3 期。

33. 许小可、刘肖凡：《网络科学发展的新动力：大数据与众包》，《电子科技大学学报》2013 年第 6 期。

34. 余蕊：《地方政府重大决策机制存在问题及优化路径》，《浙江海洋学院学报》(人文科学版) 2015 年第 3 期。

35. 张逸：《城市总体规划公众参与的创新性实践——对"上海 2035"城市总体

规划公众参与的思考》,《上海城市规划》2018年第4期。

36. 《重大行政决策程序不可"任性" 依法而为是必选项!》,《法制日报》2019年5月17日。

37. 赖先进:《推进县级公共决策科学化、民主化和法治化》,《中国党政干部论坛》2017年第5期。

38. 裴莉:《绝不能让"重大决策终身责任追究制"落空》,《人民论坛》2018年第9期。

39. 丁国锋:《重大决策实行合法性审查一票否决——江苏加大重大行政决策规范化法治化探索》,《法制日报》2018年9月27日。

40. 王金炳:《我国政府决策科学化的思考》,《法制与社会》2012年10月(中)。

41. 朱德米:《进一步建立健全决策风险评估机制》,《学习时报》2019年5月6日。

42. 姜明安:《规范决策程序,大数据评估不可少》,《新京报》2017年8月18日。

43. 丁煌:《政策执行》,《中国行政管理》1991年第11期。

44. 郑永年:《干在实处 走在前列——热烈祝贺中国共产党成立九十四周年》,《人民日报》2015年7月1日。

45. 王聿枫:《官员懒政原因调查》,《人民论坛》2015年第15期。

46. 王福强:《着力创新精准扶贫实施机制》,《学习时报》2019年4月10日。

47. 郑祚尧:《加速建立有效的决策实践反馈信息系统》,《云南师范大学学报》(哲学社会科学版)1994年第1期。

48. 《浙江省保障"最多跑一次"改革规定》,《浙江日报》2018年12月27日。

49. 张璁:《重大行政决策程序暂行条例征求意见》,《人民日报》2017年6月10日。

50. 纪农伟:《天津健全农村基层决策执行监督机制》,《中国纪检监察报》2013年3月29日。

51. 贾亮、王景喜:《让主体责任落地生根》,《中国纪检监察报》2015年7月15日。

52. 侯学宾、陈越瓯:《党内巡视制度功能的新阐释》,《治理研究》2019年第

5期。

53. 刘德炳：《中央巡视组：地产腐败是重灾区》，《中国经济周刊》2014年第30期。

54. 薛海涛：《准确把握定位　健全工作机制　推动政协民主监督工作提质增效》，《各界导报》2019年11月7日。

55. 胡税根、王汇宇：《以人民为中心的政府绩效管理研究》，《兰州大学学报》（社会科学版）2018年第4期。

56.《让老百姓过上好日子是我们一切工作的出发点和落脚点》，《法制日报》2013年9月2日。

57. 周淑芳：《以人民为中心高质量打赢脱贫攻坚战》，《湖北日报》2020年1月4日。

58. 王瑶：《以人民为中心，建立高质量退出评估新机制》，《人民日报》2019年7月3日。

59. 张涛：《牢固树立以人民为中心的政绩观》，《学习时报》2018年8月6日。

60. 曾德雄：《街坊点赞榜："以人民为中心"的生动案例》，《南方都市报》2018年4月25日。

61. 刘志彪：《高质量发展需要建立失衡纠偏机制》，《经济参考报》2018年8月29日。

62. 徐文秀：《善于倾听下面干部的意见》，《人民日报》2016年4月26日。

63. 温献伟：《政绩观跑偏，亟待制度纠偏》，《河南经济报》2018年8月7日。

64. 陈力予、陈国权：《我国行政问责制度及其对问责程序机制影响的研究》，《行政论坛》2009年第1期。

65. 陶媛婷：《精准扶贫政策跟踪审计的问责方式与路径》，《财会月刊》2019年第17期。

66. 郭振纲：《严控"一票否决"是及时纠偏》，《工人日报》2019年3月22日。

67. 王李彬：《纠偏扶正向前行》，《中国纪检监察报》2019年6月28日。

68. ［英］鲍勃·杰索普：《治理的兴起及其失败的风险：从经济发展为例》，漆燕译，《国际社会科学》（中文版）1999年第2期。

69. 张洋：《电子政务环境下政府决策机制优化研究》，2009年重庆大学硕士学位论文。

70. 焦占勇:《地方政府决策中公民参与问题研究:基于番禺垃圾焚烧事件的分析》,2012 年陕西师范大学硕士学位论文。

71. 廖晓明:《中国政府绩效评估的价值取向变迁研究——基于改革开放以来经济发展方式转变的考量》,2013 年武汉大学博士学位论文。

四、网络文献

1. 《中共中央政治局召开会议 决定召开十八届四中全会》(2014 年 7 月 29 日),中国新闻网,https://www.chinanews.com.cn/gn/2014/07-29/6438400.shtml,最后浏览日期:2023 年 9 月 20 日。

2. 习近平:《关于〈中共中央关于制定国民经济和社会发展第十三个五年规划的建议〉的说明》,求是网,www.qstheory.cn/dukan/2020-06/04/c_1126073264.htm,最后浏览日期:2023 年 9 月 20 日。

3. 《宁德市开展民生领域突出问题专项治理工作督导》(2018 年 10 月 29 日),宁德新闻网,http://app.ndwww.cn/print.php?contentid=101075,最后浏览日期:2023 年 12 月 9 日。

4. 《中共海林市长汀镇委员会关于巡察整改情况的通报》(2019 年 4 月 22 日),清风雪城,mdjsjw.mdj.gov.cn/gzdt/xsxc/201904/t20190422_278198.html,最后浏览日期:2023 年 9 月 20 日。

5. 霍冰一:《社科院报告:渠道不畅导致公民制度外政治参与》(2013 年 8 月 6 日),财新网,https://china.caixin.com/2013-08-06/100565937.html,最后浏览日期:2023 年 12 月 9 日。

6. 《温岭市参与式预算的做法与成效》(2016 年 6 月 3 日),中国人大网,http://www.npc.gov.cn/zgrdw/npc/bmzz/llyjh/2016-06/03/content_1991009.htm,最后浏览日期:2023 年 12 月 9 日。

7. 丁小溪、熊丰:《我国拟进一步规范重大行政决策程序 提升公众参与度》(2017 年 6 月 10 日),人民网,politics.people.com.cn/n1/2017/0610/c1001-29330657.html,最后浏览日期:2023 年 9 月 20 日。

8. 陈芳、王攀、叶前:《2011 年终观察:"公共焦虑"催生社会管理新思路》

(2011年12月21日),中国政府网,http://www.gov.cn/jrzg/2011-12/21/content_2025518.htm,最后浏览日期:2023年9月20日。

9.《形成推动乡村振兴的强大合力》(2018年5月29日),中国宁波网,http://www.cnnb.com.cn/nbzfxwfbh/system/2018/05/29/008755940.shtml,最后浏览日期:2023年12月9日。

10.《关于建立农村户厕改造提升工程分片联系与跟踪督导制度的通知》(2019年1月29日),通州政府网,http://www.tongzhou.gov.cn/tzqwjw/bmwj/content/1d2ea9f3-01b2-457e-8a8a-f743e0b0c37b.html,最后浏览日期:2023年12月9日。

11.《央视记者暗访安徽阜阳厕改乱象 被村干部抢夺手机》(2019年12月28日),新浪网,https://news.sina.com.cn/s/2019-12-28/doc-iihnzhfz8834480.shtml,最后浏览日期:2023年9月20日。

12.《习近平谈脱贫攻坚倒计时:越到最后时刻越要响鼓重锤》(2019年3月8日),央广网,http://news.cnr.cn/native/gd/20190308/t20190308_524536320.shtml,最后浏览日期:2023年12月10日。

13.谭用发:《批判也出生产力》(2019年11月8日),党建网,http://www.dangjian.com/djw2016dvgd/201911/t20191108_5312673.shtml,最后浏览日期:2023年12月10日。

14.岩温扁:《纠偏容错制度可期待,但不能依赖》(2018年6月7日),云南法治网,https://www.ynfzb.cn/Ynfzb/FaChiShiPing/201806269718.shtml,最后浏览时间:2023年12月10日。

15.《"有粉搽脸上"的为官心态需要制度纠偏》(2014年6月4日),今日头条,https://www.toutiao.com/article/3306831952/,最后浏览日期:2023年1月20日。

16.庞无忌:《纠偏之后 中国特色小镇建设"再出发"》(2019年7月11日),中国新闻网,https://www.chinanews.com.cn/cj/2019/07-11/8891707.shtml,最后浏览日期:2023年9月20日。

17.《黔东南州人民政府重大行政决策执行纠偏办法(试行)》(2016年12月29日),贵州省人民政府网,http://www.qdn.gov.cn/zwgk_5871642/zfxxgk_

5871649/fdzdgknr_5871652/lzyj/gfxwj_5871658/zfbf_5871661/202109/t20210929_70664704.html,最后浏览日期：2023年12月10日。

18. 邓海建：《把专项整治视为不忘初心的"制度叮咛"》(2019年8月2日)，华声在线，http://opinion.voc.com.cn/article/201908/20190802213626843.html，最后浏览日期：2023年12月10日。

19. 《郎溪县积极做好民生工程检视整改工作　提升精细化管理水平》(2020年1月15日)，郎溪县人民政府网，https://www.ahlx.gov.cn/OpennessContent/show/1842833.html，最后浏览日期：2023年12月10日。

20. 《关于解决形式主义突出问题为基层减负的通知》(2019年3月11日)，中国新闻网，http://www.chinanews.com/gn/2019/03-11/8777510.shtml，最后浏览日期：2023年12月10日。

后　记

本书为国家社会科学基金一般项目"新时代以人民为中心发展思想的实践机制研究"(项目编号：18BKS135)的结项成果,也是笔者对如何坚持以人民为中心的发展思想这一重大时代课题深入思考的结果。

本课题研究的完成,得益于许多专家学者的关心与支持。中共中央党史和文献研究院副院长、中央编译局局长季正聚研究员对本课题研究方案提出了宝贵意见,中央党校陈曙光教授启发了我不少研究灵感,同济大学李占才教授、上海交通大学张远新教授在本课题立项方面给予了具体指导,课题组成员喻包庆副教授、刘妍副教授对当前践行以人民为中心的发展思想面临的体制机制障碍问题协助进行了大量调研,在此表示衷心的感谢!在进行课题研究和撰写书稿的过程中,笔者借鉴和参阅了国内学术界的大量研究成果。在本书付梓之际,得到了复旦大学出版社的大力支持,在此一并表示谢忱!

坚持以人民为中心的发展思想,既是一个重大的理论问题,更是一个重大的实践问题。如何从制度机制建设的视角将其落到实处,是一个需要长期关注和深入研究的重大课题。本书只是针对现实研究中的重点和热点问题进行的初步探索,真诚地期待有这方面的精品力作问世。

罗会德

2023年12月10日于上海

图书在版编目(CIP)数据

新时代以人民为中心发展思想的实践机制/罗会德著.—上海：复旦大学出版社，2023.12
ISBN 978-7-309-16809-9

Ⅰ.①新… Ⅱ.①罗… Ⅲ.①全面发展(教育)-研究-中国 Ⅳ.①G40-012

中国国家版本馆 CIP 数据核字(2023)第 070633 号

新时代以人民为中心发展思想的实践机制
XIN SHIDAI YI RENMIN WEI ZHONGXIN FAZHAN SIXIANG DE SHIJIAN JI ZHI
罗会德 著
责任编辑/朱 枫

复旦大学出版社有限公司出版发行
上海市国权路 579 号 邮编：200433
网址：fupnet@fudanpress.com http://www.fudanpress.com
门市零售：86-21-65102580 团体订购：86-21-65104505
出版部电话：86-21-65642845
常熟市华顺印刷有限公司

开本 787 毫米×960 毫米 1/16 印张 17.5 字数 268 千字
2023 年 12 月第 1 版
2023 年 12 月第 1 版第 1 次印刷

ISBN 978-7-309-16809-9/G·2490
定价：68.00 元

如有印装质量问题，请向复旦大学出版社有限公司出版部调换。
版权所有 侵权必究